邢来田 · 编著

育儿明言

写给孩子及父母的中外成才故事

新华出版社

图书在版编目（CIP）数据

育儿明言：写给孩子及父母的中外成才故事 / 邢来田
编著. -- 北京：新华出版社，2023.5
　ISBN 978-7-5166-6840-5

　Ⅰ.①育… Ⅱ.①邢… Ⅲ.①家庭教育 Ⅳ.①G78

　中国国家版本馆CIP数据核字（2023）第096765号

育儿明言：写给孩子及父母的中外成才故事

著　　者：邢来田

责任编辑：蒋小云　　　　　　　　　装帧设计：子鹏语衣

出版发行：新华出版社
地　　址：北京石景山区京原路8号　　邮　　编：100040
网　　址：http://www.xinhuapub.com
经　　销：新华书店
　　　　　新华出版社天猫旗舰店、京东旗舰店及各大网店
购书热线：010-63077122　　　　中国新闻书店购书热线：010-63072012

照　　排：范范
印　　刷：玖龙（天津）印刷有限公司

成品尺寸：170mm×240mm　　　1/16
印　　张：23.5　　　　　　　　字　　数：370千字
版　　次：2023年9月第一版　　　印　　次：2023年9月第一次印刷
书　　号：ISBN 978-7-5166-6840-5
定　　价：65.00元

谨以此书献给

企盼子女早日成才的父母和献身教育事业、

关注社会发展进步的朋友们！

《育儿明言》心告

　　此书是我用心血、汗水和责任，编写、精选而成的。内容不仅严谨、完整，还很系统化。书中的标题、序言、前言、导语、综述、格言、寄语、故事、后记等浑然天成。建议父母先全读，然后引导孩子同全读，争取达到全读懂、全照做。我自信：本书将全力以赴保您的孩子通向成才之路。这是我作为一个投身教育的老工作者、有良心的作者、全国优秀教育工作者品格和责任的肺腑心告。

邵来田

前　言

邢来田

孩子既是国家的未来，也是父母的希望！

天下的父母都想"望子成龙、望女成凤"，都盼望着自己的孩子能健康成长，有一个幸福美好的未来。但怎样才能教育好孩子，已经成为所有父母共同关心的话题，也是整个社会关注的热点。

现在，越来越多的人认识到，孩子能否成才，家庭教育至关重要。家庭是孩子的第一课堂，父母是孩子的第一任老师。孩子将来能成为什么样的人，在很大程度上取决于父母用什么样的教育理念，采取什么样的方法来教育孩子。无数事实证明，每个孩子身上都蕴藏着巨大的潜能，只要教育得当，孩子个个都能成才；世上没有教育不好的孩子，只有不会教育孩子的父母！孩子的命运就掌握在父母的手中，关键在于是否教育有方。

一把钥匙只能开一把锁，孩子各有各的特点，必须因材施教。但是，少年儿童有一个共同点：都爱听故事。这是儿童的天性，因为故事生动形象、易记易懂，容易引起孩子的共鸣、开启孩子的心灵。

实践证明，给孩子讲故事、为孩子提供好的故事书，用故事进行教育是个非常好的办法，也是事半功倍的捷径。给孩子讲一个好故事往往胜过长篇大论的说教。好故事寓教于乐，可使孩子在娱乐中得到多方面的教益；可激发孩子的理想，点燃孩子的求知欲望，开发孩子的智力，培养孩子高尚的情操，帮孩子找回自信……一个好故事甚至能让孩子发生改变。

　　古今中外关于教育方面的故事，可以说是汗牛充栋，数不胜数。本书以培养孩子综合素质、提高家长教育水平为宗旨，从古今中外浩如烟海的教育故事中精心筛选出180个发人深省的经典故事。这些故事集思想性、知识性、趣味性于一体，既适合少年儿童自己阅读，也可由父母、老师讲给孩子们听。这些故事可引导孩子健康成长、走上成功之路，年轻的父母，也可从这些故事中找到育儿成才的方法和规律，学到教育孩子的智慧。

　　尊敬的家长朋友，您如果通过阅读本书，受到启发从而培养出优秀的孩子，我将为此感到无限欣慰。愿天下的父母都能把儿女培养成国家栋梁之材，为实现中华民族伟大复兴的中国梦做出贡献！

　　感谢您从茫茫书海中选择了本书，我相信您在阅读本书之后一定会庆幸自己的选择！

序　言

邢来田同志编写的《育儿明言：写给孩子及父母的中外成才故事》，用故事诠释教育的真谛。编辑让我写个序言，我感到很惶恐，生怕难以把握作者的旨趣而误导读者。阅读书稿后，我感慨良多，思绪万千。简言之，这是一本用故事编写的生动形象的教育学，把抽象的教育理论寓于形象的故事中，从一个个生动感人的故事中让人感悟到教育的理念、教育的方法和育人的智慧。古往今来，大量事例证明，故事是一个巨大的教育资源，在育人方面有着难以替代的作用。历史上许多杰出人物从小就立定志向，孜孜以求，他们往往是从故事中选择了榜样，获取了力量。书中的故事内容丰富，包含了中外比较典型的教育故事，有的让人感泣，有的给你惊喜，孩子读了会受到激励，家长读了会受到启迪。本书既可作为教育孩子的枕边教材，也可作为父母的修身指南！

全书分两编，第一编主要面对孩子和学生，第二编主要面对家长和老师。每编有九章，每章精选了十个故事，中国故事在前，外国故事在后。每章都有一个明确的主题，集中解决一个方面的问题，实用性和针对性强。

本书在编排设计上很有特点，作者在每章前面都有综述，既起到导读的作用，又能帮助读者理解其中的理论意蕴，对其教育意义进行深入思考。每章后面有精选的教育格言或名人语录，发人深思，给人启迪，可深化读者对本章故事的理解。每个故事后面还有简短的评述，可起到进一步解读的作用。

总之，我认为，这是一本值得孩子、家长、老师一读的好书！

北京师范大学教授（博导）

唐伟

目 录
CONTENTS

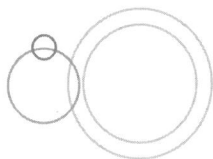

第1编
点亮孩子的心灯

第一章　读书改变人生…………………………………………002

第二章　勤奋是成功的关键……………………………………024

第三章　苦难是人生宝贵的财富………………………………046

第四章　挫折是强者的奠基石…………………………………070

第五章　诚信是做人的准则……………………………………093

第六章　宽容大度是做人的美德………………………………112

第七章　人品是做人的根本……………………………………129

第八章　百善孝为先……………………………………………151

第九章　益智趣味故事…………………………………………171

序言

第2编

育儿是一种生命的艺术

第一章　身教胜于言教……………………………………………… 188

第二章　好奇心是智慧的萌芽……………………………………… 206

第三章　好孩子是夸出来的………………………………………… 227

第四章　理想激发强大动力………………………………………… 247

第五章　娇惯生逆子，溺爱出无能………………………………… 267

第六章　创造性思维比分数更重要………………………………… 288

第七章　教育孩子知道感恩………………………………………… 304

第八章　培养爱心是家庭教育的重要课题………………………… 325

第九章　尊重孩子，教孩子学会尊重……………………………… 341

后　记……………………………………………………………… 361

第 1 编

点亮孩子的心灯

爱尔兰诗人叶慈曾说过："教育并非去把桶装满，而是去把火点燃起来。"教育者的任务就是把孩子的潜能充分挖掘出来，给孩子动力和信心。

第一章　读书改变人生

"人生百年，立于幼学。"

这是我国著名思想家、教育家和文学家梁启超先生在《论幼子》中告诫世人的话。他认为，人生百年中，最具深远的影响来源于幼时所受的教育。他本人也正是得益于其祖父、父亲和母亲在其年幼时期打下的良好教育基础，6岁习完五经，9岁能出千字文章，12岁夺得秀才，17岁折桂中举。由此可见，早期教育的成败关系着人一生的发展，可谓是安身立命之本。

1978年，75位诺贝尔奖获得者聚首巴黎，他们同样赞同这个观点。在面对记者关于何处求学的提问时，他们的回答既不是知名实验室，也不是著名学府，而是幼年教育。

北齐文学家颜之推在《颜氏家训·勉学》中强调："人生小幼，精神专利；长成已后，思虑散逸；固须早教，勿失机也。"

古今中外先贤和伟人，竟然如此不谋而合！

从他们的观点中，从他们的故事里，我们能否得到一些启发，以此借鉴来培育孩子，将其教导成出类拔萃、卓尔不群、利国利民的高端人才？

幼年教育的重要性已经不言而喻，结合古今中外名人学者的成长经历，正如高尔基所说："书籍是人类进步的阶梯，是青年人不可分离的生活伴侣、导师、忠告者和朋友。每一本书都在我面前打开了一扇窗户，让我看到一个不可思议的世界。"

苏联教育家苏霍姆林斯基对读书特别推崇，他说："无限相信书籍的力量，是我的教育信仰的真谛之一。"所以，家长们，即使在条件不具备的情况下，也应该尽量让孩子多读书。

值得注意的是，教育的根本在于引导。正如我国著名文学家和教育家叶圣陶先生所说："教师当然须教，而尤宜致力于导，导者，多方设法，使学生能逐渐自求得之，卒底于不待教师教授之谓也。"

这句话的意思是说：为人师者教授知识固然重要，但更重要的在于如何引导学生学习，使其成为独立行走的人。

一位老师上课讲到一只老麻雀为保护小麻雀勇敢斗猎犬的故事，讲完后，老师问学生："这个故事说明了什么？"

大多数孩子的回答都是："说明了母爱的伟大！"

这时却有一个学生站起来，反驳道："这个故事中并没有说这只老麻雀是母的，为什么它不能是麻雀爸爸呢？"

其他的孩子沉默了。

透过这个故事，我们可以看到目前中国幼儿教育普遍面临的问题：孩子多数缺乏创新思维，过早地拥有了成人式的僵化思维。他们的脑海里有无数的标准答案，却不懂得去探索自己的答案。有这样的结果，是因为家长在教育孩子的时候极少真正试图用故事去启发他们，而是在不断地用自己的人生阅历给他们做灌输，培育出一个与自己相似的孩子来。

所以，在此提醒家长们，教育孩子除了要重视知识本身外，更重要的是引导，要考虑到孩子的习性特点。如果想让孩子热爱学习，就必须先激发孩子的学习兴趣，最好的办法莫过于寓教于乐。

而这也正是本书倡导的，用故事激发孩子的学习热情，教给他们人生哲学！

法国文学家伏尔泰认为："当我们第一遍读一本好书的时候，我们仿佛找到了一个朋友；当我们再一次读这本书的时候，仿佛又和老朋友重逢。"

读一本好书完全能改变一个人的命运。古今中外，大凡成功之士，无不是有着好读书、读好书的习惯。

书是打开知识宝库的金钥匙，是人类不可缺少的精神食粮。书，虽然不会讲话，但它如渊博的老师和忠实的朋友，能给孩子知识和智慧，给他们无穷的鼓舞和力量；同时，又像一盏明灯，照亮孩子的视野，激发他们的想象力，开启他们对未来的希望旅程。

激发孩子读书的兴趣，培养孩子读书的习惯，是育儿成才的重要途径，也是一条事半功倍的捷径，读书是一条通向成功的必然之路。孩子一旦有了读书的习惯，天天以书为伴，就相当于被领上了成功之路。

冰心说："我读书奉行九个字：读书好、好读书、读好书。"好书读多了，熟能生巧，这样写出来的文章就会思路开阔、文笔流畅。如果读不好的书，不仅对成长无益，甚至还会毒害幼儿的思想。

简而言之，读书就是要取其精华、去其糟粕！助力孩子成长，要从读好书、会读书开始。

01　孟母教子

孟子，名轲，字子舆，战国时期鲁国邹人，我国著名思想家、政治家、教育家，孔子学说继承人，儒家学派重要代表人物。其主张"仁"政治天下，对后世思想发展影响极大。

对教育，孟子主张"得天下英才而教育之"，他格外重视教育环境，认为只有在优良环境中治学，方能成功。孟子的这一思想，与其母的教育方法息息相关。孟子三岁丧父，与其母仉（zhǎng）氏相依为命。仉氏在孟父过世后，为了纪念兼陪伴亡夫，便带着孟子搬到墓地附近居住。

孟子年少贪玩，好模仿，见周围时常有人来上坟、烧钱、摆供品，时常还有人哭坟，耳濡目染一段时间后觉得十分有趣，便和同龄孩童一同模仿，挖坟坑、堆土坟、抬棺材、哭拜死人等都被当成寻常游戏要玩。

一日，仉氏路过，看到孟子和同龄孩童竟然在玩出殡游戏。只见孟子时哭时笑，玩得兴高采烈，仉氏见了，不禁忧从中来。所谓"近朱者赤，近墨者黑"，幼年孩童都喜好模仿年长者行为，长此以往，必定对孟子的成长不利。见微知著，意识到此事的严重性后，仉氏决定更换住处。

不久之后，仉氏带着孟子搬到了热闹的集镇上。搬到集镇上后，因环境发生变化，孟子果然不再要玩哭丧的游戏。但集镇上人来人往，车水马龙，很是繁杂。周围多是商户，叫卖声络绎不绝。孟子玩心再次被挑起，成日与邻居孩童玩买卖交易游戏，他时而扮演成贩卖物品小贩，时而扮成买家讨价还价，甚至，扮成屠户，手握木片当屠刀，去宰杀用湿泥捏成的猪崽……

仉氏见孟子整日耍玩在外，与之前相比更显野性，不禁心生忧虑，担心孟子日后会成为唯利是图的市井小人。思虑再三，仉氏决定再次搬迁，重新择选住处。

经由前两次的教训，仉氏在择选新居上格外用心。经过几番挑选，她带着孟子迁居到了一处私塾附近。在此，孟子整日所见皆是彬彬有礼的读书人，耳闻也都是琅琅的读书声。受环境熏陶，孟子开始学习礼仪，并日渐对读书产生了兴趣。仉氏见他上进，心生慰藉，觉得这才是良居！

此后，因为此地有利于孟子成长，仉氏便带着孟子定居下来。这便是日后家喻户晓的"孟母三迁"的故事，其告诫世人：读书需要良好环境的影响和熏陶。

没多久，孟子到了上学的年纪，仉氏将其送进学堂。开学之初，孟子对待学习十分认真，然而时日一长，孟子开始逃学。仉氏知道之后，悲伤难忍，可是她并未立刻去找孟子斥责他，而是等孟子耍玩回来，才将其唤到身旁询问。

"今日为何早归？"

孟子被仉氏突然询问，一时失了方寸，答起来支支吾吾。仉氏听了孟子的谎言后，并未说话，而是直接操起身旁的剪刀，大步走到织布机前，一下子将织布机上新织的布拦腰剪断！

孟子见状，惊慌失措，急忙跪下。

仉氏指着剪断的布严肃道："你成天贪玩不好读书，与这剪断的布一样，无法再织；布织不成，何以制衣？你今日不好好读书，日后又如何能成才？！"

孟子看着剪断的布，听着仉氏的挚语，心中羞愧不已，认真思考之后，终于明白读书的道理。从此之后，孟子以母亲的训诫为行典鞭策己身，发愤读书，勤学不怠，终其一生继承、发展儒家学说，被后世追慕为"亚圣"。

青春寄语

一方澄净，一分优雅，无形中会熏染一个人的读书心境。

02 一天不读书，便不能生活

古人云："一日不书，百事荒芜。"

作为一位伟大的革命者，孙中山的博学和专精一直令人难以望其项背，而这完全得益于他自小的敏思与好学。孙中山自小酷爱读书，常常是手不释卷。为巩固知识，孙中山还在阅读过程中保持写札记和眉批的习惯。

曾有人问孙中山先生："除了革命之外，您还有没有什么嗜好？"

孙中山答道："我一生的嗜好，除了革命之外，只有读书。我一天不读书，便不能够生活。"

从孙中山先生的回答中，可以看出其对读书的热情和重视。事实上，不仅仅是孙中山先生，几乎所有历史上耳熟能详的名人，都喜好看书。拿破仑、毛泽东、富兰克林、列宁、马克思、丘吉尔、高尔基、爱迪生……这些人在他们光辉灿烂的人生中，无时无刻不保持着阅读的习惯。

在平日生活里，身边之人随处可见孙中山先生手中拿着书。这些书籍涉猎广泛，有政治、经济、历史、地理，甚至还有文学、哲学、自然科学等。可以说，孙中山先生和书形影不离，只要有他的地方，周围就能找到书。

孙中山先生日理万机，读书时为防止过后遗忘，他还会将知识整理成札记，以备日后再次研习。哪怕再忙，他也没有停止这个习惯。在陈炯明叛变炮轰总统府时，孙中山先生阅读过的所有书籍几乎都被炮火焚烧。有幸流散出来的一两本，被人视若珍宝。一位收藏过孙中山书籍的友人说，他家中有一册孙中山读过的《大学》，书头上就标有许多珍贵的读书批注。

在流亡英国伦敦时，即使颠沛流离，孙中山先生的行囊也总是鼓鼓的。起初，许多同学以为他是富豪，许久之后才知道他的行囊里装的全是新出版的书。

当时，孙中山先生的生活可以说是十分困难，时常是青黄不接，连吃饭的钱都没有，即便如此，他也从未放弃过读书。

有一次，在伦敦留学的中国留学生不忍看他生活拮据，一起凑了三四十英镑给他，谁知三天后，这些同学到住处去找他，按了许久的门铃，都听不到里面的动静。大家推门进去一看才知道，原来孙中山先生又将大部分的钱换成了书，此时正因为专心致志读书而没听到门铃声。见此，大家都感到无可奈何，也更加清楚孙中山先生对读书的重视。

事后，有个留学生忍不住问他："上次送给你吃饭的钱差不多都用在买书上了吧？"

孙中山先生笑着点点头道："是的，不过还留着一点，已经够吃饭了。"于是大家都称孙中山是"读书胜过吃饭的人"。

在孙中山先生跌宕起伏的一生中，无论生活多么困苦，他都要挤出一点钱来买书，这些书跨越古今中外，有《民约论》《富兰克林自传》《拜伦诗选》，也有关于英国和法国资产阶级革命的书籍，种类繁多，不胜枚举。

正如莎士比亚所说："想成为一个有成就的人吗？请你来阅读。想成为博学的人吗？请你来阅读。想成为伟大的人吗？请你来阅读。想驾驭你的事业成为生活中的佼佼者，赢得赞誉的目光和朋友的崇拜吗？那么，请你来阅读。"

青春寄语

读书要持之以恒，一日不可间断。读书是决定你成功与否的关键。

03　第一本长篇小说

"我忘不了我的小说第一次被印成铅字时的那份喜悦，我日夜祈祷的是这回事。真是的，我想我该喜悦，却没怎么喜悦。避开人，我躲在某个地方哭了，那一刻我最想我的母亲……"

　　这段话出自著名作家梁晓声的《慈母和我的书》一书，它表达的不仅仅是作者本人对于小说出版成书的激动，更是在感谢母亲对他从小读书习惯的培养和支持。

　　1963年，幼年的梁晓声随家人搬到光仁街。在这里，小胡同像烟鬼的黑牙缝，低矮的破房子像是一片疥疮，穷困充斥着居住在这里的每家每户。可是，此时正读小学五年级的梁晓声，却有着三十多本小人书的私人收藏。

　　每次梁晓声替家里买完粮、煤、柴回来，总能得到几角钱。正是这些钱，堆起了梁晓声的图书世界。母亲知晓后，也有意支持他买。

　　一次，梁晓声看上了一本名为《青年近卫军》的长篇小说。可是这本书竟然要花费一元多钱，对比平时三角钱一本的小人书来说，这个价格让梁晓声望而却步。他从未向母亲要过这么多钱，母亲虽然支持他买书，但是从未给过他这么多钱。

　　内心对《青年近卫军》的执着和渴望，令梁晓声整日失魂落魄，无精打采。在几番煎熬之下，他终于鼓起勇气向母亲开口。

　　当时，梁晓声的母亲被铁路工厂辞退，为维持一家生计，她又在街道一个加工棉胶鞋帮的作坊式的小厂上班。

　　多年后，在梁晓声的著作里，他这样描写当时的情景："空间非常低矮，低矮得使人感到心里压抑。不足200平方米的厂房，四壁潮湿颓败。七八十台破缝纫机一行行排列着，七八十个都不算年轻的女人忙碌在自己的缝纫机后。因为光线阴暗，每个女人头的上方都吊着一只灯泡。正是酷暑炎夏，窗不能开，七八十个女人的身体和七八十只灯泡所散发的热量，使我感到犹如身在蒸笼。那些女人们热得只穿背心，有的背心肥大，有的背心瘦小，有的穿的还是男人的背心，暴露出相当一部分丰满或者干瘪的胸脯，千奇百怪。毡絮如同褐色的重雾，如同漫漫的雪花，在女人们、在母亲们之间纷纷扬扬地飘荡，而她们不得不一个个都戴着口罩。女人们、母亲们的口罩上，都有三个实心的褐色的圆。那是因为她们的鼻孔和嘴的呼吸将口罩濡湿了，毡絮附着在上面。女人们、母亲们的头发、臂膀和背心也差不多都变成了褐色的、毛茸茸的褐色。我觉得自己犹如置身在山顶洞人时期的女人们、母亲们之间……"

记忆中，他穿过一台台缝纫机，找到了自己的母亲。在母亲忙碌的催促下，他犹豫地说出了自己的来意。

母亲掏衣兜，掏出一卷毛票，用皲（jūn）裂的手指点着……旁边同在厂房工作的大姐连忙阻止，可是母亲已将钱塞到他手中。她母亲回答的声音很大，以至于多年后这个声音还不断在他脑海里回响："谁叫我们是当妈的啊！我挺高兴他爱看书的！"

拿到钱后，梁晓声跑出了厂房，脑海里却始终没有忘记自己母亲消瘦的背影。外加厂房的拥挤脏乱，都对他幼小的心灵造成了冲击。也是第一次，他意识到自己已经15岁，不再是不懂事的孩子。

为了表达对母亲的歉意和怜惜，梁晓声用那一元五角钱给母亲买了一听水果罐头。

可是母亲看到后，当即斥责他："你这孩子，谁叫你给我买水果罐头的？！不是你说买书，妈才舍得给你钱的嘛！"数落完，母亲又给他凑足了买书的钱。

母亲对读书的重视态度，让梁晓声更加坚定要努力读书的念头，他日报答母亲的恩情。

梁晓声在《慈母和我的书》的末尾写道："我想，我没有任何权力用那钱再买任何别的东西，无论为我自己还是为我母亲。从此，我有了第一本长篇小说……"

梁晓声的作品为推动我国文学事业发展做出了极大的贡献。其作品在我国香港、台湾地区出版，并被译为英、日、法、俄等多种文字传颂。梁晓声这个名字也被收录到英、美、澳三国的"世界名人录"中，被后世瞻仰瞩目。

青春寄语

读书是一种乐趣，在充实和欢愉中体味人生真谛。

04　童年的读书梦

"在我的心目中，一个好的作家是长生不死的，他的肉体当然也与常人一样迟早要化为泥土，但他的精神却会因为他的作品的流传而永垂不朽。"——摘自诺贝尔文学奖获得者莫言《我的高密》

时至今日，还有诸多人无法理解，为何一个几乎没有接受过系统教育的人，却能在几十年后问鼎文坛，荣获诺贝尔文学奖——这个被世界所有作家视为最高荣誉的奖项。

莫言出生在农村，五年级时因贫困辍学，青年时期劳动长达十年，其间主要忙于农活，包括种高粱、种棉花、放牛、割草等。但是这些并未磨灭他读书的意志，反而令其在逆境中重生。

在莫言还是放牛顽童时，就酷爱阅读。高密东北乡地处偏远落后的山区，书籍对于当地人来说还属于罕见的奢侈品。为了能读到书，莫言经常想方设法给那些有书的人家干活。

为了读石匠家的《封神演义》，他不得不经常到石匠家里替他们磨面。可是磨一早上面，也仅能得到两小时的阅读时间，并且必须在石匠家同龄小女儿的时刻监督下进行。时间到没到，全由石匠家女儿说了算。为了讨好石匠家的女儿，莫言甚至将自己得之不易的杏子送给她。在这种内外交困的条件下，莫言最终凭借自身超凡的毅力坚持读完了整套书籍。

在整个童年时代，莫言为了能够阅读，付出了巨大的代价。即便如此，莫言还是常常沉浸于书的情节中不能自拔。

在将周围村子里的十几本书都读完之后，往后的十几年里，莫言几乎再没有读过书。甚至因为长期没有读书，他把在学校里学习过的字也几乎忘光了。即便如此，莫言心里还是充满了幻想——希望有朝一日能成为一名作家，过上幸福的生活。

莫言15岁时，石匠家的女儿也出落得亭亭玉立。两人自小一起长大，又是邻居，莫言深深地喜欢上了这个漂亮的姑娘。一天黄昏时刻，莫言鼓起勇气表达了自己的爱意，得到的却是石匠女儿的冷嘲热讽。虽然莫言的自尊心受到极大打击，但他并未就此放弃，再次托自己的大嫂去提亲。得到的结果却是：除非他能写出一套《封神演义》那样的书，否则她不会嫁给他。

莫言听到这个回答，心中并未丧气，而是直接跑到石匠家立下雄心壮志，可是石匠家女儿并不见他。

此后，生活上的贫困，加上感情上的打击令莫言在之后的几十年发愤图强，废寝忘食地写作，终于在2011年获得茅盾文学奖，2012年获得诺贝尔文学奖。

虽然莫言最终没能写出像《封神演义》一样的小说，石匠家的女儿也早已嫁给铁匠的儿子，并且已经成了三个孩子的母亲，但他通过魔幻现实主义，将民间故事、历史与当代社会融合在一起，成为第一个获得诺贝尔文学奖的中国籍作家，他的《红高粱》成为20世纪80年代中国文坛的里程碑之作，他是中国文坛当之无愧的巨匠！

青春寄语

读书，是精神的启蒙，它会为你打开一扇崭新的大门。

05 读书改变命运

有些人认为，读书是无用的事。然而，却有人通过它，改变了自己的命运！

他今年50多岁，在一家中学担任校长。可是没有人知道，他险些成为一个每天面朝黄土背朝天的普通农民。

那年，他不过是个毛头小子，初中刚毕业，就被下放到鄱阳湖畔做知青。每天围湖垦荒，和肆虐的吸血虫战斗。几年下来，残酷的现实将梦想侵蚀殆尽。回城无望，知识无处落地，和其他知青一样，他彷徨看不到前方。

"国家决定恢复高考！"

1977年10月，这个消息像一枚炸弹，将他的命运之门炸开。他脑海里只有一个念头：要参加高考，回城里！

他立即给家里发电报，让家人搜集复习材料。虽然现在距离高考还有不到60天的时间，而以前的知识又几乎都淡忘了，但他没有放弃，白天照常劳动，晚上抓紧时间复习。可是眼看高考一天天逼近，功课还没有复习完，他心急如焚。

唯一可以解决问题的方法就是请假。可是在当时的政治背景下，想要请假读书，那简直就是痴心妄想。在这个时刻，他想出一个令人心惊的办法。

"要是我能大病一场，多几天复习时间就好了。哪怕工伤也行，如果谁能砍我一刀就好了。"

旁边的老乡随口笑着道："那还不容易，我砍你一刀，你敢不敢？"

这位老乡不过是在说玩笑话。可是说者无心，听者有意。他笑容凝固，反复斟酌老乡说的这句话。

第二天，他把这位老乡拉到一旁，压低嗓子道："一会儿趁我不注意，你就往我腿上砍一刀！下手要狠点！"

那个老乡听他这么说，连连摇头。可是他铁了心，就算是残废，也一定要试上一试。这是他唯一可以改变命运的机会，他一定要牢牢抓住！

就这么约定好，计划在悄然之间进行。可是直到晌午，那个老乡都没有砍他。正当他失望的时候，突然，一阵钻心的剧痛从腿上传来。

"哎哟！"他一下子栽倒在地，左腿上血痕狰狞，鲜血如注，他当即脸色煞白，疼得昏死过去。而老乡两眼通红，愣在一旁，几乎丢了魂。

他被人紧急送往医院，最终伤口缝了17针。从医生的话里得知，他差点要残疾了！幸好这宝贵的一刀，终于被算作"意外工伤"，为他争取了15天的休假期！

15天的时间，他不顾伤痛，完全扎进书里，夜以继日学习，终于迎来了高考。

高考结束后，他忐忑不安地等待消息。那一天，他满身泥泞，刚从田里回来，迎面就看到邮电所的老王。他似乎预感到了什么，紧张得几乎说不出话。

老王走到他面前，口一张一合，他听不清楚，却又好像听得很清楚。他泪如雨下，身体像是发疯了的公牛一样，浑身无不畅快。

"我考上了！我考上了！"

30年前的那一刻，他如今仍记忆犹新。

有人问他："当时明知道有人要砍你，你怕不怕？"

他笑着道："怕，当然怕，怕得要命！当时两腿都在哆嗦……"

可是他没有打退堂鼓，没有后悔，因为那一刻，他是个勇敢的战士，在向命运宣战！他用腿上的一刀，赢得一生中最宝贵的15天时间，换来脑海的知识，彻底改变了自己的人生！

青春寄语

知识改变命运，读书是通向成功之路的阶梯。

06 农村娃的读书梦

我要当老师！

这是李海这辈子最大的愿望。虽然13岁的他只是普通的山村孩子，只能依靠从父亲那里分来的一亩三分地和一间泥巴屋过活。可是他从来没有放弃过当老师的梦想，而要当老师就必须读书。

李海喜欢读小说，并且毫不避讳这个喜好。他喜欢小说里井然有序的世界，他和母亲不会被人欺负，家里的东西不会被人糟蹋……他年轻踌躇满志

青春寄语

读书有了明确的心态，才有专一的心力。

07 命运的转折

看着手里市一中的录取通知书，我的内心生不出一丝愉悦。倘若是别人家里的孩子，以全县第一的成绩考上特级高中，定然会欣喜若狂，举家庆祝。而我不能，我的家人更做不到。

我出生在偏远的小山村，一家五口人，包括重病的母亲，都只能靠父亲一人种地养活。农民吃饭全靠天，一年若是收成好，也仅是刚好能够填饱几张嘴而已，没有一丁点结余。

对于我来说，上学读书不亚于天方夜谭。

可是我不甘心，难道我一直以来的努力就要付诸东流吗？我渴望已久的学校，助我实现人生梦想的阶梯明明已经在眼前，要我如何甘心？于是我瞒着父母，在收到通知书后的第五天清晨，背上一个水壶，沿着我从未走过的崎岖山路，出发去寻找我的学校。

在经过六个多小时的长途跋涉后，我终于站在了市一中门口。

我难掩心中的狂喜，坚固的铁栅栏阻挡不了我的激动和兴奋。我伸长脖子不断朝里张望，看着高大的楼房、宽敞的操场，内心恨不得立刻进入这个属于我的天堂！

可现实是残酷的，我交不起"昂贵"的学费，我的天堂始终和我有一墙之隔，而我跨不过去。我流着泪靠在铁栅栏外，满心都是命运的不公。孤独、劳累和伤感让我不知不觉睡了过去。

夜幕降临，饥饿将我从梦中叫醒。我拍了拍不争气的肚子站起来，却感觉到口袋中似乎有什么东西。我下意识地掏了一下，看清楚是什么后当即被吓了一大跳！

竟然是一张崭新的10元人民币！

我掐了掐自己，祈祷这不是幻觉。要知道，当时，10元钱对于我们那个贫困的小山村来说，可是只有少数大户人家才能有的。别说是年少的我，就算是大人都很少能见到。

我紧紧攥着钱，真实的触感一再告诉我，这不是在做梦。我顾不上狂喜，而是紧张地张望四周，生怕这钱会从我手中飞走。当晚，我怀揣着那"从天而降"的10元钱，蜷缩在街角做了一个香甜的梦。

次日清晨，我游荡在大街上，各种食物香味和小贩的叫卖声混在一起，向我飘来。我中途几次停下脚步，艰难地咽了咽口水，终究还是没舍得花一分钱去买。

后来，在回家的路上，在那斑驳的墙上，我突然看到一行不起眼的字："院内批发冰棍，备有冰棍箱。"我脑海中闪过一个念头，也许我有办法赚到学费了！

我发疯一般地掏出那10元钱，随后毫不犹豫地跑进那家冰棍厂。几分钟后，我用全部的钱批发了半箱冰棍，开始了我沿街叫卖的赚学费之路。

一想到我的学费可能就在眼前，白天我就尽可能地四处叫卖，晚上为了节省开支则睡在马路上。一个多月的假期过去了，在这五十多天里，我竟然赚到了三百多元钱！这些钱不仅足够支付市一中一年的各项费用，甚至还能剩下一些给家人添置新衣。

我知道，如果不是那好心人的10元钱，我就无法在开学前赚到这些学费，更不可能圆我的上学梦。无论过去多少年，我始终都不会忘记那个好心人，是他给我的命运带来了质的转折。

三年后，我以优异的成绩考上名牌大学，并在毕业后顺利找到了工作。我也开始资助那些没有学费上学的孩子，我希望他们跟我一样，能够拥有崭新的人生。

青春寄语

读书，为知、为己、为人。

08 对知识的渴望

放学铃声响起，我第一个冲出教室，心里紧张地挂念着昨天那本没读完的书。昨天就只剩下一两本了，今天不会已经没有了吧？

一想到我可能没办法读完那本书，脚下的步伐更是飞快。

终于到了书店门口，书店仍同往日一样，人挤得满满当当，看来一时半会关不了门，心里的紧张多少有所缓解。但一想到那本书可能会卖光，我心里的忐忑又一次占据了上风。

那本书在第几排？第三排，还是第四排……

看到了！

我急忙抽出那本书，心里为又能读书而兴奋不已。来来往往的买书人，将我很好地遮掩起来，使我不会被发现。我激动地翻开昨天看到的地方，那熟悉的铅字映入眼帘，一个新的世界在我眼前徐徐打开。

啪！

正当我如饥似渴地吸收着书中的一切的时候，一双大手突然落到铅字上，将我从新世界中拍打出来。我抬起头，看到一张略显狰狞的脸，他是这家书店的老板。看起来有点凶，我曾经多次为躲过他的视线而窃喜。

"你到底买不买？！"

居高临下的喊叫声惊动了其他顾客，所有人都回头看着我。那目光中有怜悯，有鄙夷，也有看好戏似的戏谑。这一刻，我窘迫羞愧得像个小偷，满脸通红，支支吾吾，一句话都说不出来。

"不买就别看！"

老板的话像刀子一样扎进我心里，他的语气严重伤害了我的自尊。我鼓起勇气，忍着眼泪。"看看都不行吗？"我期待我的声音能更理直气壮一点，但事实上它一出口，我就感觉到了它的软弱无力。

我狼狈不堪地跑出书店，身后是老板的一声冷笑："不止一回了！"从他的语气听来，我仿佛是一个屡教不改、该被抓起来劳教的小偷。但问题是，我到底偷窃了什么？

答案是没有。我不过是一个渴望读书的穷学生而已。

还记得有一天，我偶然路过一家书店，橱窗里摆放的几本名著深深地吸引了我。在欲望的驱使下，我不由自主地走进去打听它们的价格。结果如我内心早就预料到的，我根本支付不起它们中的任何一本。

我内心沮丧，知道自己应该离开。可是我控制不了自己，我像饿狼一样贪婪地吞读书上的文字。一页、两页……我把自己隐藏在角落，像一个小偷一样几乎要屏着呼吸才能不被人注意到。我内心既兴奋又害怕，这种窃读的滋味伴随着我的整个读书过程。

只要书店的老板一注意到我，我就会立马换去别的书店。我为自己的窃读经验沾沾自喜，我喜欢那些若无其事、镇定自若进出书店的时光。

不过所有的经验都比不上一个下雨天来得令我欣喜。越是倾盆大雨，我越是有充分的理由坐在书店里读书。那一刻，我就像是为躲雨而不得不进入书店的行人，尽可大方看书，老板也没有理由赶我走。只是我清楚，我与真正的行人不同之处在于，内心里渴望这雨下得再大、再大一些。

从书店出来，尽管饥肠辘辘，但在我的脑海里，我像一个吃饱的醉汉一样——自由徜徉在知识的海洋里，沉醉于书中的人物几乎要忘了年岁。

青春寄语

一本好书就像人生路上的启明灯、引路人，能开启孩子美好的前程。

09　痴书的拿破仑

拿破仑·波拿巴作为法兰西第一共和国的缔造者和执政官，最为人津津乐道的莫过于他的军事才能。然而，极少人知道，这位"军事巨人"能有此成就，与他痴迷于读书有莫大关系。

出身没落贵族家庭的拿破仑，10岁时以国家公费生的身份进入法国内地香槟省的布里埃纳军事学校。这里面的学生全都是贵族子弟，贫穷的拿破仑因此受到歧视。为此他发愤读书，废寝忘食，以才智傲视纨绔。1784年，拿破仑以优异的成绩进入巴黎陆军学校学习。在两年的时间里，他阅读卢梭、孟德斯鸠、伏尔泰等学者的著作，还阅读了有关古代波斯人、雅典人、斯巴达人、埃及人和迦太基人的历史、地理、宗教和社会风俗等方面的书籍，同时研读了亚历山大和恺撒等历史上伟大统帅的传记，尤其对炮兵技术、战术方面的书籍特别感兴趣。因为爱上卢梭的著作，他开始模仿卢梭的笔调写文章，在学业上突飞猛进，令贵族子弟望尘莫及，再也不敢轻易嘲笑他。

16岁军校毕业后，拿破仑成了少尉。因为他对军事学，尤其是炮兵学方面的研究，在结合观测之后，他向一位严厉的将军提交了一份关于炮弹射程的备忘录，其严密的逻辑性和巧妙的计算令拿到报告的将军叹为观止，并对他留下深刻印象。

1788年，拿破仑因触犯军规被关了一天一夜禁闭，在禁闭室里他发现了一本古罗马帝国的《国法大全》，欣喜若狂的他一口气读完了整本书。以至于15年后，成为法国首席执政官的他，在元老院和人们讨论民法条款时，能滴水不漏、随口引证古罗马皇帝颁布的相关法典条文，令在座的全国著名法学家大惊失色。

拿破仑一生指挥战役将近六十次，几乎每次都带着一个随军图书馆参战。在1807年法尔之战处于僵持阶段时，拿破仑甚至因为前线无书可读而大发雷霆，写信斥责巴黎相关人员，命令他们立刻将所有新出版的书籍和新书预告送来。

拿破仑不仅博览群书，而且十分注意精读。他曾反复研读亚历山大、汉尼拔、恺撒等人的传记，不断推敲各种军事史中的战略战术。据统计，拿破仑一生中所记的读书笔记，仅编印成册的就有四百多页。即使是在晚年被囚禁的六年，他也每天坚持读书，做读书笔记。

根据史料记载，在1789年法国大革命之前，巴黎皇家图书馆（法国大革命时更名为"国家图书馆"）藏书约为30万册，但到1818年拿破仑统治时期，国家图书馆的藏书总量已经达到100万册，足足增长了两倍多。这也使该馆一跃成为19世纪初叶藏书量遥居世界第一的图书馆。

一百多年来，史学家对拿破仑的功过争议颇多，然而关于他在图书事业方面的贡献却出奇一致地给予好评。正像他后来在圣赫勒拿岛上的回忆录中所说："一读再读他们（指亚历山大等世界名将）83次战役的历史，以他们为模范，此乃成为名将和学会艺术秘诀的不二法门。"马克思和恩格斯也将其称为"真正的伟大的拿破仑"。

青春寄语

读书改变人生，读书造就伟人！

10 高尔基嗜书如命

高尔基出身于沙俄时代的一个木匠家庭，4岁丧父，小学三年级时，因外祖父破产而不得不中途辍学。

11岁时，高尔基被送到绘画师家里工作，因为不堪忍受非人虐待，他逃了出来，但随后又被送了回去。为了惩戒他的不听话，主人给他安排了更加繁重的工作，并且明令禁止他读书。一旦发现他读书，不仅要受罚，而且书会被没收。但是，此时的高尔基已经养成了读书的习惯，每当人们熟睡之后，他便偷偷拿出书来，借用神龛上长明灯的光亮读书。有时候正读到欲罢不能处，没有灯，他就点上一支小蜡烛，废寝忘食地读起来。

绘画师的母亲是个守财奴，她把家里的蜡烛数记得一清二楚，并量好尺寸，一旦发现有任何短少，就会立刻将高尔基痛打一顿。没办法，高尔基只好借铜锅映着月光的光亮来读书。一次，他读书过于专心致志，忘了照看正在烧水的茶炊。绘画师的母亲进来，看到他居然在干活时看书，就用带刺的木棍毒打了他一顿。在医院里，医生从他背上取出了四十多枚刺！这种残忍的虐待激怒了医生，他告诉高尔基可以去控告他们滥用私刑，但高尔基只是淡淡地说道："挨打没什么，只要允许我读书就行。"

后来，高尔基去了一家面包厂做工，每天工作16个小时。为了挤出时间看书，他用短木棍在揉面的台子上架起一个临时书架，边揉面边看书。一次，他正聚精会神地读托尔斯泰的著作，工厂主突然冲了进来，抓起他的书就往火炉里扔。高尔基一下子急了！他猛然抓住工厂主的胳膊，不顾后果地怒吼："你敢烧那本书？！"工厂主从未见过高尔基发这么大的火，看到他那要拼命的样子后，只好讪讪地把书还给了他。

16岁时，高尔基到处流浪。在这段时间里，他当过学徒、搬运工、泥瓦匠……他白天早早就出门找活干，晚上则随意睡在大街上，日子过得十分艰苦。可即便如此，只要赚到一点钱，他就会到附近的小书店去换书。一拿到书他就孜孜不倦地阅读起来，像个彻头彻尾的书痴。

高尔基将读书视为一生最大的幸福。他虽然没有机会到学校修学，但16岁以前他就已经阅读了大量的世界名著，其中包括法国作家大仲马、雨果、巴尔扎克，德国作家海涅的作品，英国作家司各特、狄更斯、萧伯纳，以及俄国作家托尔斯泰、普希金、果戈里的著名作品。高尔基每读一本书，都会写出自己的感受，长此以往，他无法自拔地爱上了写作。

1892年，24岁的高尔基开始向报刊投稿。同年9月，高尔基发表了第一篇短篇小说《马卡·楚德拉》。此后，他一发而不可收，又陆续发表了《海燕》《鹰之歌》《母亲》《童年》《在人间》《我的大学》等享誉国际的作品，成为当时社会举足轻重的大文豪。

成名之后，有一次，高尔基的房间失火，他首先抱起的不是其他贵重的东西，而是书籍。为了抢救书籍，他险些被烧死。他始终认为："书籍一方面启示着我的智慧和心灵；另一方面帮助我在一片烂泥塘里站起来，如果不是书籍的话，我就会沉没在这片泥塘里，我就要被愚蠢和下流淹死。"

由于高尔基一生嗜书如命，勤奋好学，拥有顽强不屈的读书精神，才终于成为被列宁等人称道的"无产阶级艺术最杰出代表"。

青春寄语

手不释卷，是我们每个人永远的箴言。

刘向（汉）："书犹药也，善读之可以医愚。"

杜甫："读书破万卷，下笔如有神。"

苏轼："旧书不厌百回读，熟读精思子自知。"

蒲松龄："书痴者文必工，艺痴者技必良。"

周恩来："为中华之崛起而读书。"

列夫·托尔斯泰："理想的书籍，是智慧的钥匙。"

培根："知识就是力量。""读书足以怡情，足以博采，足以长才。"

牛顿："如果我看得远，那是因为我站在巨人的肩上。"

莎士比亚："书籍是全世界的营养品。生活里没有书籍，就好像没有阳光；智慧里没有书籍，就好像鸟儿没有翅膀。"

马克思："与其用华丽的外衣装饰自己，不如用知识武装自己。"

第二章　勤奋是成功的关键

天道酬勤，一分耕耘、一分收获，勤奋是成功的关键，成功从来与懒惰无缘。"勤奋是智慧的双胞胎，懒惰是愚蠢的亲兄弟"，时间是最公平的，它只会给勤奋者留下累累硕果。

"书山有路勤为径，学海无涯苦作舟。"天上不会掉馅饼，古今中外凡成大器者都与勤奋分不开。爱因斯坦说："勤奋几乎是世界上一切成就的催生婆。"爱迪生说："天才是百分之一的灵感加上百分之九十九的汗水。""天才在于勤奋。"华罗庚说："勤能补拙是良训，一分辛苦一分才。""天才在于积累，聪明在于勤奋。"韩愈说："业精于勤荒于嬉。"……这些至理名言都是人生经验和智慧的结晶。一个人的成长、成功、成名，固然与先天条件有一定关系，但更多的是后天不懈努力、勤奋拼搏的结果。

生命诚然可贵，而生命是由时间组成的，因此热爱生命就要珍惜时间，不要浪费光阴！节省时间、充分利用时间就等于延长生命，而浪费时间就等于浪费生命。鲁迅先生说："无端地浪费别人的时间，等于图财害命！浪费自己的时间，等于慢性自杀。"富兰克林说："你热爱生命吗？那么别浪费时间，因为时间是组成生命的材料。"凡成大器者，无不珍惜时间，把有限的时间充分利用到追求的事业中去。自古以来，流传着许多勤奋好学的故事，如囊萤映雪、悬梁刺股……虽然现在没有必要去机械地模仿，但这种勤奋好学、惜时如金的精神依然值得我们学习。

奥斯特洛夫斯基说："人最宝贵的是生命。生命，人只有一次。人的一生应当这样度过：当回首往事的时候，他不会因为虚度年华而悔恨，也不会因为碌碌无为而羞愧；在临死的时候，他能够说：'我的整个生命和全部精力，都已经献给了世界上最壮丽的事业——为人类的解放而斗争。'"20世纪五六十年代的年轻人都非常熟悉这段话，甚至把它当作座右铭，用来激励自己珍惜时间、珍爱生命，不让年华虚度。遗憾的是，今天的年轻人对它已经非常陌生，不懂得时间的珍贵。

时光不会倒流，人生没有返程的车票。青少年时期精力旺盛、记忆力强，是一生中最宝贵的黄金时代，更应当加倍珍惜时间、勤奋学习。"少壮不努力，老大徒伤悲！"应当紧紧抓住"今天"，不要总把希望寄托于"明天"。钱鹤滩的《明日歌》中说得好："明日复明日，明日何其多！我生待明日，万事成蹉跎！"

人生短暂，转瞬即逝！只有珍惜时间、勤奋好学的人才能不留遗憾，创造出幸福美好的未来！

01 寒号鸟的故事

相传，天地间，有一种古老的鸟叫寒号鸟。这种鸟与众鸟不同，它的两只翅膀光秃，不像其他鸟类可以飞行。

夏天到来的时候，寒号鸟浑身会长满绚丽的羽毛，十分光彩夺目。这时的寒号鸟骄傲不已，觉得自己是天底下最漂亮的鸟儿，就连传说中的百鸟之王凤凰也无法与自己相媲美。它四处卖弄，扬扬得意地高唱："凤凰不如我！凤凰不如我！"有时候看到其他鸟儿辛勤劳动，它还会停下来讥嘲它们。

夏去秋来，鸟儿们都各自忙碌，有的结伴飞到南方温暖一带过冬；有的则留下来辛勤积聚食物，修筑鸟巢，做好过冬的准备。只有寒号鸟，既没有飞到南方，也不愿意辛勤劳动，仍旧是整日东游西荡，到处炫耀自己的羽毛。

有好心的鸟儿看不过去，提醒它道："寒号鸟，赶紧筑个窝吧，冬天来了的话，你怎么过呀？"寒号鸟听后，轻蔑地道："冬天还有那么远，有什么好急的？趁着这大好时光，快快乐乐地玩耍才是正事！"

冬天如期而至，寒风凛凛。其他鸟儿都窝在自己温暖的鸟巢里，而寒号鸟却在东躲西藏中躲进了石缝里。这时，它身上的羽毛已经落光，寒风一过，它就冻得瑟瑟发抖，不停地哀号着："好冷啊，好冷啊，寒风冻死我了，等明天天亮就造个窝……"第二天天亮，太阳重新出来，万物苏醒。寒号鸟晒着阳光，竟忘了夜里的寒冷痛苦，自顾欢快地唱着歌。

又有鸟儿劝它："寒号鸟，快筑个窝吧！不然晚上又要冷了！"

寒号鸟却唱着嘲讽道："得过且过！得过且过！太阳下面多暖和！太阳下面多暖和！真是不会享受的家伙！"

夜幕再次降临，寒号鸟又重复了昨夜一样的经历，被冻得瑟瑟发抖，彻夜哀号，可是白日里又是得过且过，不知教训。就这样，寒号鸟一天天混着，一直没给自己筑个窝。

有一天，大雪突降，鸟儿们觉得奇怪，怎么今夜听不见寒号鸟的哀号声了？天晴之后，阳光普照大地，积雪消融，人们才发现原来寒号鸟被冻死在岩石缝里了。

青春寄语

只有珍惜"今天"、充分利用"今天"，才能创造辉煌的未来；总把希望寄托于"明天"的人，终将一事无成。

02 画龙

一位有钱的富商十分热衷文化艺术，喜欢在坊间收集各地稀世瑰宝、名师古画和大家墨宝。一日，他去拜访友人，听闻远处有一位画功十分了得的画师，若能得到他的墨宝，方能称为无憾。

富商求画心切，当即不远万里、辗转周折登门拜访画师。见到画师后，富商请求画师为他画一条龙，好让他可以悬挂在自家门廊以供瞻仰。

画师并未拒绝，不过提出一个条件，他要求富商一年后再来登门取画。富商对此满心疑问，但以为是画师本人脾气古怪，便点头应允。

光阴似箭，时光荏苒，一年的时间很快过去了。依照约定，富商再次跋山涉水，亲自来到画师家门口求画。

画师面对富商的急切并不慌忙，他气定神闲地走到画架前，细心裁好纸张，仔细铺好，手握画笔站定。随后大笔一挥，笔下如沧海游龙，不过一眨眼工夫，一条腾云驾雾的飞龙便跃然纸上。神龙活灵活现，周身气势不凡，宛若真龙下凡。

富商拿着画卷爱不释手，心里却有点犯嘀咕，他对画师提出的报酬十分不满，认为他故意欺诈自己。

富商面有愠色道："你不过花了些许时间，就轻而易举地画完了此画。你如此速度，怎好意思朝我狮子大开口，提出如此天价？"

画师听了富商此言，面不改色，只是微微一笑起身，推开另一间画室的大门。

门打开，只见里头每个角落都堆满了纸张，每张画纸上都画着龙的一部分，有龙头、龙身、龙尾、龙眼、龙须，甚至有龙身上的鳞片，每个部分无不是精雕细琢，足见画师的呕心沥血。

画师道："'宝剑锋从磨砺出。'你现在所见的那条龙，是我花了一整年的时间，苦心练习才钻研出来的。用这样的价钱来换我一整年的时间和精力，你觉得过分吗？"

富商听了，羞愧万分，当即付了画师酬劳，不敢再生出一丝不满。

青春寄语

成功者荣耀的光环背后是无尽的汗水。

第二章 勤奋是成功的关键

03 写字的"秘诀"

王献之是王羲之的第七个儿子，自幼聪明好学，在书法上专攻草书和隶书。王献之七八岁时开始学习书法，师承父亲。

有一日，王献之正聚精会神练习书法，王羲之突然走到他身后，伸手要抽掉他手中的毛笔。王献之笔握得牢，没有被抽掉，王羲之很高兴，当场夸赞道："吾儿长大后，必成大器。"小献之听了，颇有些沾沾自喜。

有一次，王羲之的朋友来家里做客，见过王献之的绘画和书法后，纷纷赞不绝口，夸他前途无量。小献之被夸赞得多了，不免骄傲起来，对待练字也没有以前认真了。王羲之夫妇看到后，很想找个机会提醒一下小献之。

一日，小献之问母亲郗氏："我只要再写上三年就好了吧？"

母亲摇摇头。

小献之皱眉道："那五年总行了吧？"

母亲还是摇摇头。

小献之急了，跑去问父亲道："父亲，我想很快把字写得和你一样好，你有什么秘诀吗？"

王羲之指着院子里的18口大水缸道："我的写字秘诀全在这些水缸里，等你把18缸水写完，自然就知道了。"

小献之被父亲的话激起了强烈的好奇心。他很想知道水缸底下到底有什么秘密，于是他练字的热情又高涨起来。他蘸水磨墨，挥笔临帖，开始了漫长的练笔生涯。

王献之练习了三年，他每练完一张纸，就将它贴于墙上，与中间挂着的一幅王羲之帖子做对比。在写完了整整三大缸水后，王献之觉得自己的横竖笔画已经和父亲王羲之的差不多，于是就有些得意自满起来。

一日，王献之练着练着，突然听到外面蝉鸣鸟叫，还有孩童嬉戏的声音。他玩心大起，草草写了几行字后便撂下笔出去耍玩。

傍晚时分，王羲之回到家里，像往常一样一进门就直奔王献之的书房。

见到桌上未写完的字后，王羲之默不作声，取过随意丢放的毛笔，在一个"大"字下面加了有力的一"点"。

王献之玩够了，回到家看着自己的字，越发觉得满意，就拿给母亲过目："我又练习了三年，并且完全是按照父亲的字样练的，您看我写得和父亲的差不多吧？"

母亲郗氏不动声色地接过儿子的字，最终叹息道："吾儿磨尽三缸水，唯有一点似羲之。"

王献之听了一愣，盯着"太"字看了半天后大惊！

"我不是写了个'大'字吗？怎么冒出来一个'点'？"王献之说完，随即反应过来，这一点一定是父亲的手笔。

想到自己写完整整三缸水，连一"点"都没有写像，王献之内心沮丧："看来，以后的路还很长，照这样下去，我何时才能将字写好呢？"

王羲之见他闷闷不乐，淡淡笑着道："学书法没有什么秘诀可言，更没有捷径可走，凭的全是'功夫'二字。这功夫是练出来的，所谓熟能生巧，只要功夫真正练到家，就一定能够将字练好。"

随后，王羲之又举了东汉书法家张芝学书的故事，用其"临池学书，池水尽墨"才成为一代书法大师的经历告诫王献之："功夫不全在字内，还有些在字外。"意思是，练字不仅要在笔上下功夫，还要多读书。胸有点墨，达古通今，才能成为真正的书法大师。

王献之听完后，终于领悟了个中道理。从此以后，他开始了艰苦卓绝的练字生涯，在写完18缸水后，终于在书法上突飞猛进。

后来，王献之的字也达到了力透纸背、炉火纯青的地步，后人推崇其书法的成就造诣，将其与父亲王羲之并列，尊称为"二王"。

青春寄语

成功的道路上洒满了辛勤的汗水，没有捷径可循。

04　成功就在眼前

有两个年轻人酷爱画画，其中一个颇具天赋，另一个则资质平平。颇具天赋的年轻人家底殷实，不愁吃穿；而资质平平的年轻人家境贫寒，常常食不果腹。

二十多岁时，两人都还默默无闻。很有天赋的年轻人开始厌烦每日习画，加上成功遥遥无期，便渐渐地丧失了信心，整日吃喝玩乐，夜夜笙歌，最终丢掉了手中的画笔。

而另一个资质平平的年轻人，因为生活所迫不得不跟人学做木匠，疲于奔命，可是他从未消减对画画的热爱。无论每天多晚收工，再苦再累，他都会点亮油灯，伏在破桌上全神贯注地作画一个小时。即便是在走村串户为别人做零工的时候，他的工具箱里也时刻装着笔墨纸砚，在短暂的闲暇间作画练习。

四十多年后，那个颇有天赋的年轻人因为家道中落，身无所长，不得不四处流浪以乞讨为生。而另一个资质平平的年轻人，则从湖南湘潭一个名不见经传的小镇木匠，成了蜚声世界画坛的巨匠——齐白石！

齐白石学画时，一直将诗书放在很高的位置。他认为，腹有诗书气自华，作画应从学诗开始。为培养自己的想象力和创作力，提高文学素养，齐白石不断攻读唐诗，不到半年，就把《唐诗三百首》背得烂熟于胸。之后，他又认真攻读《孟子》《春秋》，并研读唐宋八大家的作品，硬是把一部164卷的《唐宋八大家文钞》攻读了下来。此后，齐白石日夜吟诗作画，画技成就势不可当。

齐白石成为画师后，当初和他一样酷爱绘画的年轻人——现在的流浪汉，到北京来拜访他。两人促膝长谈，齐白石听他感慨创作的艰辛和不易，听他为自己当年没有咬牙坚持、中途放弃而无限惋惜。

齐白石莞尔一笑道："其实成功远不如你想的那般不可攀登和遥不可及。从木艺雕刻工匠到绘画大师，只不过需要四年的时间而已。"

"只需要四年？"流浪汉愣住了。他没有理解齐白石真正的意思，想到自己也学了多年，却始终一无所成，更觉得当初放弃绘画是天命使然，人力无法改变，不禁心中凄然。

齐白石看出他所想，摇头笑了笑，取出一支笔和一张纸，伏在桌上道："我从20岁开始真正练习绘画，直到35岁，每天坚持1个小时。每年365天，每天24小时，折合成天数，每年绘画的时间是15天。15年乘以15天，一共是225天。"

看着流浪汉惊讶的目光，齐白石继续道："35岁到55岁之间，我每天练习绘画2小时，20年合计620天；从55岁到60岁期间，我每天用于绘画的时间是10小时，5年合计760天。20岁到35岁之间的225天，加上35岁到55岁之间的620天，再加上55岁到60岁时的760天，我绘画共用了1605天，总计4年零4个月。"

流浪汉彻底怔住，一个比自己资质差的人仅用了四年多的时间，就从一个木匠变成了画坛巨匠。而他自己，在过去的六十多年时间里，终日无所事事，贪图享乐，竟然连4年的时间都没有坚持下来！现在时光一去不复返，他悔恨自责，虽然幡然醒悟，却于事无补。

青春寄语

其实成功离我们并不遥远，只要勤奋、持之以恒就能实现。

05　少年陶行知

陶行知是我国著名的教育学家，他出身贫寒，为了求学忍受了常人难以想象的磨难。

陶行知出身于一个没落的大户人家，祖上曾富甲一方，拥有良田千亩。后来家道中落，等陶行知出生时，家里仅剩一亩一分田，甚至不足以养活全家，陶行知的父亲还要时常外出砍柴补贴家用。

陶行知长到6岁时，聪明伶俐，正是上学的年纪，可陶家家境贫寒，实在无法负担其求学的费用。陶父、陶母心急如焚，却力不从心。邻里八乡都知道陶家孩子聪明过人，但同样苦于没有对策。这时，邻村一位叫方庶咸的私塾先生，慧眼识珠，看中陶行知，认定他日后必成大器。本着爱才之心，先生免费让陶行知到他那里求学。陶家得到消息后，举家欢喜，连忙将孩子送过去。陶行知不负众望，学习十分刻苦，成绩远超其他同龄孩童。

陶行知9岁时，陶父在镇上谋得一份差事，因为家境转好，陶行知便随父亲去了镇上求学。可是两年后，陶父失业，陶行知也跟着失了学，不得已随父亲一同回到乡下。

11岁的陶行知失学后在家务农，乡亲们都替他感到惋惜，可是年幼的陶行知清楚，家里的情况已经不允许他继续读书。他便每天和父母一起，种菜、砍柴、织麻，承担起半个家庭的重担。

陶父、陶母眼见陶行知步其后尘，不禁愁肠百结，在多方设法之下，终于想出了一个两全之计。陶父、陶母商量，让陶行知边做工边到县城一位姓程的先生那里求学。陶行知深知父母苦心，决心好好学习，一定不辜负父母的厚望。

每天天未亮，陶行知便挑着沉重的柴禾从家里出发，一路翻山越岭，步行十多公里赶到县城，卖完柴禾后再到程先生处求学。晚上回家时，已是夜幕降临。就这样，不论是寒风刺骨的冬天，还是烈日炎炎的夏季，陶行知都披星戴月，从未耽误过一天学习。

贫寒的家境培养了陶行知吃苦耐劳和贤良孝敬的品性。15岁那年，陶母为赚钱补贴家用，到徽州城里一家教堂做工。陶行知每天放学后就会到教堂帮助母亲干活。教堂的牧师名叫唐进贤，同时兼任教会学校校长。他多次见陶行知来教堂，又见他虽衣服破旧，但举止不凡，便喊他过来试探了几句。这一聊之下，唐校长发现眼前这个15岁的少年竟然博览群书，颇有思想。唐校长没有想到，他居然会在中国遇到这么一位才华横溢却求学无门的少年，当即决定免除陶行知一切费用，让他进教会学校读书。

就这样，陶行知又回到了日思夜想的学校，他格外珍惜这来之不易的学习机会，刻苦努力，发愤图强，用两年时间读完了三年才能学完的课程，并且以全校第一的成绩报答了唐校长对他的栽培。

毕业后，陶行知赴美留学。之后几年，他先后在多个国内外知名学府求学、任教。他深知教育是强国之本，正因为他曾艰苦卓绝地在求知路上跋涉过，所以他非常注重乡村教育，身体力行地推行平民教育运动，将毕生精力投入我国的教育事业当中，成为我国近代教育家的典范。

青春寄语

唯有脚踏实地，贴着地面步行，才能看到前方意想不到的美丽风景。

06 勤奋好学的李嘉诚

在香港，在中国，乃至世界，李嘉诚的名字如雷贯耳，他的商业帝国遍布全球，财富数不胜数。2014年《福布斯》香港富豪榜公布：李嘉诚再次以320亿美元的身价，蝉联香港首富。

凡成大器者，聪明仅作锦上添花之用，勤奋才是个中基石。功成名就的李嘉诚面对记者采访时说道："读书是我最大的享受，无论我多疲惫，每晚我总会阅读不同类型的书籍。每当午夜醒来，书本不是搁在我胸前就是落在我身旁。"

如今已是耄耋之年的李嘉诚，每天仍精神矍铄，准时到办公室工作。据李嘉诚身边的工作人员介绍，他对公司业务的每一项细节都非常熟悉，这与他几十年来养成的良好的阅读习惯密切相关。

1928年，李嘉诚出生于广东省潮州市一个贫苦的书香家庭。受父亲李云

第二章　勤奋是成功的关键

经的熏陶，他自小志向远大，深知知识改变命运。5岁那年，父亲为他举办了隆重的"进孔门"入学仪式。这庄严的仪式，更让李嘉诚明白了读书的重要性。李嘉诚自幼聪颖，好思考，阅读速度很快，涉猎广泛。家里的藏书颇多，除了小说外，历史、文化、兵法、唐诗宋词元曲等，无所不及。

上学后，李嘉诚勤奋好学，成绩一直名列前茅。根据其堂兄李嘉智回忆："嘉诚那时候就像个书虫，见书就会入迷，天生是读书的料子。"另一位终生从事教育事业的堂兄李嘉来则回忆道："嘉诚小我十岁，却异常懂事。他读书刻苦自觉，每天点油灯读到深夜。他放学一回家就钻进小阁楼，在书的世界里废寝忘食。"

1940年，日寇入侵，李嘉诚随父母背井离乡到香港定居。因生活颠沛流离，物质贫乏，父亲身患重病。那时，唯一让李父欣慰的是，儿子李嘉诚每日放学回来都会向他汇报学习情况，儿子的优异成绩让他感到骄傲和欣慰。

李嘉诚14岁那年，李父因无钱治病而辞世。作为长子的李嘉诚中止学业打工养家，然而这一切并没有阻止他读书学习。那时，他只是一个底层小职员，薪水微薄，不仅要维持全家生活，还要供弟弟妹妹读书，没有多余的钱买中学教材。李嘉诚自幼心性高傲，不愿受人施舍，更不愿意欠下人情，因此他没有考虑过向亲戚借钱。细心的他发现很多中学生会把旧教材卖出换钱。经过观察，他终于寻到收购旧书的打折书店，廉价买些旧教材，一次只买一两种，看完再到旧书店去卖，用卖的钱再买回"新"的旧书学习。后来，他在回忆这段经历时说，"那时我不是学知识而是抢知识"。

因当时的香港被英国统治，其官方语言是英文，在香港不会英文便相当于哑巴，难以融入上流社会。为了在香港站稳脚跟，干出一番大事业，李嘉诚下决心攻克英语难关。

为了学好英语，李嘉诚不管在什么场合都抓紧时间背单词。夜幕降临，为了不打扰旁人休息，他就偷偷跑到路灯下朗读，直到深夜才摸黑回宿舍休息。第二天，天未亮，他就爬起来，默默背诵单词。经过一年多的刻苦学习，李嘉诚不仅攻克了英语难关，还掌握了一些课外知识，令同学和老师为之惊叹。在茶楼打工的日子里，为了不荒废英语，他自制单词卡片放在裤兜里，但凡有点闲暇，他就会默默背诵英语单词。

如今的李嘉诚依旧保持着多年的阅读习惯，晚上睡觉前一定要看半小时新书，了解前沿资讯，保持和时代不脱节。他学历不高，但他的学识之渊博远非一般学者能比。他先后被英国剑桥大学、加拿大卡加里大学等许多世界名校授予荣誉法学博士学位和社会科学博士学位。

李嘉诚读书除了勤奋之外，还有一个特点：他能将所学的知识活灵活现地应用到商业管理中，并用得得心应手。1974年，在收购怡和洋行的九龙仓时，他深知对方财政危机，不动声色，暗中收购对方的债权，将对手打得防不胜防，这正是孙子兵法上的"暗度陈仓"之计。当得知船王包玉刚也在收购九龙仓时，他分析敌友形势，果断运用孙子兵法上的"敌已明，友未定，引友杀敌"之计，使自己在收购中净赚5900万元港币。

李嘉诚的资本运作如今已经遍布世界各地，他不仅深受中国历史文化的熏陶，还能接受外国先进的投资理念。正因为这样，他才能创造出庞大的商业帝国，成为华人富豪榜上的"常青树"，当今商界的"超人"。

青春寄语

勤奋是智慧的双胞胎，懒惰是愚蠢的亲兄弟。

07 大喇叭与音乐家

他是目前活跃于世界歌剧舞台上极少数的亚裔歌唱家，他是西方人眼中的世界华人歌王，他是歌剧大师多明戈口中的世界上最优秀的男中音，他是真正的中国制造的世界级歌唱家！

他虽声名享誉国际，但他音乐的所有启蒙，却仅仅是中国农村的有线大喇叭。

　　1968年，廖昌永出生在四川省成都市郫县一个普通的农民家庭。1975年，廖昌永7岁。父亲身患重病，不久丢下妻子、3个女儿和儿子便撒手人寰。这让原本已经日显贫困的家庭雪上加霜。父亲走后，廖昌永跟着在乡村小学教书的二姐来到学校，在付了3元学费后，开始了小学生涯。父亲去世的打击，让廖昌永过早地成熟，成了一个孤寂的孩子。他常常一个人藏在房后的竹林里读书，有时候憋闷得难受了，就在竹林间放声大喊。廖昌永说："也许正是因为我的童年和少年没有说太多的话，所以在变声期声带保护得好，造就了后来的好嗓子。"

　　转眼间到了中学，他对自己的音乐天赋还全然不知。一次，校园广播里播放关牧村的《金风吹来的时候》，他仔细听了三遍之后，竟然分毫不差地唱了出来。在学校文艺联欢会上，他的歌声赢得了阵阵掌声。尽管如此，廖昌永还是没有要走上音乐道路的想法。他深知，音乐家都是家境殷实，从孩童练起的。

　　高三的时候，学校来了一位音乐老师，仅仅比他大三岁半，两人亦师亦友。这位老师在听了他的歌声后，坚信他是一个难得的音乐奇才。老师对他说："你的嗓音是属于很优秀的男中音类型。在音乐界，优秀的男高音多，优秀的男低音也多，但是，优秀的男中音可是不可多得的。你报考音乐学院一定行。"在老师的鼓励和指导下，他开始学习五线谱和弹琴。

　　一年后，他信心满满地走进考场。可惜，这次命运没有眷顾他，他落榜了。

　　落榜给了他巨大的打击，他彷徨不安，看不到前方的出路。于是他一个人回到老家，躲到人迹罕至的深山里，大声地歌唱、喊叫，将心里的憋屈、不甘，尽数发泄出来。希望往往破而后立，正当他彷徨迷茫之际，老师的鼓励让他暗自决定再试一次。

　　带着破釜沉舟的勇气和决心，这次他不再报考当地不知名的院校，而是直接将目光投向全国最知名的音乐学府——上海音乐学院。主考官倪成丰听了他的演唱后，当即决定无论如何都要录取他！这位有着丰富经验的音乐家断定：这个年轻人，日后一定会成为震惊国际歌坛的奇才！

　　1988年秋季开学，他带着学费和几本残破不堪的音乐书籍，登上了开往上海的列车。列车到站，却遇到了暴雨。廖昌永看着满街的水，心疼妈妈刚给他买的新皮鞋，毅然脱掉皮鞋，赤着脚一步一步走进上海音乐学院的大门。他的举动引来周围同学的侧目，但他对好奇和议论置若罔闻。此时，他心中尽是坚毅，下定决心要出人头地。

为了不落后于人，在同学中能抬起头来，廖昌永发愤学习，刻苦练声。凭着自己的不懈努力，很快他从一个差等生变成了优等生。半年后，他跟随意大利修学回来的男高音罗魏学习，不仅学会了发声方法和对气息的处理，还学到了纯正的意大利语。罗魏评价自己这位学生是"有着奇迹般的领会能力和掌握语言的天赋"。

之后，廖昌永如鱼得水，被中国最著名女高音周小燕教授看重。她对廖昌永悉心培养，不仅指导他更符合自己个性的发声方法，还教予他一名优秀歌唱家需要的艺术修养和气质。同时，廖昌永再次展现天赋，从周先生那里掌握了纯正的法语。1994年，廖昌永第一次出国参加"法国巴黎国际声乐比赛"，一举获得法语奖。

大学毕业后，廖昌永被学校派到香港演出，由于太晚拿到乐谱，他未能将乐谱全部背下来，临正式表演前，被人替换了下来。紧接着是参加英国的"卡第夫"声乐比赛，第一轮他便惨遭淘汰。更糟糕的是，一位美国大师在听完他的演唱后，用一种近乎羞辱的方式要求他对所有同学发誓："我从此再也不唱威尔第的歌剧了。"

廖昌永说："贫苦是生活的另一笔财富，它锻炼了我的意志和决心。"凭着坚忍不拔的毅力，在1996年—1997年，廖昌永接连斩获国际大奖：法国"第41届图鲁兹国际声乐大赛"第一大奖、日本"多明戈世界歌剧大赛"第一大奖、挪威"宋雅王后国际声乐大赛"第一大奖。值得一提的是，这一年是首次有亚洲歌唱家夺得"多明戈世界歌剧大赛"第一大奖！现场的多明戈大师对他赞不绝口，更是在不久后直接收廖昌永为入门弟子，亲自教导他演唱。从此，廖昌永开始了他令世界瞩目的演唱生涯。

2011年7月16日，在上海世界游泳锦标赛开幕式上，廖昌永献唱的《涌动》被作为国礼，代表国家迎接来自五湖四海的观众，掌声雷动，久久无法消散。至今，挪威还为廖昌永专门设置了"中国日"，以肯定他在音乐上的成就。

廖昌永，一个从农村走出来的歌唱家，凭着坚韧的意志力、顽强不屈的努力，一步步登上了属于自己人生的国际音乐舞台！

青春寄语

勤奋刻苦，永不放弃是走向成功的精神动力。

08 米上人生

一粒普通的大米上可以刻多少个汉字？

答案是34个。

有这么一位工艺大师，他不仅可以在米粒上刻字，甚至还能将整首唐诗都搬到米上。他的巧夺天工，让一粒普通的大米变成了一粒灼灼其华的金子，真正称得上是"一颗米内藏世界，半边锅里煮乾坤"。即使在成名后，还是有许多人质疑他技艺的真假。每当这时，他都是淡淡笑着道："事实证明，如果你认为不可能，那么一切都不会变成可能；如果你相信可能，那么一切皆有可能。"

杨喜宽自小就喜欢刀刻艺术。只要有时间，他就会拿着小刀到处刻，只要是能雕刻的地方，他几乎都不放过。那时候他还不识字，雕刻的内容全凭自己想象。直到有一天，隔壁老师的一句话点醒了他："只有先掌握文字基础，才能让雕刻更具有艺术价值。"从此，杨喜宽开始每天坚持自学书法。行书、楷书、魏碑、甲骨文等字体，他逐个临摹，将它们用在雕刻上。

一天上课，班主任要用名章，可翻遍四处都找不到。就在班主任心急火燎的当口，一颗小脑袋凑上来道："老师，我帮你刻一个吧？"

老师看着眼前的杨喜宽，愣了一下，皱眉道："你？"

"我能行！"

杨喜宽拿出橡皮、削铅笔的小刀和一小块儿石料，在老师和同学充满怀疑的目光下，很快就刻出了一枚名章。名章上面的字体方方正正，竟然比刻字店刻得还要精细规整！

一时间，不满10岁的杨喜宽变成了学校里的名人。不管多复杂的名章、艺术章，甚至是套娃、手镯、冰块，只要是能刻字的载体，到了他手里都能化腐朽为神奇。高中毕业后，杨喜宽理所当然地走上了雕刻的道路。可是，市场过于严重的同质化竞争，让他的手艺根本无人欣赏。眼看着生活就要无所依靠，杨喜宽第一次对自己从事的事业产生了怀疑。一天，一个中年人来到他的摊前，从口袋中拿出一粒米问他："你在上面能刻几个字？"

他凭经验迅速道："两个字。"

中年人听后却摇头道："刻5个字怎么样？"

杨喜宽的第一反应是不可能，但是转瞬又意识到：如果能将这变成可能，那么不仅是高水平的表现，更是一大商机！

经过攀谈，杨喜宽才惊讶地知道，这位中年人竟然是专门来找他的。原来，这位姓石的中年人是微雕家，想让他传承日渐消亡的微雕艺术。

杨喜宽为难了。

此时，他已经过了而立之年，要学习在米粒上刻字，就意味着要从头开始。经过思考，杨喜宽决定接受这份从天而降的"使命"！他认为，微雕不仅是一门谋生的手艺，更是一门艺术，值得用一生去追求。下定决心后，杨喜宽正式拜师，开始了他的微雕人生。

米雕贵在精微，也难在精微。在中年人的指导下，杨喜宽打磨了属于自己的一套工具，开始每天练习。从少至多，由简到繁，一点一点，循序渐进。终于，没过多久，他便能够在米粒上刻出5个汉字了。

当他欣喜地将这个成果摆到师父面前时，却只得了一句话："我能在上面刻出15个字，我希望你能突破它。"

杨喜宽听到这句话，犹如被人当头泼了一盆凉水。15个字，这简直是天方夜谭！可是，凭着那股不服输的狠劲，杨喜宽开始了近乎自虐式的疯狂练习。他不知刻了多少碗大米，手指头不知道被针扎破了多少次，时常刻到头昏眼花才停下来。经过一年时间的苦练，他能在米粒上成功刻出18个字！

他不停歇的努力，让一次次不可能都变成了可能——经过十几年的刻苦钻研和反复实践，他竟然能够在一粒大米上刻出32个汉字！更令人无法相信的是，普通微雕家要用放大镜才能看清楚的大米雕刻，他用肉眼就能看清楚；更让人无法相信的是，他采用的雕刻工具，既不是进口的，也不够精妙，仅仅是由他自己磨制的普通雕刻工具而已。22年来，杨喜宽最多一次完成了34个汉字的米粒雕刻。

如今，他的微雕作品屡屡在大赛中斩获大奖，数次被人搬到电视荧屏上展现。当他的作品被放大数百倍放到书法家面前时，众人无一不失声惊叹。那上面的字，笔锋刚劲有力，游走宛若沧海蛟龙，行文深刻老到，简直就是人类艺术殿堂不可能实现的一大奇迹！

杨喜宽的米粒微雕，不仅继承和升华了中华传统工艺，也书写了"点米成金"的商业神话。他没有太多的过人之处，完全依靠踏实钻研，将自身的优势通过勤奋努力发挥到极致，而正是这一点，让他的成功变得理所当然。

青春寄语

如果出众的才华是一把利剑，那么勤奋便是磨刀石。

09　草根的逆袭

2011年，纯庄稼汉朱之文一战成名，夺得山东综艺频道《我是大明星》年度总决赛双料冠军。他的一曲《滚滚长江东逝水》宛若天籁之音，震惊全场，现场评委一度以为是节目组错放原声带，当场要求掐掉伴奏听原唱。原唱声一出，全场观众难掩激动纷纷站起来鼓掌。谁也无法相信，这个穿着70元钱的破旧军大衣的41岁庄稼汉，居然唱出了歌唱大师的水平。随后，山东电视台导演将他在比赛现场和农村劳动的练歌场景放到网上，引来每小时超过2200频次的疯狂点击。此后，"朱之文"三个字雄踞百度搜索榜首。

他被称为"中国音乐选拔界的一大奇迹"，前无古人，后无可复制者。他虽是草根出身，但为了梦想不懈努力，犹如出淤泥的白莲，高洁不染。

朱之文是地道的农民，家住山东单县郭村镇朱楼村，因为10岁丧父，只读到小学三年级。他以种地打工为生，但对唱歌始终情有独钟，不论春夏秋冬，他一唱起来就如痴如醉，沉浸其中。

长大后，同龄的小伙子都开始攒钱娶媳妇。可是他，只要一有钱就去购买歌曲磁带和歌谱书籍。相亲的时候，有许多姑娘中意于他，可是一看他家里破旧，都摇头拒绝。这一晃，他就到了28岁。

这一年，母亲实在看不下去，说了他几次。即便是这样，他也没有停止对歌唱的爱好。有一天，在母亲的费心张罗下，有一个姑娘终于肯和他相亲。朱之文心里清楚，凭借自己的家庭条件，人家姑娘很难看上他。抱着破罐子破摔的心情，他对姑娘道："我给你唱支歌吧，你听完歌，想走就走，就当没来过。"姑娘笑着点头答应。于是他给她唱了《纤夫的爱》，唱完，姑娘嫁给了他。

婚后，虽然生活不富裕，但是夫妻两人恩爱，种田、打工、唱歌都是一起，日子倒也甜蜜。之后，儿女相继出生，一家人更是沉浸在欢声笑语之中。可是渐渐地，柴米油盐的问题让两人尝到了生活的艰辛。一次，他外出唱歌赚得了100元钱，当场就买了一台旧录音机和一盘歌曲录音带回来。看到这些玩意儿，他媳妇气得哭了。

"你整天就知道唱歌！"她抹着泪道，"你不为自己着想，也该替孩子们想想啊。你看看别人家的孩子吃的啥、穿的啥，再看看咱的孩子吃的啥、穿的啥？"

他抱头蹲在地上，朴实的庄稼汉子一语不发。听着哭声，他站起来，将自己唱歌的带子放进录音机里，按下播放键。动听的歌声传来，她听到歌声，不自觉地止住了泪水。

他见她不哭了，有些局促地打趣道："你说我与歌唱家谁唱得好？"

她红着眼看他，最终扑哧一下笑出了声。

种庄稼是靠天吃饭的活，为了家人的生活，他辛勤劳作、任劳任怨。有一回，他因不顾风雨地劳作而病倒了。重感冒，发高烧，他的嗓子几乎要被烧哑。这嗓子，几乎就是他的命！可是，家里仅有15元钱，除非卖了粮食，否则根本就没有钱治病。他坚决不同意妻子将粮食卖掉，他心里明白自己的歌唱梦彻底破碎了。可是没想到，他的妻子竟然剪掉自己又粗又长的辫子，给他换了药钱。他含着泪，喝下药，心中有着某种道不明的决心。

在村后小土屋里，只要有时间他就拿出录音带，全靠耳朵辨声，不断模仿、练习。天道酬勤，终于，在坚持了数十年苦练声乐的阳春白雪——美声唱法后，一切有了回报。继获得《我是大明星》的双料冠军后，他陆续参加了山东卫视《中华达人》、北京卫视《我们有一套》、湖南卫视《快乐大本营》、央视13套《新闻纪实》、陈鲁豫主持的《你最非凡》等节目。最后，在著名歌唱家于文华的助唱下，凭借《纤夫的爱》，朱之文踏上了央视《星光大道》的舞台，获得月度决赛冠军。他出名了，红得发紫，这是他始料未及的。

他的音质堪比优秀的专业歌唱家，网友评论，他的歌声淳朴真挚，美在韵味，美在高度的演唱技巧。

朱之文的歌声美，心灵更美。在成名后，有主办方邀请他和成龙同台演出，但被他毫不犹豫地拒绝了，理由是他要继续参加《我是大明星》的复赛。他说："做人要讲义气。"撒贝宁问他："你有钱了会怎么样？"他说："帮大伙把村头的小桥修好。"他的日程满满，但是始终没有忘记在家门口，以板车为舞台，给乡亲们开一个梦想中的演唱会……

面对出名，他表现淡泊；面对繁华世界的诱惑，他握紧妻子李玉华的手。他被很多人羡慕，但很少人知道，为了那份对歌唱的执着、纯情、热爱，他和家人共同走过了多少坎坷艰难的岁月。

当代伟大的男高音歌唱家帕瓦罗蒂，在面对媒体采访时曾透露："我并不识谱，依靠耳朵和自己的符号替代音符系统来学习歌曲。"朱之文和帕瓦罗蒂相似，都有着一副天生+勤奋和坚韧练出的金嗓子。

未来，朱之文在歌唱道路上一定会越走越好！

青春寄语

勤奋，会让生活如歌声一般美妙。

10 "飞人"乔丹的故事

你可以不知道篮球，但你不能不知道"飞人"乔丹。如果说20世纪80年代，"黑白双煞"让世界第一次认识了NBA，那么让NBA享誉全球的非乔丹莫属。论荣誉，或许有人能和乔丹一比高下，但论对篮球这项运动的影响力，论美国体坛的巨星，没有人可以和乔丹相媲美。

可是你相信吗？乔丹在上高中时曾经被球队拒之门外。

"第一，你的身高不够，不是打篮球的料。第二，你的技术太嫩了，你以后不可能进大学打篮球。"

现实又残酷的两个理由，阻隔在乔丹和篮球梦之间。后一个理由或许还能靠练习弥补，可是前一个理由像一道无法跨越的鸿沟摆在乔丹面前。

乔丹成名后，一次新闻发布会上，有记者问乔丹的父亲："乔丹家族没有任何一个人身高超过1.70米，为什么乔丹能够长到1.98米呢？"乔丹父亲的讲述，揭开了这个不为人知的秘密。

为了能够加入学校的篮球部，乔丹向当时的学校篮球部部长申请：只要能够让他加入篮球部，他愿意为每一位球员免费洗衣服、刷鞋子。他不要求上场，只求有一个跟球队教练学习的机会。这些附加条件，让他勉强加入了篮球部。

加入篮球部之后，乔丹履行了自己的承诺，同时他也在不断努力，抓紧机会练习。

有一天早上，清洁工来球场整理场地时，看到有人睡在地上，便询问了名字。

"哦，我叫迈克尔·乔丹，我昨晚在这里练球太累了，便睡在了球场里。"直到这天，球队成员和教练才真正意识到，球队里还有乔丹这样一个人。原来每次和球队练完球后，他都会自己再增加训练量，以至于太累睡倒在篮球场上。

经过艰苦努力，乔丹的球技日渐突出，教练再也无法拒绝他。同时，他的身体也长高不少。后来有记者问乔丹："你为什么能够长到1.98米？为什么你能够成功成为全联盟（NBA东西部球队统称）最强的球员？"

乔丹这样答："因为我拥有一颗想打好篮球的企图心，我是靠着自己想长高的意识使自己不断地长高的。"

在乔丹的心里，始终有这么一个信念：虽然自己先天条件不足，但只要不懈努力，就一定能够成功！

北卡来罗纳大学是乔丹篮球事业的发祥地，在这里乔丹开始铸就辉煌。

19岁时，乔丹还只是大学一年级的学生。当时，北卡篮球队中拥有全美大学篮球明星沃西和帕金斯，乔丹还只能在替补和主力之间徘徊。那天晚上，异军突起的北卡队将与老牌强队乔治城队进行NCAA（全美大学生篮球联赛）冠亚军决赛。上半场，乔丹因为紧张表现平平。下半场，乔丹犹如苏醒的雄狮，引爆全场高潮！在仅剩32秒时，乔治城队以62比61微弱领先。北卡队被迫叫停，教练史密斯在经过考虑后，果断安排乔丹进行最后一投。就是这个决定，催生了NCAA史上一次经典的投篮，也标志着篮球进入伟大的乔丹时代。

暂停结束后，球交到了站在球场左侧的乔丹手里。此时，距离比赛结束仅剩15秒。乔丹面前出现一个空当，在离篮板17英尺（5.18米）的地方，他果断出手投篮。球在百万观众眼前划过一道弧线，直落网心！这一球，让北卡队在阔别冠军30年后，终于反败为胜，再次荣登冠军宝座。而乔丹，也被评为当晚的MVP（最有价值球员）。从此，迈克尔·乔丹这个名字，就像是奔腾的火焰一样，迅速传到世界各地，惊艳走红。

可以说，乔丹能成为举世闻名的篮球明星，与他始终追求完美的篮球意志息息相关。这份意志，始终激发着他的热情，让他保持前进的动力，最终由一个"跑龙套的"成长为一位万众瞩目的篮球巨星！

青春寄语

静下来，铸我实力；拼上去，亮我风采。

颜真卿："三更灯火五更鸡，正是男儿读书时。黑发不知勤学早，白首方悔读书迟。"

陶渊明："盛年不重来，一日难再晨。及时当勉励，岁月不待人。"

苏步青："为学应须毕生力，攀高贵在少年时。"

鲁迅："倘能生存，我仍要学习。"

爱迪生："人生太短，要干的事太多，我要争分夺秒。"

屠格涅夫："没有一种不幸可与失掉时间相比了。"

蒙哥马利："要惜时如金，不要等到失去了再去抓，因为时间不会停下步来。"

第三章　苦难是人生宝贵的财富

巴尔扎克说："厄运造就强者。"又说，"苦难对于人生是一块垫脚石，对于强者是一笔财富，对于弱者是一个万丈深渊。"卢梭说："逆境是一所完全自修自悟的大学。磨难，对于弱者是走向死亡的坟墓，而对于强者却是生发壮志的沃土。"孟子说："生于忧患，死于安乐。"……可以说，苦难是磨炼人格的最高学府，是造就伟人的学校。古今中外的许多伟人都是从这所学校毕业的，他们大都遭遇过大的磨难、禁受过大的挫折。逆境磨砺意志，苦难造就强者。

"自古雄才多磨难，从来纨绔少伟男。""宝剑锋从磨砺出，梅花香自苦寒来。""不经一番寒彻骨，哪得梅花扑鼻香？"成就伟人的往往不是优越的环境，而是困境和磨难；阻碍孩子发展的往往不是贫穷，而是生活条件太优越。孩子年少时禁受些磨难、吃些苦并非坏事，能吃苦才能迎接生活中各种挑战，可以说，能吃苦是事业成功的基础和必备条件之一。一个不能吃苦的民族是没有希望的民族，一个不能吃苦的孩子是没有希望的孩子。有位哲人说得好："老年遭受艰难困苦是不幸的，少年未经艰难困苦也是不幸的。"孩子现在不吃苦，将来会吃更多的苦；身在苦中不知苦、从小吃得苦中苦，将来才能少吃苦。

在香港，人们一说到领带，就会想起金利来。

"金利来——男人的世界"，这条广告语享誉神州大地，影响力经久不衰。由曾宪梓创办的金利来领带，质地优良、款式美观、品种繁多、价格合理。一个世纪以来，它不但独霸香港领带市场，而且远销欧、美、澳各洲，遍及日本和东南亚各地，打破了领带市场西方独占鳌头的竞争格局。

· 1934年，曾宪梓出生于广东梅县，从小家庭的清苦，培养了他坚忍不拔的向上意志和不畏艰苦的劳动意识。

曾宪梓4岁时，父亲去世。全家的重担都落到了母亲一个人身上。孤儿寡母，世态炎凉，他们饱受歧视和艰苦。曾宪梓的母亲是典型的、吃苦耐劳的客家妇女。即便是在食不果腹的日子，她依旧用自己的行动给孩子做榜样：只要不惧怕艰苦，拼命干下去，一定会熬到出人头地。在青黄不接的时候，旱地里的番薯根本不足以养活一家三口。为了增加收入，曾母像男人一样，用柔弱的肩膀去挑石灰，累得死去活来。可是即使辛苦劳作一天，最后挣来的钱也仅够买一斤盐。而挑石灰还不是想做就能有的，没有这份工作的时候，为了嗷嗷待哺的两个儿子，曾母不得不忍痛将孩子扔在家里，自己跟着盐商去挑盐。重重的盐几乎要压折扁担，可是没有压倒这位坚强的母亲。她挑着满担的盐翻山越岭，到几百公里外的江西去卖。盐商苛刻，要求每担都无亏无损才肯计入工钱，这样欺人太甚的苦差即便是男人，都时常无法忍受。

曾母挑盐一去几百公里。十来天的日子里，曾宪梓和哥哥只能喝盐水野菜汤生活，而且每天只有一顿。年幼的曾宪梓饿得大哭，但为了节省粮食，哥哥没有心软，只是说等妈妈回来。每每回忆起这段艰苦岁月，曾宪梓就会想起自己坐在门槛上，眼巴巴盼着母亲归来的场景。除此之外，还有母亲最常说的一句话："孩子，我们虽然穷，但是人穷志不短，穷也要有骨气，这样才不会被人家瞧不起！"

　　长大后，曾宪梓到叔父家里帮忙。在见过一些世面后，他很快意识到香港领带市场潜藏着巨大的商机——当时世界各国领带品牌充斥香港，但香港本地生产的领带质地却难尽人意，于是他决定去香港发展。

　　创业之初，他随身携带的创业工具只有三样：一把尺子、一把剪刀和一架"蝴蝶牌"缝纫机。每天他和妻子一起通宵达旦缝制领带，白天再出门推销。他始终坚信母亲的那句话：只要刻苦奋斗，目标一定能够实现。在东奔西跑的时候，曾宪梓还常常要忍受冷嘲热讽。有钱有势的人瞧不起他的举动，常对着他指指点点，刻意羞辱，若是换作常人，恐怕早已放弃。可是在曾宪梓心里，这些和当年母亲挑盐的日子比起来，根本不算什么。他对所有的冷漠和辱骂置若罔闻，有时候实在难受了，就会告诉自己："这就是生活对你曾宪梓的挑战，你如果连这种苦都吃不了，那还奢谈什么理想抱负！"穷则思变，艰难困苦的经历除了给曾宪梓带来吃苦耐劳的毅力外，还带给他别具匠心的创造力。

　　随着生意的逐渐起色，曾宪梓决定将自己的领带打造成品牌。因为领带没有牌子，就不能进入高档商店的柜台出售。他为自己的品牌起名为"金狮"，并做了种种努力，可是他的领带始终无法打开市场。

　　一次，他将两条"金狮"领带兴致勃勃地送给一个亲戚。可令他没想到的是，这个亲戚当场面色不悦地拒绝了他的礼物，理由是："金输、金输，金子全给输光了！"原来，在粤语常用语中，"狮"同"输"的读音。香港人喜欢吉利，自然对"输"字很忌讳。这一发现，让曾宪梓决定，重新命名自己的品牌。

　　这次曾宪梓吸取教训，再结合金狮的英文Goldlion，绞尽脑汁，终于想到了"金利来"三个字！金和利一起来，这名字任谁听了都会喜欢。但光有名字还不行，还必须有配套的商标。这时，曾宪梓突发奇想：中国人极少用毛笔字写英文，我用它来写英文商标，不就独树一帜了吗？他当即拿出笔墨，自行设计编排，创造出了至今仍别有特色的"金利来"英文商标。

　　由于材料、名字、款式都对，曾宪梓的领带很受市场欢迎。很快，他在香港做出名气，并于第二年在九龙买下了第一块地皮，建起了属于自己的领带生产厂。如今，50多年过去，当年的小手工铺已经发展成为一个产品涉及男士服装服饰、皮鞋、皮具等多个种类的大型跨国品牌公司。对于为何能取得这样的成就，曾宪梓的一番话或许能给出答案。

"从母亲带着我们熬过的艰苦生活中，在我幼小的心灵里，我深深感受到穷苦人家不可言传的那种疾苦，我心里面便有一股强烈的志气，那就是长大后一定要好好做人，一定要改变这种贫穷的生活。"

贫困，不一定是灾难，也可能是上天赋予世人的一笔难能可贵的财富。古之成大事者，莫不如此。

青春寄语

面对逆旅，迎难而上，才是成功的命脉所在。

02　不向贫困低头

"穷人的孩子早当家。"当别的同学因为各种困难放弃学业的时候，16岁的郑国民却强忍母亲去世的巨大悲痛，在无父无母极其艰难的条件下，毅然挑起了生活和学习的两副重担。他不仅自己不放弃学业，不放弃奋斗，还为妹妹撑起了一片天空，让妹妹也能继续读书……

他不向贫困低头的力量源于何处？

他对人生的讲述，或许更能帮助我们清楚理解他的不屈世界。

我出生在一个非常偏僻的小山村。父亲在我不满3岁时去世，当时妹妹刚出生2个月。全家人的生活只能靠母亲在生产队里做工维持，十分艰难。

我一生最感激的是我母亲，她不仅给了我生命，更教我养成了吃苦耐劳的品质。从7岁开始，我就拿起镰刀和绳子去山上砍柴，一担担柴禾几乎要压垮我的肩膀。直到现在，我手上还有砍柴留下的刀疤，背也直不起来。

　　家里虽然贫穷，但母亲坚持让我读书。我记得上学的前一天晚上，母亲用她的一件破旧的衣服，给我赶做了一件裤头。第二天早晨，我美滋滋地用布带系上，光着上身，赤裸着双脚就上学去了。母亲舍不得我两手空空，趁着我午休时间，走到5公里开外的供销社卖了家里的10个鸡蛋，用换来的两尺布给我做了小书包，另外还买了几个笔记本供我学习使用。

　　我知道母亲望子成龙的愿望，13岁时，我考上了离家50公里的公社中学。因为距离太远，我每周六下午爬山回家，周日下午再背着粮食回校。在学校住宿，不必再上山砍柴，比小学时轻松了许多。但我清楚，我每月3元钱的伙食费，是母亲用一个个舍不得吃的鸡蛋换来的。所以，我加倍努力，每每考完试都会告诉母亲成绩，好让她欣慰。

　　由于我成绩好，又吃苦耐劳，初一时我在班里第一个加入共青团。后来，我又多次被评为县三好学生、区三好学生。

　　初中毕业时，校长和班主任都劝我报考重点高中。当时，只要上了重点高中就相当于半只脚迈进了重点大学的大门。我心中自然也想上，可是却没有说出口的勇气。我母亲因为过度劳累，已经积劳成疾。为了支撑我和妹妹读书，她舍不得几分药钱，硬是咬着牙下地干活。为了凑齐开学的学费，母亲拖着病恹恹的身子到处采药。每次母亲给我钱的时候，看着那一角一角的零钱，我感觉那是母亲一滴一滴的血汗！我清楚，如果我上重点高中，妹妹就要辍学务农，因为母亲已经无力再承担我们两人的学费。

　　摆在我面前的路很清楚，我不想妹妹辍学，想要减轻母亲的负担，只有一条路可以走——上中等师范学校。师范院校可以不交学费和书费，还能得到一定数量的助学金。我毫不犹豫地报考了中等师范学校，虽然我心中深藏着一丝不情愿。

　　1984年，我怀揣着卖了一头生猪的钱，走进辽宁朝阳市第一师范学校（现已改名）。

　　入学半年后的一天上午，班主任走进教室把我叫出去。她递给我一封电报，面色凝重。我心里有些不安，电报上面写着"母病危速归"。我立刻上了火车，又夜行了七十多公里赶回家，只想着无论如何要看上母亲一眼。可是，当我赶到家时，我那操劳一生、从未享受过半点福分的母亲，已经彻底地闭上了眼睛！悲伤和自责煎熬着我，我再也没有机会报答母亲的养育之恩。

妹妹摇着我的手，仰头问我："哥，咱俩怎么办？"

当时我16岁，妹妹13岁。为了继续生活，在乡亲父老的帮助下，我卖掉了家里的全部家产。还完母亲的丧葬费后，还剩下600元钱。这些钱，根本不足以保证我和妹妹的上学费用。生存的难题，再次残酷地摆在我面前。

母亲的模样、教诲、叮嘱一一划过我的脑海。我心中坚定：读书！再艰难我都要读书！于是我把妹妹寄宿在亲戚家后，立刻赶回了学校。从此，开始了我们兄妹二人相依为命的生活。

中师的第一个暑假，我在学校做打更的工作，学校也成了我们兄妹俩临时的家。一个月后，我接过58.5元的报酬。让妹妹带走50元，我给自己留下了8.5元的生活费。微薄的助学金不够维持我和妹妹的日常开支，于是在课余时间我到处打工。菜市场、车站、建筑工地……我每天早上5点起床，不敢浪费一分钟。我没有任何休息日，在辛苦工作的同时，我每学年成绩都名列第一，中师的4年连续被评为三好学生，并入了党。

毕业后，我的人生又一次面临重大选择：一是保送到高等师范院校学习，二是进入一家待遇很高的省属企业。校领导考虑到我的经济状况，来征求我的意见。我知道，第二个选择能解除我面临的困境，但我想起了母亲对我的期望，想起了母亲在疾病缠身时的叮嘱，我最终选择了上大学。虽然要继续过苦日子，但我不想这么早结束我的求学之路，也不想让母亲失望。

1988年，我进入从小向往的大学校园，成为沈阳师范学院中文系的一名学生。入学后，因为我表现优秀，后来又担任了班长和中文系学生会主席。除了学习，我依旧要为生活奔波，其中辛苦自不必说。我学会利用每一分、每一秒。第一学年结束后，我拿到了一等奖学金。喜悦之余，我将奖学金的一半作为班费，还有四分之一作为寝室活动费用，剩下的寄给了妹妹。

我知道，在妹妹眼里，我是她唯一的依靠。看着妹妹受的各种苦，我下定决心要照顾好她，以弥补她失去的母爱。我装着大手大脚地花钱，生怕她知道我手头拮据。无论她想吃什么，我都给她买。每次车站送别，她都流着泪不愿让我走。这时，我只能咬牙，狠心斥责她，在送走她后我的眼泪再也抑制不住地流了下来。

在磨难面前我从没有低头，也没有埋怨命运，我所有的时间都用来拼搏，用来报答母亲的养育之恩，以及每一个帮助过我的老师和同学……

此为郑国民先生大学期间受邀参加中央巡回演讲团时所做的演讲，现已被收入小学语文课本。1998年7月，郑国民毕业于北京师范大学教育系，获博士学位。毕业后，他留校任教，致力于培育祖国高等人才，诲人不倦。

青春寄语

贫穷和苦难并不可怕，可怕的是穷而丧志、自暴自弃。

03　苦难成就今日

1991年，宋祖英在中央电视台凭借一曲《小背篓》，赢得海内外观众的交口称赞。如今，宋祖英已经是中国家喻户晓的著名歌手，也是第一个在悉尼歌剧院和维也纳金色大厅演唱的中国歌唱家。她的乡亲们，更愿意称她为"山沟里飞出的金凤凰"。因为这位苗族姑娘辉煌成就的背后，隐藏着一段不为人知的辛酸故事。

1966年，宋祖英出生在湘西土家族苗族自治区古丈县的一个苗民家里。她12岁那年，父亲因为无钱治病，早早撒下一家人离世。在宋祖英的记忆里，除了异常窘迫的家境外，还有弟弟得的百日咳。山区农村医疗条件差，医生只知道不断给他注射链霉素，结果原本活泼可爱的弟弟因为药物中毒，丧失了听力。不久之后，弟弟连说话都变得困难。弟弟的病，让全家的生活雪上加霜。宋祖英一有时间，就跟随母亲上山砍柴卖钱。有人劝宋祖英的妈妈道："日子过得这么紧巴，你就别让祖英上学了。"可是母亲坚持，再苦再累都不让宋祖英放弃上学。母亲甚至怕耽误她学习，让她不用操心家里。可是每次懂事的宋祖英都会偷偷跟在后面帮忙。

12岁的宋祖英每天天不亮就起床，帮弟弟妹妹洗漱，然后打扫屋子，一刻都不得闲。每到星期日，她都一个人早早上山砍柴，身上、脸上常常被野刺划出一道道血痕。

升入初中后，因为离家太远，宋祖英不得不遵循学校规定，寄宿入学。在3年的日子里，宋祖英甚至没有一床完好的褥子，只能铺半边睡半边。饭菜也是一成不变的酸菜拌辣椒，就是这样，每星期也只能带一小瓶。每到周末回家，宋祖英都会面带笑容，因为她知道生活的艰辛已经带给这个家庭无数的磨难，唯有笑容才能让母亲少一分操心。

贫寒的家境，磨砺了宋祖英坚强的意志。她读书刻苦，为的是有一天能走出贫困闭塞的大山，让一家人过上衣食无忧的好日子。

后来，县剧团到宋祖英所在的学校招生。学校推荐了宋祖英，因为这个从山里走出来的苗族姑娘，天生有一副好嗓子。她气质上的灵动、甜美，让她的歌声焕发出纯净的芳香，充满清新的感染力。

"我去面试，那时，嗓子条件不错，结果被录取了，学了3年很辛苦，但是打了很牢靠的基础。后来被分到湘西土家族瑶族歌舞团，我一心还想学习，待了不到半年，就考进了中央民族学院……1989年，我有幸成为金铁霖教授的学生，他也曾是李谷一、彭丽媛、张也的老师，他对我的帮助很大。"

宋祖英成名后，无时无刻不牵挂又聋又哑的弟弟。无论演出多累，她都会把弟弟带在身边。为了让他自食其力，开阔眼界，宋祖英将他送进了聋哑学校，之后又让他学习画画。而对将自己含辛茹苦养大的母亲，宋祖英不愿她孤独终老，说服她重新找了一个老伴。在将弟弟和母亲都安顿好之后，宋祖英才安心踏上演出的道路。

宋祖英是一个做事很得体的人，对事业从来都是一丝不苟，对观众永远是负责任的态度。贫困的家境、长女的身份曾经让她尝尽了苦难，但如今成就了声名显赫的她。

青春寄语

递境磨砺意志，苦难造就强者。

04 不屈的王猛

这是一个可怕的夜晚。

11岁的王猛点着油灯，在小窝棚里帮爸爸看果园。周围静谧无声，王猛趴在桌上睡着了。一阵风刮过，吹倒了煤油灯，大火吞噬了整个窝棚。

他全身75%重度烧伤，整个人几乎被烧成黑炭，浑身肿胀不成人形。在住进医院的头几天，一到凌晨4点，他的父母就会收到一张病危通知书。一个亲戚看不下去，忍不住劝他爸爸道："别给他治了，好了也受罪。"

王猛的爸爸痛哭道："我办不到，我不会放弃！"

经过抢救，王猛终于活了过来。可是之后要经历的治疗，才是真正磨难的开始。根据王猛妈妈的亲口讲述："在王猛的治疗过程中，经常是我一哭，王猛就说，'妈，你别哭，我什么都能承受得住，就是承受不住你哭'。每次换药，一流血我就躲出去，伤口结的硬痂，大夫用钳子往下揭，疼极了，他就嘴里咬住一块毛巾，毛巾咬碎了，他也不哭。当妈的恨不得自己去替他承受！"

王猛的故事经"知心姐姐"卢勤以"王猛不哭"为题在《中国少年报》报道之后，感动了很多人。大家纷纷来信捐款，除了鼓励之外，大家都极为佩服王猛的坚强——小小的年纪，就要承受大人都无法承受的烧伤治疗的痛苦。大家无法想象，是什么样的信念，支撑着这个尚处于懵懂年纪的孩子？

王猛说："小伙伴的支持给了我巨大的力量。烧伤之后，腿一直充血、起水疱，再加上创面流血，我非常痛苦。可我想，难道我真的不能走路了吗？我不能靠爸妈一辈子，我一定要战胜自己！记得我刚下地的时候，在医院的走廊里走，后来医院的清洁工在地上发现了一条血印，问那是不是我的血，我说是。妈妈知道后特别心疼，但我继续走。支持我走的力量，是父母的爱，是伙伴的爱，是'知心姐姐'的爱！我不相信我站不起来，或者像有的大夫说的，即使治好了也不可能自立。现在，事实证明了这个大夫说的话不对，人的力量是不能低估的。"

根据王猛妈妈的讲述，除了要自立之外，一直支撑着王猛的还有他不放弃学习的念头。他从昏迷中醒来说的第一句话就是"我要上学"。在手不能抬、身不能翻、背不能躺的时候，他始终坚持看书。

好不容易可以出院了，可是这时候的王猛已经被烧得面目全非。六一儿童节前，由北京小记者组成的慰问团来看望王猛，可是刚走进王猛家，这两个孩子就被吓坏了。王猛让妈妈把自己锁起来，他说："不是我不让人看，这怎么看呀？我这个样子会把人吓坏的。"内心深处，他渴望上学，可是他知道自己的样子太吓人了。

之后，"知心姐姐"的一番话让他重新鼓起生活的勇气。

他明白："没有谁能击败我，除非我自己！别人怎么看是别人的事情，我自己要看得起自己。生活就像一面镜子，你对它笑它就笑，你对它哭它就哭。别人都帮不了我，最终还要靠自己帮助自己！跌倒了，就要自己爬起来！"半年后，王猛重新回到了学校。6年后，他以全县第一名的成绩考入县初中。

青春寄语

笑对苦难，死神也望而却步！

05 伟大的母亲，伟大的钢琴家

他拥有3个海外博士学位，获得过16项国际大奖，是李赫特国际钢琴大赛史上最年轻的评委、中国唯一双博士头衔的钢琴演奏家。他以出神入化的演奏，打败来自各国的钢琴高手，考取德国汉诺威音乐学院钢琴博士研究生，成为当今世界著名钢琴家克莱涅夫的学生。

他是比郎朗更早出名的古典音乐钢琴家，他的家族上下从未有人和钢琴打过交道。他在单亲家庭长大，他母亲不过是一名普通的工人。

1982年，吴纯出生在湖北武汉。4岁的时候，虽然生活不富裕，但母亲考虑到他喜欢音乐，依旧尽力送他去学琴。11岁那年，对于吴纯和母亲来说，都是记忆深刻的一年。

这一年，因为不堪忍受丈夫的辱骂和殴打，吴纯的母亲吴章鸿毅然决定离婚。离婚之后，吴章鸿从婚姻的牢笼中解脱了出来，同时她接手了吴纯的抚养权。此时，两人拥有的只有一台破旧的钢琴和各自换洗的衣服，剩下的就是家徒四壁的住处。

面对空荡荡的屋子，母亲吴章鸿首先添置的不是生活必需品，而是贴了一副对联——自立、坚毅在墙上，与儿子共勉。

对于刚刚11岁的吴纯来说，父母的离婚对他来说是一大打击，甚至，之后他可能再也不能学习钢琴了。母亲不过是大学校办工厂的一名工人，每个月的工资只有300元，如何能负担得起高昂的学钢琴的费用？吴纯心里很担心，但懂事的他将这个想法默默藏了起来。

可让他意外的是，无论多么艰难，母亲吴章鸿始终坚持让他学琴。面对吴纯的内疚和不解，吴章鸿只是拍着他的脑袋道："妈妈并不奢望你能成为一名钢琴家，我只是看到你那么喜欢钢琴，又那么有天分，我不想因为大人的缘故剥夺你也许一生都不想丢下的爱好。"

多么睿智的母亲啊！

这句话，让吴纯珍惜每一堂钢琴课，并将钢琴视为自己生命中不可缺少的一部分。

对于吴章鸿来说，离婚后，儿子已经成了她的全部。可是对于儿子，她并不主张溺爱。正因为太爱他，所以她要他成长为有用、独立自主的人。无论家里有什么事，她都会和吴纯商量。尤其是在面临重大决策的时候，她更是会征询吴纯的意见，让他充分感受到自己的责任和义务。就是在这个时期，吴纯迅速成长，像个大人一样学会处理生活中遇到的各种困难。

在学习和练习钢琴之余，吴纯的唯一爱好就是看动画片。可是看动画片需要购买电视机，而这个家显然已经负担不起娱乐方面的消费。吴章鸿坦诚地对儿子道："现在是非常时期，如果不吃饭，我们就活不下去；如果不上学，你就没有前途。唯一的办法只有暂时放弃看电视，来保证基本生活的必需开支。"吴纯很懂事地点头。就这样，吴纯在没有电视的日子里过了3年。

为了让吴纯更明白金钱的概念，吴章鸿决定让儿子掌管生活费。但同时规定，每天家里的花费不能超过10元，否则将不足以维持两人一个月的生存。因为每个月工资只有300元，为了负担儿子学琴的费用，吴章鸿除了在单位正常上班外，还同时兼职5份工作。吴纯看在眼里，十分心疼，一旦练完琴、做完作业，就帮母亲做工。

吴章鸿心疼儿子的手，因为钢琴家的手是最不能受损的，但她没有开口阻止。她深知，苦难只有自己经历过才会真正懂得，她不会抱怨苦和累，但她要让孩子走进自己的生活。吴章鸿常常带着吴纯到她打工的现场，让他目睹自己的劳动。也让他明白，他的母亲要凭借这样的顽强拼搏，才能支付起他的生活费和学费。

为了教会吴纯自食其力，吴章鸿一直鼓励他去做家教。

一天，同事想请吴纯去教女儿弹钢琴。吴章鸿意识到，这是一个磨砺自己儿子的好机会。可是当吴章鸿将这个想法告诉吴纯的时候，他却担心自己教不好，毕竟他此时不过是一名初中生。

吴章鸿道："妈妈有一天会老，会死，也可能会有意外发生。如果妈妈一旦死在你还没长大之前，你凭什么能力生存在这个世界上？如果你担心没有经验，害怕教不好，我们可以不要阿姨付报酬，先去大胆尝试，积累经验。"

在吴章鸿的鼓励下，年仅14岁的吴纯鼓起勇气，收了他的第一个钢琴学

在同一期的《实话实说》中，还有另一位主人公，她叫张穆然。那一年她还差5个月满17岁，却被诊断出患有卵巢胚胎癌。在离她去世不到一年半的时间里，她接受了3次手术，近20次化疗。她的头发一把一把脱落，面色苍白难看。为了减轻家人的负担，每次化疗，她都不要家人陪伴。治疗期间，她的故事感动和激励了许多人。为了帮助更多的人学会面对挫折，她受聘于北京一六四中学担任校外辅导员，为中学生做"热爱生命，珍惜生命"的报告。

报告中，她说："人生的滋味是苦辣酸甜的，每一种滋味都应该品尝。"她的乐观，打动了在场的所有观众。

巧的是，这两位同样遭遇生命重大挫折的姑娘，居然各自视对方为榜样。桑兰最灰心的时候，想起张穆然就会充满希望和勇气；张穆然想要放弃的时候，想到桑兰就有动力继续坚持下去。

两人互相鼓励，共同面对命运的巨大打击。

1999年1月16日下午2点，张穆然听着耳旁父母的细语，眼泪两次流下，可她始终没能张开口说一句话。下午5点45分，张穆然在医院因抢救无效去世。她将生命的尊严保持到了最后一刻，她用眼泪演绎了关于爱的不朽真理。

如今在北京肿瘤医院，人们还可以在楼道里看到宣传报栏上的一些遗迹："癌症患者适宜的16种食品""护理病人的注意事项"，这些都是张穆然曾经参与的作品。在宣传报的右下角，还留着她习惯加注的两个字——"待续"。

人的一生不可能一帆风顺，总会碰到各种各样的挫折和失败。桑兰和张穆然，用她们乐观的笑容，诠释了人类生命的可贵和永恒。

青春寄语

在人生逆境中绽开的灿烂笑容，让人感受到生命的可贵，也让人感受到生命的永恒。

"我儿子考上大学了！"

看着父亲满心自豪打电话的背影，我的眼眶在眼眶里打转。父母都是下岗工人，生活拮据。虽然父亲谋到了一个再就业的机会，可是每个月的工资收入仅有400元钱。这些供应一家子生活，本就攒不下什么余钱，更何况两个月前母亲生病住院，家里的积蓄早已所剩无几。

"这样啊。嗯……那……那能不能……能不能借点钱？"父亲声音变得支吾，下一刻就像是怕对方不相信一样，大声道，"我会很快还的！"

看着父亲羞红的脸颊，还有额头上冒出的冷汗，我的眼泪再也忍不住滑落了下来。

只差1分。

如果我能多考1分，就能拿到学校的奖学金，不用落得自费生的地步，害得一向敦厚的父亲开口向亲戚借钱。

父亲手握着我的录取通知书，用他那双粗糙的大手轻抚着，说道："儿子，你放心。这可是一所好学校啊，别人家的孩子想考还考不上呢。这4年，你老爸一定供得起你……"

看着父母高兴的样子，我不忍心询问他们。可是录取通知书上，高昂的学费始终刺痛我的眼。

每年6000元，4年就是整整24000元钱啊！单凭父亲的工资，怎么支付得起？就算是打电话去借，又能借到多少呢？自从爷爷奶奶去世后，在这个城市我们几乎就没有了什么亲戚。而远方的亲戚，手头也都不宽裕。6000元钱，对于任何家庭来说，都不是一笔轻松的数字。

我是男子汉，虽说现在帮不到家里，可是不能让父母为我如此操心。趁着3个月的暑假，我决定偷偷去附近的雪糕批发站批发雪糕去卖。店主是我的邻居，我对他多少有些局促。他以为我买雪糕回去是为了庆祝，我只能支吾着点头，羞于告诉他我的真实目的。

我将雪糕放在小木箱里，裹上毛巾，信心满满地骑着自行车出了门。为了不让家里发现，我特地骑了半小时来到远一点的地方贩卖。因为是第一次贩卖，我有些手足无措。好不容易来了顾客，可当我手抖着打开箱子后，却看到已经化得不成样子的雪糕。我不知道该怎么办，看着顾客失望离开的背影，我的希望和勇气也跟着一点点消亡。

想到父母的样子，我告诉自己，不能就这么轻易放弃！这次，我吸取教训，决定顺着人多的街道去贩卖。

第二天，我又去批发了一箱。邻居大叔很奇怪地问："你怎么吃那么快？"我涨红了脸，顾不上脸面，告诉了他实话。说完，我的眼泪不争气地流了下来。长久以来的压抑、内疚、委屈，让我的眼泪不受控制。知道我的情况后，邻居大叔二话不说从冰柜里挖了两大块冰给我，让我放到箱子里："你先去卖，快化了就拿回来，我给你换。"

在邻居大叔的帮助下，我擦干眼泪，重新鼓起勇气出发。看着来往的人流，我满心盼着能早点卖掉箱子里的雪糕。可是我推着车子，转头四顾，却发现几乎每个路口都有卖雪糕的铺子。怎么办？雪糕再不卖出去就又要化了！我心下一横，再也顾不上什么，只管扯开嗓子吆喝："雪糕！卖雪糕啦！"这一喊真的有效，几个人停下来买了。我正高兴，旁边一个光着身子的大汉走过来："你没长眼睛啊，堵着我的门口卖，挡地方你知不知道？"我看着大汉凶神恶煞的样子，心里害怕，但面上只能赔着笑，然后赶紧推起车子就走。就这样，我在每个人多的路口硬着头皮停下来，听着不同的谩骂，遭受各种白眼，终于将一箱雪糕卖了出去。

回到家，因为邻居大叔，母亲已经知道了我的事情。她含着泪，替我擦着脸上的汗。我不忍心看到她这样，强笑着道："没事，妈，我再试一次，会好的。"渐渐地，我一天可以卖掉两箱。有时候剩下几根，我就拿回家和父母一起吃，这个时候大家就会暂时忘记6000元学费的烦恼。

这天晚上，父亲红着眼眶回来。我和母亲吓坏了，却见父亲从口袋里掏出一张张极为零散的钱："这是同事凑的。要知道，我的同事也都是下岗工人，生活不宽裕。"说完，父亲拿出一张记着人名的白纸给我，"儿子，要记住人家！"我双手接过，眼泪往肚子里咽。

日子飞快，亲戚的汇款单陆续到了几张，加上之前拼凑的钱，学费已经渐渐看到了希望。我仍旧每天鼓着勇气，推着自行车在街头巷尾卖雪糕。天气越炎热，雪糕的销量越好。所以，即使每天几乎要被晒掉一层皮，我也甘之如饴。刚卖掉几根雪糕，我正要数剩下多少，就听到一声大吼："告诉你别堵在我的门口，你有没有记性？"我一转头，又看见上次的大汉，心里害怕得连声低头道歉："对不起，对不起。"边赔笑，边推车离开。

本以为事情就这样结束了，可大汉或许是看我太不顺眼，又出口骂了我一句。看大汉骂骂咧咧的样子，我没忍住回头瞪了他一眼。下一刻，他大步走上来，一把按住我的自行车："怎么，还不服气是不是？"大汉的声音很大，引来了周围人的注意。我涨红了脸，一声不吭。这时，后面驶来一辆摩托车，我俩同时躲闪，却还是撞上了。我的车"哐当"一声倒在地上，雪糕尽数掉了出来。

"我的雪糕！"

我大喊，下意识地推开那个大汉，可他伸手就拽住了我的手腕。我只能眼睁睁看着雪糕化掉，眼泪无法遏制地哗哗落了下来。这时，正好有一辆巡逻的警车经过，因为围观的人多，以为是发生了什么事便停了下来，一个警察朝我们走了过来。

"怎么回事？"警察开口询问。

大汉立马道："他堵在我门口卖东西，你说我能不管吗？"

那警察回头看了我一眼，道："哭什么哭，你们两个，都跟我走！"

这是我第一次进派出所，而且是在众目睽睽之下。我早已涨红了脸，心里觉得万分丢人。

"说吧，什么事？"

看着警察审讯的目光，我就像做错了事情的犯人一样，哭着将我考上大学却支付不起学费，不得已只能来卖雪糕的事情说了一遍。

我解释道："我不是有意要堵人家门口的，是一时没注意。对不起。"

在我说完后，审讯室里静悄悄的，没有一丝声音。我抬起头，透过泪眼蒙眬的双眼似乎看到了在警察眼中打转的泪花。

那大汉一把拉住我："你怎么不早说？！我以为你是街上的小混混，要知道你这么懂事，我哪能推你车子啊？！"

警察清了清嗓子道："既然不是什么大事，你们就自己商量解决吧。"说完，他从口袋里掏出50元钱，一把塞到我手中，"拿着！什么都不用说了，上了大学，好好努力！"

我心里记下，说了声谢谢。和大汉从派出所里出来，他一把拉住我的手，出口却是："以后你别推自行车卖了，批完了就直接放在我的冰柜里，咱俩一起卖！"

去报名前的两天，大汉又拿出300元钱塞进我怀里："这些钱算我借你的，放假了你再来！"我只能满口道谢。

6000元的学费终于凑齐了，报名那天，我满怀喜悦去了学校。而我的包囊里，除了有一张张浸满血汗的钱外，还有那张写着人名沉甸甸的纸。

青春寄语

能吃苦才能迎接生活中各种挑战。

08 一位企业精英、海归博士的自述

人的一生，要经历许多痛苦。这些痛苦与家境、才华、前途无关。就像佛教所说的众生平等，虽然苦难的类型不同，但痛苦的程度不外如是。

正因为如此，我始终认为，从小接受一些磨炼是非常有必要的。长大后，要想实现目标，面对挑战保持积极乐观的心态至关重要。而这种心态，只能通过成长过程中的艰苦生活和刻苦学习获得。

现在孩子的学习和生活条件，比起我年少时不知道优越多少，可让我担心的是孩子习惯了舒服，久了，就再也吃不了任何苦。

记得上中学的时候，每个星期一的早晨，我都要挑着扁担，一头挂着书包和生活用品，另一头挂着一个星期的干粮，光着脚，跋涉几十里的山路去学校，周而复始，风雨无阻。年幼的我，面对大自然的狂风暴雨也会害怕，一心想跑回家。每当这个时候，我都会对自己说："看来我将来一定是干大事的，否则，老天也就不会如此考验我的意志！"

我这么想，是因为在《孟子》中读过这句话："天将降大任于是人也，必先苦其心志，劳其筋骨，饿其体肤，空乏其身，行拂乱其所为也，所以动心忍性，增益其所不能。"若是没有吃过苦，面临过困境，这句话会像数学公式一样，不久就被我遗忘到脑后。不过生活不断给我考验，反而让我拥有不屈不挠的意志力。

上大学之后，每逢节假日，舍友都会赶回家过年。只有我，会选择一个人孤零零地留在北京，因为我掏不起来回的火车票钱，哪怕学生票可以享受半价的优惠。大年三十，听着外面噼里啪啦的爆竹声，想着远在家乡的父母，我心中的复杂苦涩可想而知。但痛苦从来不会因为一个人的感知，而有任何的消减。我忍着眼泪，脸上露出笑容，冲着房间的墙壁高声大喊："太好了！你们终于都走了！这么大的房间我可以一个人住了！而且，30天哪，上图书馆、上自习室、上饭厅打饭，再也不用排队，再也没人和我争抢座位了！"

对有些人来说，自我安慰不一定有用，甚至可能会适得其反；但对我来说，会给我的心灵注入无形的勇气，让我毫不畏惧地去拼搏、去奋斗。

留学美国的时候，条件变得更加艰苦。人生地不熟，语言存在障碍，很难与人沟通；吃饭没有着落，生活的一切都必须自理，课余时间如果不打工甚至难以维持生存；课业十分紧张，美国上大学的辛苦程度不亚于国内高中，加上语言关系，让我不得不比其他同学多花几倍的时间和精力学习……我说这些并不是想告诉你留学有多痛苦，而是要让你知道，生活越痛苦，积极乐观的心态越重要。在这段时间里，我勇敢地面对每一个挑战，并成功拿下PHD学位（泛指学术研究型博士学位）归国，顺利找到合适的工作。

如今，我坐在宽敞舒适的办公室里，每天过着优越自如的生活。虽然生活的挑战依旧在继续，但我始终保持乐观积极的心态去面对。在办公室的墙上，我贴着这样一副对联鼓励自己：

有志者事竟成，破釜沉舟，百二秦关终属楚
苦心人天不负，卧薪尝胆，三千越甲可吞吴

青春寄语

愁作喜，苦作甜，泪眼作笑，胸有骄阳，日子有滋有味！

09 贝多芬失聪之后

路德维希·冯·贝多芬（1770—1827），德国最著名的作曲家和音乐家之一，也是全世界公认的有史以来最伟大的音乐天才之一。他一生中谱写了9首交响乐、35首钢琴奏鸣曲（其中后32首带有编号）、10部小提琴奏鸣曲、16首弦乐四重奏、1部歌剧、2部弥撒、1部清唱剧与3部康塔塔，另外还有大量室内乐、艺术歌曲、舞曲，直到临终前他还在酝酿新的作品。

贝多芬一生饱受磨难。整个童年，他几乎是在父亲的暴力下成长。父亲以极其粗暴的态度，逼迫他学习音乐和各种乐器。庆幸的是，贝多芬凭借着对音乐的热爱和顽强的毅力坚持了下来。13岁那年，他加入戏院乐队，当大风琴手。17岁那年，因为母亲去世，他不得不挑起全家的生活重担。同年，他前往维也纳，拜访仰慕已久的偶像莫扎特。莫扎特在听完他的即兴演奏后，激动地对在场的其他人道："请注意，这位少年将来会震惊世界！"当时的《音乐杂志》上，评价贝多芬为"第二个莫扎特"。

可是无情的命运再次降临。正当贝多芬沉醉在音乐的世界里流连忘返的时候，他的健康开始出现一系列问题：伤风、肺病、关节炎、黄热病……他无时无刻不在承受着病痛的折磨。尽管如此，他还是创作出了连莫扎特都震惊的名作，凭借神奇的想象力，他的事业一帆风顺，如日中天。

26岁的时候，他发现自己的听力逐渐变坏，他的世界正在陷入死寂。对于一个作曲家来说，耳朵失去听力，就像一架飞机失去双翼一样，是致命的打击！

32岁的时候，贝多芬完全失聪。他想到了自杀，甚至写好了遗嘱。他在给朋友的一封信中写道："我过着一种悲惨的生活。两年以来，我躲避着一切交际，因为我不可能与人说话：我聋了。要是我干着别的职业，也许还可以，但在我的行当里这是可怕的遭遇啊！"最终，他还是顽强地活了下来，没有向命运屈服。他勇敢地向命运发出挑战，不顾隆隆作响的双耳，忍受着艰难的"酷刑"，完成了一首又一首作品。他坚定而乐观地对朋友道："我要扼住命运的咽喉，它休想使我屈服！"

有一次，贝多芬指挥演奏，由于他完全听不见台上唱歌，指挥棒在他手中完全乱了套。另一位指挥提议暂休后再开始，可是这次同样全部乱了套。预奏不得不再次暂休。贝多芬被打击到了，他跑回家，一头扎在床上，悲痛欲绝。

两年过去，他又重新拿起指挥棒，指挥由自己创作的《合作交响曲》。这次，他获得了巨大的成功！全场的听众情绪激昂，掌声如雷贯耳。可是贝多芬什么也听不见，直到一位女歌唱家牵着他面向观众时，他才知道人们在向他挥帽致敬。

贝多芬的一生都在与厄运不屈不挠地斗争。在他最痛苦的时期里，他创作出了最辉煌的作品——《第九交响乐》。其中，第五交响曲《命运交响曲》，是一部展现人类与命运搏斗，最后战胜命运的英雄史诗，其实这也是他自己与命运搏斗的真实写照。贝多芬用自己的一生，向世人谱写了一部部不朽的旷世名作，他的灵魂与音乐同驻。

青春寄语

只要有信念在坚持，有力量在拼搏，梦想之花就一定能绽放！

10 "蝴蝶"总理

他相貌丑陋，而且因为患小儿麻痹症，半边脸偏瘫，嘴角畸形，说话时有些口吃和嘴巴歪斜，还有一只耳朵失聪。他是家里的第18个孩子，他的出生并没有为家人带来丝毫喜悦，成名后，他曾经打趣地说道："幸亏那时还没有避孕药，否则我就不存在了。"

年少时，他的母亲看着他，常常陷入深深的自责中："一个来到世界上没几年的孩子，就要开始承受不幸命运的折磨，他以后怎样生活啊？"也许正因为这样，她对这个孩子倍加疼爱。命运注定这个孩子是与众不同的。他并没有因为自己如此的不幸而自暴自弃，反而尽一切努力克服自己的缺陷。

他比一般的孩子更快地走向成熟，面对别人的嘲笑和讥讽，他默默承受。他心里藏有自卑，但更有发愤图强的意志。当别的孩子在玩具中打发时间时，他则独自沉浸在书中。无论多么晦涩难懂的书，他都读得津津有味，因为从书中他学到了坚强，学到了一种永不放弃的品质。

为了矫正自己的口吃，他模仿古罗马知名演说家德摩斯梯尼，每天在嘴巴里含一块小石头说话、朗诵。几天下来，舌头和腮部都被石头磨破了，血水直流。看着孩子的样子，母亲心疼地抱住他："不要练了，我的孩子，妈妈一辈子都陪着你。"

他轻轻地擦去母亲的眼泪，道："妈妈，书上说，每一只漂亮的蝴蝶，都是自己冲破束缚它的茧之后才变成的，如果别人把茧剪开一道口子，那么由茧变成了的蝴蝶是不美丽的。我要做一只美丽的蝴蝶。"

经过不懈努力，他终于能流利讲话了。因为他的努力，中学毕业时，他不仅取得了优异成绩，也收获了极好的人缘。同学和老师都不再讥嘲他，在他们看来，这个孩子是上帝独有的创造，他注定是天生的强者。

1993年10月，博学多才、颇有建树的他参加全国总理大选。他的对手为了赢得竞选，居心叵测地用夸张的广告攻击他的面部缺陷，并写上："你要这样的人来当你的总理吗？"出乎意料的是，这样的行为不仅没有取得对手预期的效果，反而招致大部分选民的愤怒和谴责。当他的成长经历被报纸挖掘出来后，他赢得了选民极大的同情和尊敬，得票率一路飙升。

"我要带领国家和人民成为一只美丽的蝴蝶"，这是他的竞选口号。同年，他赢得竞选，并在1997年获得连任，人们亲切地称呼他为"蝴蝶总理"。

他就是加拿大第一位连任两届的总理——让·克雷蒂安。

命运掌握在自己手中。一个有理想的人，不管自身条件多么艰难，他总会努力破茧成蝶。就像让·克雷蒂安一样，身残志坚，顽强拼搏，最终机遇和命运顺理成章地眷顾了他。

青春寄语

如果你不甘于平庸，那就让平凡的生命破茧成蝶！

荀子："岁不寒，无以知松柏；事不难，无以知君子。"

鲁迅："伟大的心胸，应该表现出这样的气概——用笑脸来迎接悲惨的厄运，用百倍的勇气来应付一切的不幸。"

小普林尼："顺境造就幸运儿，而逆境造就伟人。"

萨克雷："生活是一面镜子，你对它笑，它就对你笑；你对它哭，它也对你哭。"

戴维："逆境，是倾覆弱者生活之舟的波涛，又是锤炼强者钢铁意志的熔炉。"

霍勒斯："忧患激发天才。"

普拉斯："乐观的人，在每一次忧患中，都能看到一个机会；而悲观的人，则在每个机会中，都看到某种忧患。"

第四章　挫折是强者的奠基石

南宋方岳说："不如意事常八九，可与人言无一二。"人生不可能一帆风顺，总会遇到挫折、失败与坎坷，这是任何人也回避不了的，关键是应当如何对待挫折和失败。对强者来说，挫折与失败是最好的挑战和洗礼，挫折造就强者。世间大凡有大成就的人大都遭遇过大挫折，只是他们有百折不挠的精神，愈挫愈奋、永不言败，哪怕跌倒一千次，也会一千零一次再度爬起。南非前总统曼德拉曾说："生命中最伟大的光辉不在于永不坠落，而是坠落后总能再度升起。"我们常说"失败是成功之母"，历经苦难、挫折与失败，并不一定是坏事，它能磨砺意志，积累经验教训，成就未来。

孟子说："天将降大任于是人也，必先苦其心志，劳其筋骨，饿其体肤，空乏其身，行拂乱其所为，所以动心忍性，曾益其所不能。"鲁迅说："我每看运动会时，常常这样想：优胜者固然可敬，但那虽然落后而仍非跑至终点不止的竞技者，和见了这样竞技者而肃然不笑的看客，乃正是中国将来的脊梁。"马克思说："只有在那崎岖的小路上不畏艰险奋勇攀登的人，才有希望达到光辉的顶点。"

目睹中国教育现状，无论是家庭还是学校，都缺少挫折教育。生活就像一条河，遇到礁石才能激起美丽的浪花，不经历风雨难以见到彩虹！在顺境中长大的孩子，往往禁不起挫折，害怕困难，这就很难创造出生命的辉煌，也难以适应未来竞争激烈的大千世界。

01 生命不止，奋斗不息

自1999年被《福布斯》评为全球华人首富以来，连续15年，无论世界经济怎样风云变幻，李嘉诚都雄踞第一宝座。创业70多年，李嘉诚始终秉承自强不息、孜孜不倦的奋斗精神。

出身于潮州书香世家的李嘉诚，从小历经磨难。11岁那年，日军铁蹄入侵中国，生猛践踏神州各地。年少的李嘉诚跟随父母，冒着生命危险逃到香港投靠舅父庄静庵。一年后，香港也跟着沦陷。祸不单行，45岁的父亲因心力交瘁不幸染上肺病。因为战争动乱，实在无钱支付药费，两年后，正当中年的父亲撒手人寰。全家的生活重担，一下子落到了李嘉诚瘦弱的肩膀上。

李嘉诚起初是在舅父庄静庵的钟表公司当一名泡茶、扫地的小学徒。在这里，李嘉诚学会了察言观色和见机行事。每天，他都是第一个到公司，最后一个离开。3年过去了，当年稚嫩的少年，已经成长为英气十足的小伙子。

17岁时，李嘉诚离开舅父庄静庵的公司，在外面获得了第一份工作——一家玩具制造工厂最低级的销售员。每天早上上班前，他都到其他地区发掘新客户；下午别人享用下午茶时，他则抓紧时间工作；到了晚上，他依旧毫不停歇，跟着工厂四处跑单。他每天工作16~20小时，即使如此，他也坚持自修。然而，虽然年轻，但毕竟是血肉之躯，一天高强度工作下来，他往往是全身酸痛。入睡前，他甚至连洗脸的力气都没有。可是为了保证第二天早晨上班能够准时，李嘉诚准备了3个闹钟叫醒自己，从不敢有丝毫懈怠——这个习惯他一直保持到今天。

因为工作尽职尽责，李嘉诚开始有自己的熟客，建立起了自己的客户群。年末公司派发年终分红时，李嘉诚的分红始终排在第一位，并比第二位足足高出7倍。由于业绩突出、严己奉事、机敏精干，李嘉诚很快就得到了老板赏识。1948年，年仅20岁的李嘉诚被破格提升为该厂总经理。

第四章　挫折是强者的奠基石

1950年，李嘉诚正式创办"长江塑胶厂"。创业头几年，他日夜加班，身兼数职——管理厂务、督导生产、对外联络、跑业务推销，每天都要工作十七八个小时。他从来不嫌弃来往的生意小，在他看来，细小的河流经过汇集，也能成长江。这也是他后来将"长江塑胶厂"改为"长江实业公司"的主要原因，寓意浩浩长江不拒细流，永远奔腾大海。

有了这样的远见和努力，李嘉诚的长江塑胶厂取得巨大的成功。但不久之后，因为年轻且经验不足，李嘉诚忽略了商场中的风云变幻，工厂陷入了惨淡经营期。资金开始周转不灵，工厂亏损越来越严重。因为扩张过于迅速，承接的订单太多，简陋的设备和短缺的人手严重影响了塑胶的质量。迫在眉睫的交货期，使得李嘉诚无暇再顾及越来越高的次品率。于是，仓库开始堆满因质量不合格和交货延误而退回来的产品。塑胶原料商开始上门催缴原料费，客户也纷纷上门寻找一切借口要求索赔。

这段时间，李嘉诚每天都疲于应付上门催款的银行员、原料商、客户，还有拖家带口、上门寻死觅活要求发放工资的工人。他的双眼布满血丝，他怎么也没想到，在尝过独立创业几年的甜头后，随之而来的是这样的灭顶之灾。

1950—1955年，是李嘉诚创业史上最难过的一段时间。在经历过惨痛的大失败后，李嘉诚痛定思痛，开始冷静分析国际经济形势变化，分析市场走向。李嘉诚意识到，在如今种类繁多的塑胶市场上，他生产的产品已经失去了竞争力。要想救活长江塑胶厂，必须想办法让它在国际市场中重新拥有竞争力。经过多番思考和探索，李嘉诚决定远赴国外学习塑胶花制造的技术。因为他预测，一个塑胶花的黄金时代即将来临。

1957年，咬牙走出绝境的李嘉诚将别具新意的塑胶花引入香港。这在当时还是一个"冷门"。李嘉诚相信自己的判断，他在香港各地进行促销和推广。没多久，李嘉诚领导的"长江"迎来香港塑胶花制造业的黄金时期。庞大的塑胶花市场，为李嘉诚带来了数千万元港币的利润。年出口额1000万美元，使"长江"成为世界上最大的塑胶花制造基地，李嘉诚本人也得到了"塑胶花大王"的美誉。

从此，李嘉诚开始了他叱咤风云的发展之路。经过数十年的努力，他拥有"长江实业""和记黄埔""香港电灯"等五大上市公司，100多家附属公司和50多家联营公司，形成经济实力雄厚的"李氏王国"。

回首自己的艰难创业史时，李嘉诚认为："富家子弟就好像养在温室的花朵，根基不稳，禁不起风吹雨打，创业就好比在岩石夹缝中生长壮大的小树。根基不稳的植物，在外界的压力下，不易存活，而夹缝中的小树，却能傲立风霜而不倒。"李嘉诚从不回避自己苦难的童年；相反，他认为那是一种难得的历练，只有经历过苦难的人，才会珍惜一点一滴的来之不易。

青春寄语

人生的赛场，只有拥有恒心和毅力，才能在有限的时间内奔跑出距离。

02 永不言败的邓亚萍

她被称为永不言败的"小个子巨人"。

她曾经无数次被省队、国家队拒绝，被讥嘲手脚粗短、个子矮小，永远不可能获得冠军。

她一人独揽世界153枚金牌，先后获得14次世界冠军，连续8年保持乒坛世界第一，她手握4枚奥运会金牌，至今仍是唯一蝉联奥运会金牌的运动员，是乒乓球史上最杰出的女子选手。如今，她连续两次担任国际奥委会官员，并在2003年成为北京奥组委奥运村部副部长。

她是邓亚萍，一个和你我一样平凡，却通过努力成为战绩卓著、横扫世界各大领奖台的霸者。

邓亚萍出身于郑州乒乓世家，自小受到父亲影响，立志要做一名优秀的运动员。4岁开始，她就展现出格外专注的一面。小学二年级时，她成为省少年体校的乒乓球冠军。父亲看到她的潜质，决定让她接受最正规的培养。10

第四章 挫折是强者的奠基石

岁的时候，父亲将她送到了河南省乒乓球队。可是不久之后，邓亚萍就被送了回来。理由是，她个子过于矮小，而且手臂粗短，在乒乓球界没有发展前途。这件事情给了邓亚萍莫大的打击，她回家后训练更加刻苦。

同年，她在全国少儿乒乓球比赛中斩获两项冠军，终于被河南省队接受；3年后，她作为替补上场，一举登上全国锦标赛冠军宝座！她被称为"一匹黑马"，成为引人注目的最大冷门！可是因为个子过于矮小，直到15岁她才被国家乒乓球女队主教练张燮林看中，勉强进入国家队。

进入国家队后，邓亚萍练球更是刻苦。队里规定，上午训练到11点，她给自己延长到11点45分；下午训练到6点，她就到6点45分或7点45分；封闭训练规定晚上到9点，她就练到11点多。为了不断赶超别人，她常常误了吃饭时间，之后只能用泡面充饥。在练习全台单面攻时，她在脚上绑沙袋，面对两位男陪练的左突右奔，一打就是两个小时。根据她的教练统计，邓亚萍每天接球、打球达1万多个。每次训练课下来，她的汗水都会将全身浸透。

因为长期进行高强度的训练，她全身很多部位带有伤病。为了应付腰肌劳损，她长年戴着护腰；膝关节脂肪垫发肿、踝关节长满骨刺，她只能咬牙强忍。只有在实在承受不住的时候，她才会接受药物帮助。有时候脚底磨出水泡，她就挑破它，再裹上一层纱布继续练习。哪怕是伤口感染，她也会挤出脓血接着练。她的意志，让她的球技突飞猛进，也让她逐渐从专业替补成为国家队的翘首。

1996年，亚特兰大奥运会结束后，邓亚萍到了接近退役的年龄，她不得不开始规划自己的未来。第二年，一直非常欣赏她的国际奥委会主席萨马兰奇先生向她发出邀请，希望她能加入国际奥委会运动委员会，成为其中的一员。

进入国际奥委会后，邓亚萍经常要与几十位外国委员一起开会。因为她不懂外语，委员会只好给她配翻译——她是委员会中唯一随身带翻译的成员。一次，因为翻译迟到，导致整个会议无法正常进行。邓亚萍心急如焚，有的委员已经开始表现出不满和不屑。这些带着异样色彩的眼神深深刺痛了她，她暗暗发誓，一定要学好英语。会议结束后，她立刻递交了回国学习英语的申请。

1997年底，邓亚萍到清华大学外语系报到。为了测试她的英语水平，教授让她写出26个英文字母。这个在别人看来根本不值得一提的任务，却让邓亚萍绞尽脑汁。看着上面歪歪扭扭的字母，她红着脸羞愧地向老师保证一定会努力，尽快将英语学会。

对于一个从小练球、只有小学二年级文化的人来说，学习英语的难度不亚于文盲学字。上课的时候，教授在台上所讲的内容，对她来说如同天书。可即便如此，她依旧努力做笔记，并给自己定下学习计划：每天必须保证14个小时的学习时间，早晨5点起床，读音标、背单词、练听力，用英语和老师同学对话，买来复读机不厌其烦地跟读，制作英语卡片，抓紧一切时间背单词……

功夫不负有心人，后来邓亚萍完全攻克了英语难关，用英语与人交谈对答如流。在获得本科学位之后，她认为自己的文化知识还是不够，又继续攻读了硕士学位。2008年11月29日，她在英国剑桥大学获得经济学博士学位，成为世界上唯一具有世界冠军头衔的经济学博士！

邓亚萍，她不断用实践向人们证明：不是只有个子高挑的运动员可以打乒乓球，不是运动员就代表"四肢发达，头脑简单"，只要拥有永不言败的精神，在哪里都能驰骋出一片蓝天！

青春寄语

一个真正的强者，会把"刺激"化为激励，将"羞辱"引爆成功！

03 邰丽华的舞蹈之路

2008年春节联欢晚会，"千手观音"及邰丽华的名字被永远载进了中国舞蹈艺术的历史。她编排的一支舞蹈，带给当晚亿万观众数不清的惊诧和震撼。尤其是当大家知道舞者是由一群聋哑姑娘组成的时候，泪水和掌声涌向了舞台。

事后邰丽华接受采访，用手语表示，她从未想过"千手观音"会受到这么高的肯定和关注。她说："如果不是因为残疾，可能不会有今天的我。"

1976年11月，邰丽华出生于湖北宜昌。2岁时，她因为一次高烧失去了听力，没多久，又失去了言语能力。从这之后，她就进入了一个无声的世界，自己却茫然不知。直到5岁，幼儿园老师组织玩辨声游戏的时候，她才意识到自己与别人的不同。

父亲带她辗转全国各地求医问药，但情况始终不见好转。7岁的时候，她被送进宜昌市聋哑学校学习。在学校里，她的文化课成绩尤为突出，老师评价她："也许是文化课功底较好的缘故，她比别人勤于思考，更善于琢磨用舞蹈来表达情感。"不久，一堂特殊的律动课，给她重新打开了感受世界的大门。

嘭、嘭、嘭，一种奇怪而有节奏的振动刹那间穿透地板，传遍她的全身。那一瞬间，她感受到了从未有过的新奇。周围的同学都在为脚下的振动兴奋不已，邰丽华索性全身趴在地上，一双眸子炯炯有神，她指着自己的胸口告诉老师："我喜欢！"她感受着振动，身子不自觉随之摆动。她突然发现，这是一种属于她的语言。

为了更深地体验这种感觉，她将脸颊紧贴录音机喇叭，全身心感受不同的振动。电视里的舞蹈节目，更让她脑海里充满想象，跃跃欲试。她发现，这是唯一一种能够让她酣畅淋漓表达生命的语言。从此，她爱上了舞蹈。

在邰丽华心中，舞蹈是一种看得见的彩色音乐。还在上小学的她，对舞蹈产生了深深的迷恋。从宜昌市聋哑小学，到武汉市聋哑中学，不论学习多紧张，她每天都要挤出时间练习舞蹈。为了舞蹈，她像一只旋转的陀螺，24小时除了吃饭睡觉之外，其他一切时间她都在练舞。找不准节拍就练到找准为止，动作不对就改到对。开始她只能在原地转几个圈，半个月后就转到了两三百圈。她练得格外刻苦，身上总是一块块青紫，小腿上留下一道道青黑色的伤疤。为了不让妈妈看见心痛，夏天她也紧裹长裤。在婀娜舞姿的背后，邰丽华付出了比常人多几倍的辛苦努力。

15岁那年，凭着不懈的努力，邰丽华有机会跟随中国残疾人艺术团出国访问演出。至今，她已巡回演出过20多个省，出访过亚洲、欧洲、美洲、大洋洲的30多个国家。在数百场的演出中，她凭借"孔雀般的美丽、高洁与轻灵"征服了无数不同肤色的观众。一曲《雀之灵》700多个节拍，要求整个舞动过程丝丝入扣，分毫不差。"台上一分钟，台下十年功"，作为一个聋哑人，为了完全合上每个节拍，邰丽华付出了无数汗水和辛劳。

没有什么灾难，能毁灭生命的价值和尊严。

"其实所有人的人生都是一样的，有圆、有缺，有满、有空，这是你不能选择的。但你可以选择看人生的角度，多看看人生的圆满，然后带着一颗快乐感恩的心去面对人生的不圆满，去勇敢追寻自己的梦。"这就是邰丽华领悟的生命真谛。

青春寄语

不经一番寒彻骨，哪得梅花扑鼻香？

04 那些落榜后的日子

我落榜了。

看着成绩单上的成绩，我无法相信落榜的事情居然发生在我身上。我的学习不错，在老师眼里，是一定会考上本科的那种。可是，我居然落榜了。

在那一刻，我觉得，我对未来所有美好的憧憬都破灭了。我的前方一片黑暗，万念俱灰，这对我太不公平。我不知道怎么回的家，只是始终不敢看一眼父母的眼睛，我怕我会羞愧致死。

我苦闷彷徨、度日如年，甚至想过死。可是父母一直坐在床边，我寻不到机会。他们没有责骂我，甚至没有流露出一点失望，可越是如此，我越是觉得自己该死。我背对着他们，眼泪从眼角滑落下去，哽咽无声。我知道那一晚，他们在我床边坐着默默陪了我一夜。

第二天，母亲拍了拍我的肩膀，道："孩子，跟我到地里去打花顶吧？到外面散散心会好受些。"

我转过头，看着父母因为熬夜而通红的双眸，不忍心让他们再继续为我操心，默默地点头，接受了母亲的建议。

田地里，母亲熟练地给棉花拿权打顶。平时很少干农活的我，不理解母亲的做法：一株株长得势头正旺的棉花顶，被母亲一个个抬手掐掉。

"妈，这些棉花长得这么好，为什么要把它们的头掐掉，不怕它们长不出来吗？"

母亲头也不回，继续掐着顶道："把枝头的顶掐掉，下面的花枝才能长好，结出更多的棉桃。如果不打顶的话，棉花秆就会一直顺着往上长，结不了几个棉桃。"

"不会吧？"我满心疑惑。

母亲看出我不信，指着远处的棉花枝道："不信你择两株试试，一株打顶，一株不打顶，看最后哪个结的棉桃多？"

我压下心里的怀疑，在地里找了两株长势差不多的棉花，把其中一株的顶掐掉。

过了几天，我急匆匆来到地里，发现那株打过顶的棉花，每个枝条上都至少有五六个棉桃！再看那株没打过顶的，虽然长势比其他棉花都好，但枝条上看不到几个棉桃。

这一刻，我突然明白了母亲的用意。她是在借棉花告诉我：一帆风顺，并不一定完美；相反，经历的挫折和磨难会渐渐变成财富，带来更大的收获。

想明白这个道理之后，我心中重新鼓起了勇气——我要重新考！

就在我准备复读的时候，听说部队要在高考落榜生中特招一批文艺兵。这就像上天赐给我的机会一样，我立刻报名参了军。第二年，我顺利考上了军校。在军校中、在部队里，每当我遇到挫折时，就会想起那些打了顶的棉花，心中又会重新燃起信心。多年过去，如今我已经是机关单位里的一名干事，并且通过自己的努力，加入了河南省作家协会，成了自己梦寐以求的作家。

此时，我只想对和我一样高考落榜的同学说一句："困难和挫折是弱者的坟墓，也是强者前进的垫脚石。"每个人都有失败的时候，失败不能决定个人能力，更不能决定个人命运，真正决定命运的往往是面对失败的态度。

青春寄语

挫折是弱者的坟墓，是强者的垫脚石。

05　特殊的一堂课

"听说今天有新老师要过来！"

这个消息让大家难掩兴奋，都伸长脖子，双眼放光地盯着门口，盼着新老师出现。

我的家乡位于远近闻名的贫困地带。偏僻和贫穷，让许多老师都不愿意留在这里。没有老师，我们就要休学——这样的经历已经发生过几次。如果你看过著名影片《一个都不能少》，就更能理解这里的情况。

"来了！"

临窗同学一声兴奋大喊，一阵骚动后，所有人立刻端正坐姿。

我双眸瞪得滚圆，仿佛怕错过这个新老师的一分一毫。听说，这位老师是刚从师范学院毕业的年轻女老师，而且是主动申请来我们学校的。她衣着朴素，很是年轻，长相清秀，比我印象中见过的任何一任老师都要漂亮。

我有些不敢相信，这样年轻漂亮的女老师会来我们学校。

"扑通！"

新老师一个不慎，一下子摔倒在教室门前。

完了……

惊呼后，整个教室一片死寂，所有人都屏住了呼吸。时间仿佛凝固了，谁也不愿意相信居然发生这样的意外。

如果不是因为学校偏僻建在地势较低的土坳里，如果不是为了防止洪水，教室的门槛就不会建得比地面高出近40厘米。老师会不会因此生气，甩手就离开教室？

该死，为什么刚才不记得要提醒新来的老师这件事，如果提醒了，那么一定不会发生这样的事。

我们又要没有老师了……

可是，出乎所有人预料的事发生了。下一刻，老师面带笑容地从地上爬起来，迈着轻盈的步子走上讲台。

"同学们，大家好。我叫白梅，是你们新任的英语老师……"

她开始自我介绍，在她的眼中依旧能看到泪花，可更引人注目的是她脸上始终带着的自信的笑容。

"同学们！"

来了，我的心里一阵紧张。这个老师是不是也要像上一个老师一样，跟我们郑重地摆事实讲道理，最后坚决地离开？

她的双眸似乎会发光一样，扫了周围一圈后，继续道："刚才是我给大家上的第一课。以后，希望大家都永远记住：摔倒并不可怕，重要的是，能很快从原地爬起来！无论遇到什么挫折，无论遇到什么困难，老师希望大家记住这一点。这将会成为你们的制胜法宝……"

白梅老师的话，一字一句地印入我的脑海，让我毕生难忘。

那一年，我在白梅老师的带领下攻克了英语难关，并首次离开大山，进入县城。在3年的高中学习中，我自卑过，彷徨过，失败过，但从没有沮丧过。每次遇到困难和挫折，我都会想起那天下午那特殊的一课，想起白梅老师那闪烁着泪光的自信笑容。我靠着"摔倒就爬起来"的信念和意志，从懵懂无知到成熟，从屡次失败到不断成功。

金秋八月，在白梅老师的叮嘱和注视下，我踏上了南下的火车，成了村里的第一个军校大学生……

在未来的日子里，我心中将永远铭记那堂影响我一生的特殊一课——"摔倒并不可怕，重要的是，能很快从原地爬起来"！

跌倒并不可怕，可怕的是一蹶不振。

06　逼出来的坚强

曾国藩说："世间事一半是'有所激有所逼'而成的。"根据我的经历，加上我对人的了解，大抵如此。

年初，姐姐跟我说要将外甥女送到北京来，我大概能猜到原因。外甥女才17岁，高考无望，若是不出来就要在农村里过一辈子。姐姐不希望外甥女和她一样，一辈子待在农村没见过世面。

外甥女来的那天，我没有去接她。直到天黑，她才哭着找到我家。

安顿好之后，我告诉她："这两天你自己逛逛北京城吧。"

两天时间里，我没有管她，由着她自己到处晃荡。两天之后，我看到她买回了4件衣服。

第三天，我问她："你还有多少钱？"

"一百多元。"

看着外甥女无所察觉的样子，我开口说了一句："你买了什么我不会管你，你也可以把所有的钱在一天之内花完。可是你有没有想过，你花完了这些钱，明天和后天怎么办？"

外甥女睁大眼睛看着我，似乎不明白我话中的意思。

我说："你没有钱要自己去挣，我不会给你钱。"听到这确切的一句，我看到她眼中露出了震惊和委屈。

"你有没有想过，你妈将你送来北京的目的是什么？"

她低着头，眼泪已经在眼眶打转，回答道："是让我找个工作。"

我点头，她总算明白了自己来北京的目的。第四天，我通过北京的朋友给她安排了一份临时工的工作，让她去上班。

在上班的10天时间里，她的心情明显开朗了起来，尤其是在拿到工资的时候，跟我说话都变得雀跃了。我看着她的样子，给朋友打了个电话，让他找个理由开除她。

当晚，外甥女没有了往日的笑容，脸上布满忧郁。我知道，朋友定然是辞退了她，此刻她心中正在沮丧。第二天，她双眼肿得通红。

"如果你觉得太辛苦的话，现在就可以选择回家种地。回去的票，我会帮你买。"

外甥女眼泪直流，但还是摇头。

"你也可以选择读书。"

她再次摇头。

我看她双手绞着的样子，问道："那你现在留在北京想做什么？"

她摇头道："我不知道。"

"将来呢？"

她想了想道："我想开个店。"

"那好。既然你想开店，那么首先要养活自己，其次存钱。现在你就去买份报纸，找个工作赚钱。你要知道，我是不会给你一分钱的。"我说道。

外甥女再次瞪大眼睛看着我，我知道在她眼里，我肯定是世界上最坏的舅舅。

不久之后，外甥女找到了一份导购的工作。她回来征询我建议时，我摇了摇头。不久她又找了一份工作，这次我点头让她去干。一个多月后，我出差近半月回来。

一进门，外甥女就哭着道："舅舅，我特别想你。"

我看她的样子，皱眉，问道："为什么，你不是不喜欢我吗？"

"不知道，就是觉得你不在，到处都空荡荡的，尤其是心里。"她说话的时候很是委屈，那眼中还有对我的控诉。

我看着她的样子，没说什么。第二天，我去外头给她租了房子，房子离我有一段距离。

"我给你租了房子，今天你就搬出去住。"我看她不敢相信的样子，并未更改决定道，"你就当在北京你没有舅舅。就算现在有，以后也不一定会有。人生世事无常，你不能想着依靠别人，你只能依靠你自己。从今天起，你要学会坚强，以后所有的路，你都要自己走。如果你不想自己走下去，你就回家，北京不适合你。"

她听后，整个人受到了很大冲击，看我的眼神格外复杂。

两个多月后，她再次失业，来到我家时，整个人很消沉。"想挣一份工资真是不容易。"

我说道："祝贺你失业！"

她抬头，惊诧地看着我。

"你已经获得了比金钱更珍贵的东西。"我知道，她没听懂。

第二天，我带她去北京CBD，让她站在那里看人。让她总结人和人之间的不同，并将乞丐和卖玉米的商贩做了比较。之后，我还是让她多看报纸。两天后，她找到了新工作。

4个月后，她兴奋难掩地告诉我，她已经存够了4000元钱。这些钱，对于她来说以前连想都不敢想。

外甥女拿着这些钱，辞职开始创业。一个月后，她血本无归。

她哭着茫然地看着我，我说："哭解决不了问题，你必须坚强！"

一年之后，她再次存够了创业金。这次，她不再去卖过季衣服，而是转去卖了水果。这次几乎是不赚不赔。

不久，她遇上了"非典"，萧条的市场让她再次面临失败。

"你应该学会分析市场。市场此消彼长，有行业衰退，必定也有行业兴旺。你再去想，再去看报。"

她认真分析了一天一夜之后，决定去人流多的地方卖口罩。5天后，她赚了2000元钱。

我告诉她："5天，你本可以净挣2万元的。去印名片，带上样品，敲每个公司的门做推销，注意质量、信誉、礼貌；等有了业务，就去请人，都要配备手机。"

20天后，外甥女挣了6万元。半年后，她决定去南方寻求进一步发展，这一次不再需要我的任何指导。

临走前，她说："舅舅，现在，我已经拥有了最大的资本——坚强。我知道，你是要告诉我，苦难的人，唯一有的资本就是坚强，以后的路，我都会以最强悍的姿态走下去！"

青春寄语

苦难的人，唯一有价的资本，就是学会坚强！

07　岳百万

这是一个富有传奇色彩的真实故事，央视一台曾两次播放，感动过无数观众。故事的主人公叫岳贤德，是安徽大学艺术系设计专业的学生。

他出生在农村一个贫苦农民家庭里，父母都是勤劳朴实的农民。一家5口人，他上有一个姐姐，下有一个弟弟，姐弟三个都非常争气，先后都考上了大学。一家出了三个大学生，这让父母既感到非常高兴，也感到无限忧虑，三个孩子的高额学费，仅仅靠几亩薄田的收入怎么能承受得起啊？

为了减轻家庭的负担，岳贤德不顾别人的歧视和嘲讽，在学校里利用课余时间收购废品、从垃圾箱里捡塑料瓶子，然后卖给废品收购站赚些差价。久而久之，有些人似乎忘记了他的名字，"收废品的""收瓶子的"便成了他的代号。

天有不测风云，在他上大三的时候，忽然传来噩耗：父亲突然被查出食道癌，而且已经到了晚期！这就像晴天霹雳，让这个本来就不堪重负的家庭濒临绝境！为给父亲治病，一下子欠了十几万元的债！靠什么偿还，靠什么继续为父亲治病？岳贤德的脑海里如翻江倒海，再也无法平静。经过反复考虑，他决计休学去打工……

天无绝人之路，就在他决计休学的时候，老师随意说出的一句话为他提供了一条重要信息：中国南方某著名汽车企业向全球征集车标，一等奖200万元，二等奖100万元，三等奖50万元。

这条信息让岳贤德的脑海里翻起了滔天波澜，为了给父亲治病，为了改变家庭的命运，他决心一搏！

从此以后，"车标"成了他梦寐以求的目标，他到处查资料，反复设计，达到了废寝忘食的地步，就连梦里也常常搞设计。一天夜里，他竟然从床上摔了下来。为此，他受到同学的讥笑，有很多人在背后议论，说他不自量力、异想天开！但他把别人的讽刺挖苦置之度外，始终坚持走自己的路！因为，生活逼迫着他，必须成功，不能失败！

厄运给他带来难以想象的压力，同时也激发了他的潜能，带来了灵感。经过半年多的苦苦构思，他终于设计出自己满意的车标。构图非常简洁：中间是一只昂首的孔雀围绕着地球翱翔，外面是一个椭圆，象征着宇宙，名为"东方神鸟"，立意是：雀起东方、傲视宇宙。

作品寄出后，7个月都杳无音信。据说应征者来自全球一百多个国家，且多是专业人员，来稿2万3000多件……他听说后，就像泄了气的皮球，不敢再抱有任何希望。

不料在一天夜里，他的手机突然响了，原来是通知他到北京去，与上海的一位资深设计者去竞标。这真是喜从天降，让他万分振奋！他立刻将此消息带回老家告诉了父母，父母根本不相信这天上掉下来的馅饼，甚至怀疑儿子的神经出了毛病，认为儿子"不务正业"，对儿子只有满腹的怨气却无一丝喜悦！

在北京竞标时，对手是一位具有丰富经验的专业人士，他镇静自若，侃侃而谈，将自己的设计意图准确详尽地表述了出来，把设计的图标讲解得尽善尽美；而岳贤德却不善言谈，紧张得结结巴巴、不知所云，连他自己都不知道当时说了些什么。

但最后经过全体评委评定，还是把大奖给了他。

当主持人宣布他中了大奖的时候，他竟用手掐了一下自己的大腿，感到疼痛才知这不是做梦。

主持人说得好："你虽然不善言辞，但你的车标会说话。"

苦心人天不负，这次成功一下子改变了他们全家的命运，不但还清了所有的外债，还为父母买了一套漂亮的房子。从此以后，在学校里再也没有人喊他"收废品的""收瓶子的"了，而改称他为"岳百万"！但是，他心态依旧，并未因突然暴富而改变自己，校园里，人们依然能看到他收废品时忙碌的身影。

青春寄语

拼搏奋进的精神，是一生受用不尽的最宝贵的财富。

08　应聘受挫之后

4岁时，他父亲生意失败，全家陷入赤贫；5岁时，他失去一位手足；6岁时，他又失去两位手足；9岁时，他被迫离开母亲，只接受过4年的小学教育……

他晚年回忆："家里失去三个孩子，再加上永无翻身之日的赤贫，使我父母在心理上和经济上都相当痛苦。我母亲苦恼的面孔和因疲倦而低垂的肩膀，一直是我鲜明而痛苦的记忆……"

因为家境贫寒，他不得不外出打工挣钱谋生。一次，他在报纸上看到一家电器工厂招聘工人，跑过去向人事主管介绍一番自己的情况后，他诚恳地请求："请给我找一份工作做吧，哪怕是最危险、最低微的工作。"

人事主管看他又瘦又矮，衣衫褴褛，其貌不扬，根本就不想聘用他。

"真是不巧，我们已经聘用到需要的人了。要不，你一个月后再来看看吧。"

他只得回去。一个月之后，他又准时出现在这位主管面前。主管看他又出现了，心里嘲笑一番：从未见过这么笨，不会领会辞退话的傻瓜，随便打发他走人就好了，根本不值得浪费时间。

于是，这名主管对他道："年轻人，你真是运气不好。我们老板出去开会了，得过两三天才能回来。"

他没多说什么，依旧回去。三天之后，他又出现在主管面前。这次，主管有些不耐烦了，顾不上什么虚与委蛇，直接道："看你穿成这样！这么破，我们工厂是不会要你的！"

他什么也没说，当天下午回去就借钱买了一套新衣服穿上。他找到那名主管，道："您看我现在符合条件了吗？"

主管皱眉，依旧没有松口："麻烦你看看我们的招聘要求！你的履历显示，你根本就不会任何和电器有关的知识，你根本不符合我们厂的要求！"

他道："没关系，我现在不会，但我会学，一个月后我一定能满足您的要求。"

他回去后，果真想方设法去学电器知识。他只接受过4年正规教育，学习过程的艰难可想而知。一个月后，他如约来找那名人事主管。

这名主管却说："一个月后能学到什么？"

他诚恳道："一个月不行，我就用两个月；两个月不行，我就用三个月……"

话未说完，人事主管再也坐不住了，站起来，拉着他的手，由衷感慨道："你是我遇见过的最有韧性的求职者，我已经被你打败。从今天起，你就来工厂上班吧。"

凭借坚忍不拔、越挫越勇的意志力，他终于进入电器工厂成为一名学徒。几年后，他赚够了创业基金，自己独立出去创业。

他毫无怨言、毫无背景地背负起家庭近十口人的生存开支。在熬过创业最艰难的4个年头后，27岁时，他的父母、兄长、姐姐相继去世，十人的大家庭只剩下他一个人。

在重重打击下，他信念不灭，咬牙坚持，最终在经济大萧条的背景下一手创立了"松下电器"这个商业奇迹。他就是松下电器的创始人——松下幸之助。

凡是功业卓著的名人，在初期都经历了一连串无情打击、残酷磨难、严重挫折……但是他们凭着不折不挠的精神，坚持到底，最终获得成功。没有谁是天生的成功者，在人生道路上，能打败你的往往不是别人，而是你自己，只有不畏劳苦磨难者才能攀登到最辉煌的顶点。

青春寄语

面对同样的挫折，不同的精神状态决定着不同的结局，有无抗挫折能力决定着人生的成败。

09 百折不挠、永不退缩

1809年，他出生在一个农民家庭。家里很穷，他没有机会上学，每天就跟着父亲上山开垦、劳动。7岁时，母亲去世，他和贫困的父亲相依为命。

1831年6月的一天，在美国南方新奥尔良的奴隶拍卖市场上，他看见一群黑人被镣铐锁着，串在一根绳子上，一个个像骡子一样，被奴隶主挑来挑去。奴隶主有时上前摸摸他们的胳膊，拍拍他们的大腿，检验他们的肌肉是否发达。他还看见奴隶主用皮鞭毒打，用烧红的铁条烙他们。眼前的悲惨景象惊呆了他，太可耻了！他发誓："等有一天我有机会，一定要把这奴隶制度彻底打垮！"

为了谋生，他什么活都干过。他还抓紧一切空闲时间刻苦学习，攻克历史、文学、哲学、法学等著作，并积极投身政治活动。

1832年，美国经济危机爆发，他跟着失业。这次失业，让他痛下决心要将所有精力用在从政上，他要在政治舞台上实现自己的抱负。可惜，他参选州议员失败，连好不容易得来的工作也丢了。

1833年，他向朋友借钱，决心创业以筹备竞选资金。糟糕的是，不到1年就创业失败。此后的17年，他都在为债务奔波，历经磨难。

1834年，25岁的他当选伊利诺伊州议员。

1835年，他的未婚妻在婚期来临前不幸因病去世。他痛不欲生，一度精神恍惚，几近崩溃。卧床一年半后，他才从悲痛中恢复过来。

1836年，也就是在他病好的那年，他通过努力当上了律师，经常就废除奴隶制发表演讲，抨击现行体制。

1838年，他再次参加竞选，想成为州议员发言人。可惜因为他对奴隶制的主张，竞选以失败告终。

1843年，他参加国会大选，参选美国国会议员，再次失败。

此后两年，他仍没有放弃，到处参加竞选。但无论竞选什么，他都是名落孙山。这些打击并没有让他失去士气，他信心依旧，毫不气馁。

1846年，他再次参选国会议员，这一次他终于成功当选。

1848年，两年任期很快到期了，他决定争取连任。毕竟他在当选议员的日子里，政绩卓越，选民应该会继续选他。然而，结果出乎他意料，他落选了，没有连任的机会，甚至什么都不是。

此后十年，他谋过本州内的土地局局长职位，参选过国会议员、副总统、总统，都以失败告终。甚至在最后一次参加总统竞选的时候，他的得票数还不到100张。

但是无论竞选怎么失败，他都没有放弃废除黑人奴隶制度的主张。在竞选副总统候选人的演讲中，他代表共和党说道："我们为争取自由和废除奴隶制度而斗争，直到我国的宪法保证议论自由，直到整个辽阔的国土在阳光和雨露下劳动的只是自由的工人。"

1858年，他在参加伊利诺伊州参议员竞选时，发表了一篇题为"裂开了的房子"的演说。演说中，他就南北两种制度的局面进行通俗阐述，并再次表明决心。这篇演讲没有帮助他获得竞选，却极大地提高了他的声誉。

1860年，他终于成功当选总统，以美国第16届总统身份入主白宫。当选总统后，他主张维护联邦统一，逐步废除奴隶制度。可没过多久，南北战争就爆发了。直到战争初期，他都没有放弃争取国家统一。

1862年，在多次失败后，他历经重重磨难，采取革命措施亲自起草发布《解放黑奴宣言》，宣布废除各州奴隶制度。从根本上瓦解叛军势力，帮北军获得雄厚的兵源。历时四年，南北战争以北方的胜利告终。

南北战争被称为"继美国独立战争之后美国的第二次革命"。亚伯拉罕·林肯也因此成为黑人解放的象征，为推动美国社会向前发展做出了巨大的贡献。如今在美国人心中，林肯的威望甚至超过了华盛顿。

有人为林肯做过统计：他一生只成功过3次，但失败过35次，第3次的成功使他当上了美国总统。他之所以能获得第3次的成功，完全是因为他的坚强。在竞选参议员落选的时候，他说："此路艰辛而泥泞，我一只脚滑了一下，另一只脚因而站不稳。但我缓口气，告诉自己，这不过是滑一跤，并不是死去而爬不起来。"

对于软弱者来说，挫折是跨不过去的千沟万壑；但对于坚强的人来说，它不过是大路上的一个土坑，跨过去，就是海阔天空，通天大道！

青春寄语

生命中最伟大的光辉不在于永不坠落，而是坠落后总能再度升起。

10 "股神"巴菲特的故事

2008年，《福布斯》公布全球财富榜排名，沃伦·巴菲特凭借手中持有的620亿美元资产，问鼎世界首富宝座，结束了比尔·盖茨连续13年的首富地位。多年来，在《福布斯》一年一度的全球富豪榜上，巴菲特一直稳居前三。

1930年8月30日，巴菲特出生在美国内布拉斯加州奥马哈市。他出身优渥，却并不像其他富家子弟一样，能安然享受父母带给他的地位和财富。

他5岁开始在家外面的过道上摆摊，向来往的人兜售口香糖，后来改为在繁华地段卖柠檬汁。

9岁的时候，他和朋友在加油站门口数苏打水机器里出来的瓶盖数，并将它们运走，储存在家里，做市场调查——根据瓶盖数推断出哪种饮料销量最好。随后，巴菲特从祖父的食品店里买来销量好的饮料，在炎热的夏天挨家挨户去叫卖。

10岁时，他每天早晨出发送500份报纸，并将所有钱积攒起来。他开始对股票着迷，并且将这个爱好用实践的方式一直延续下去。

上大学的时候，为了偿还父母为他垫付的学费，并保证股票市场的钱。他每逢礼拜和假日，都会到父亲的工厂去上班。在工厂里，他和其他工人一样要排队、打卡、上下班。如果偶尔迟到了，就会被扣掉一半的工资。

巴菲特终于熬到大学毕业，那时他以为自己会接管父亲的公司，令他没想到的是，父亲不仅没打算让他接管，反而有了更苛刻的要求。他不明白父亲的做法。后来，他认为父亲对他过于冷酷无情，毫不念亲情，心灰意冷之下决定离家出走，自行谋生。

根据多年的经验，他决定做生意。可是做生意需要资金，于是他希望自己的父亲能帮他向银行做担保通过贷款。可是父亲坚决不给他做担保，并且没有给他一分钱。

巴菲特生意受挫，就连个人生活也是朝不保夕，所以他只能出去给别人打工。因为适应不了复杂的人际关系，他受人排挤，最终用自己积累下来的一点资金，开了家小公司。因为他经营有道，小公司很快变成了大公司。可是由于对市场不够了解，公司很快面临倒闭。

他痛苦不堪，甚至想到了自杀。最终他总结自己过去走过的道路，决心咬牙坚持，从头再来！

这时，父亲出现在他面前，决定让他接管自己的公司。

巴菲特对于父亲的转变不解，他问道："父亲，我现在一无所有，你还要让我接管你的公司，不怕我会让公司倒闭吗？"

"不，孩子，你并非一无所有。你现在已经拥有了一段可贵的经历，这些经历对你来说既是磨难也是财富。如果我在早几年将公司给你，你未必能把公司经营好。可是现在，因为你曾经一无所有过，所以你对公司会更加珍惜，会更加用心去经营它。"说到最后，父亲拍着他的肩膀道，"无论干什么事，不经历一番磨难是干不好的。"

果然，不出父亲所料。没过几年，巴菲特将父亲的公司发展成了令全球瞩目的大公司——波尔希尔公司。而在经营公司的同时，巴菲特继续悉心钻研股票。2008年，他持有的股票全面上涨100亿美元，这使他雄踞世界首富宝座。他因为在股票上的杰出才能和金融危机下的精彩决断，被人称为

"股神"。

巴菲特一生受父亲影响深远，他不仅热爱公益、勤俭节约，还采用了父亲的方式来教育下一代。他将自己大部分资产捐给慈善机构，仅留下必需的部分给儿子。因为无论干什么事，不经历一番磨难是干不好的。

青春寄语

经历苦难和挫折并非坏事，而是一笔可贵的财富！

苏东坡："古之立大事者，不惟有超世之才，亦有坚忍不拔之志。"

郑板桥："千磨万击还坚劲，任尔东西南北风。"

冰心："成功的花，人们只惊羡它现实的明艳，然而当初的芽儿浸透了奋斗的泪泉，洒遍了牺牲的血雨。"

佚名："面对现实才叫勇敢，接受现实才叫坦然，适应现实才叫超然。"

谚语："困难像弹簧，看你强不强。你强它就弱，你弱它就强。"

居里夫人："我的最高原则是，不论任何困难，都绝不屈服！"

拿破仑："人生最大的光荣，不在于永不失败，而在于屡仆屡起。"

马克思："生活就像海洋，只有意志坚强的人，才能到达彼岸。"

奥斯特洛夫斯基："人的生命似洪水奔流，不遇着岛屿和暗礁，难以激起美丽的浪花。"

迈克尔·乔丹："我可以接受失败，但我不能接受放弃！"

第五章　诚信是做人的准则

诚信就是诚实、守信。为人要忠诚老实、言行一致、表里如一、说到做到，说话办事要讲信用。诚信是一种美德，是做人的根本，是为人处世的准则，也是人格的魅力所在。

孔子说："言必信，行必果。"高尔基说："诚实永远是人生最美好的品格。"罗斯金说："使孩子能够做到诚实，这就是教育的开端。"松下幸之助说："信用既是无形的力量，也是无形的财富。"只有诚信才能赢得别人的信赖和拥戴。一个口是心非、言而无信的人，不会有朋友，不会被信任。在一些国家，如果某人有了不诚实、不守信用的不良记录，就会很难在社会上立足。在这个充满竞争与挑战的年代里，真诚比以往任何时候都显得更加重要和珍贵。诚信可助你成功，为你开拓人生的道路，它是通向成功的车票，甚至会改变你的命运。

01　狼来了

从前，有个放羊娃，他每天都到山上去放羊。一天，他躺在地上，看着天上白云飘荡，觉得非常孤寂无聊。他突发奇想，想到了一个解闷的好主意。

他站在山顶上，朝山下正在种田的农夫大声喊："狼来了！狼来了！救命啊！"

农夫听到呼喊声，连忙丢下手边的农活，拿着锄头和镰刀跑上山。他们边跑还边喊："不要怕，孩子，我们这就帮你打走恶狼！"

但当农夫气喘吁吁地赶到山上，举目望去，除了悠闲吃草的羊儿，山上哪里有狼？这分明是放羊娃的一个恶作剧！

放羊娃见这么多人都被自己捉弄了，乐得哈哈大笑，道："真有意思！你们都上当了！哈哈……"

农夫很是生气，纷纷指责放羊娃说瞎话、不诚实，相继下山继续干活。日子日复一日过去，放羊娃依旧每天放羊。

没多久，放羊娃故技重施。善良的农夫心想：这次总不会又是骗我们吧？农夫终究是不放心，于是纷纷放下手中的农活，再次上山去救放羊娃。可是到山上一看，放羊娃和羊儿都安然无恙。

放羊娃看着他们，笑得直不起腰来，"哈哈，你们又上当了！哈哈！"

农夫对放羊娃一而再再而三的说谎行为十分生气，纷纷下山，打定主意从此之后再也不相信他说的话。

这一天，狼真的来了。放羊娃在山顶上高声呼救，但是任凭他喊破了嗓子，也没有人赶上山来救他。

眼看着狼靠近，放羊娃害怕极了，拼命大喊："狼来了！狼来了！快救命呀！狼真的来了！"

农夫以为他又在说谎，骗大家来寻开心，理都没有理他，埋头继续干农活。

放羊娃拼命大喊，眼看着狼咬死了许多羊，然后朝他扑了过来。

"救命啊……"

放羊娃话音未落，人就被狼吃掉了。

这个故事流传广泛，告诫了人们一个简单的道理：说谎会让别人失去对你的信任，诚实做人，才能赢得别人的尊重。

青春寄语

不讲诚信的人，终将毁灭自己。

宋庆龄的父亲宋耀如，年轻的时候很贫穷，为了生活，他颠沛流离到国外寻找工作。国外的冬日格外寒冷，他周身只着一件单薄的大衣，徘徊在寒冷的街头。他身无分文，加上还未找到工作，连吃饭的钱都没有。他漫步在街头，因为不注意，迎面撞上一辆极速奔跑的马车。车夫连忙控制住马车，但宋耀如闪躲不及，还是受了伤。

马车主人非常善良，在知道了他的国籍和经历后，不仅没有歧视他，还把他带到家里，给他请大夫，派专门的人做护理，并给他安排了一份工作。宋耀如心怀感激，工作起来诚实稳重，任劳任怨，深受老板的喜欢。不久之后，老板还给他加了工钱。

这件事对宋耀如的影响极大，他经常教育自己的儿女要从小养成诚实、善良的品德，这样对人、对己都有好处。宋耀如的二女儿宋庆龄，牢牢地记住了父亲的话。

一天，宋耀如一家用完早餐，准备到一位朋友家里做客。

小宋庆龄知道这个消息后，高兴得几乎要跳起来。她最喜欢到这个叔叔家里去，因为他家里养了一只十分漂亮的鸽子，这个叔叔还承诺说要送给她一只。小宋庆龄急急忙忙跑回自己房间，把最漂亮的衣服找出来穿上，准备和爸爸妈妈一起出发。

就在出发前，她突然想起来她和小伙伴约了学折花篮。想到这儿，宋庆龄不知不觉停住了脚步。

宋耀如见宋庆龄纹丝不动，奇怪道："庆龄，怎么不走了，难道你不想去看鸽子了吗？"

小宋庆龄说出了原委，宋耀如想了想道："没关系的，你可以跟小珍说明天去她家里教她。"

小宋庆龄摇了摇头，道："不行，我们已经约好了，说好了不见不散的。如果我就这么走了，她会失望的。"

妈妈和姐姐都跟着一起劝宋庆龄，可是她依旧站着不动。

"爸爸说过，做人要信守承诺。如果我忘了，那么等明天见到她，我可以道歉；可是现在我想起来了，我就得在家里等她，不然就是不守信用。"

宋耀如听了宋庆龄的话，心里十分高兴。"庆龄说得对，要做个讲信用的孩子。"

就这样，小宋庆龄独自留在家里，爸爸和妈妈带着姐姐出了门。等他们回来时，却发现还是小宋庆龄一个人在家。

"庆龄，你的朋友呢？"

小宋庆龄道："她没有来，可能是临时有什么事吧。"

妈妈和姐姐都为小宋庆龄心疼，小宋庆龄却道："不，妈妈，虽然小珍没有来，但是我信守了承诺，我很高兴。"

宋耀如听了她的话，心中很是欣慰，将两只鸽子拿出来递给宋庆龄，道："叔叔为了奖励你的诚信，送了你两只鸽子。"

小宋庆龄看着笼子里两只漂亮的鸽子，脸上露出灿烂的笑容。

宋庆龄从小就养成了诚实善良的品格，这种品格伴随她一生。身为中国"革命先行者"孙中山的妻子，她一生为中国革命事业做出了重大贡献，被后世尊称为"国母"。

青春寄语

信守诺言是一种美德，也是立身之本。

03　12根四级肠衣

常言说："父母是孩子的第一任老师，怎样的父母就会培育出怎样的孩子。"父母的生活习惯、言行举止、待人接物都会给孩子带来潜移默化的影响。可以想象，一个常失信于人的家长，很难培育出诚实守信、一诺千金的孩子。

在女儿刚能听懂言语的时候，我给她讲的第一个故事是《狼来了》；在她刚能看图识字的时候，阅读的第一本读物是《做一个诚实的孩子》。从小，我们就在女儿心中播下了诚实的种子。

除了理论教导之外，我们还试图通过眼见为实的方式让她意识到诚实守信的重要性。在女儿读初中的时候，我利用自己记者的身份之便，带她去走访了一位河南农民企业家。我相信，利用社会上典型的人物和事例，对女儿进行现场教育，效果将会更好。

这位农民企业家的名字叫作孙学亮，是河南长葛最大的肠衣加工出口专业户之一。3年来，他出口的肠衣成品，无一例索赔、退货、纠纷，合格率可以说是百分之百。靠着诚信经营，他很快成了当地有名的富裕大户。

有一次，刚从郑州交完货的儿子在和孙学亮对账时，发现已经交出的8000根肠衣成品中，有12根四级品被误为五级品装桶。孙学亮知道后，心急如焚，当即决定连夜驾车赶去郑州把货追回来。

儿子看他如此，连忙拉住道："爸！就那么几根，不会有人知道的。而且现在货都已经验过了，我们又何必给自己找麻烦呢？！"

孙学亮甩开儿子的手，冲儿子大吼道："什么叫给自己找麻烦？砸了咱家自己的牌子事小，这毁的可是国家信誉，事情可大可小啊！"

说完他上了车，飞速驾车赶往郑州。好不容易在省外贸仓库找到那批已经通过验证的货，但另一个难题又摆在他面前：要如何从8000根成品中，找出混装其中的12根肠衣？这无疑是大海捞针。情急之下，他只能将这批货全部拉回来，重新返工、检查、包装。

女儿睁大眼睛，听着这个事迹，眼中难掩震惊和好奇。在我的赞同和鼓励下，她向孙学亮提了一个问题："叔叔，要从8000根中找出12根无异于大海捞针，您为什么一定要坚持这么做呢？"

孙学亮笑着，答得很朴实，答道："我们这些东西都是出口的。上头写的，不只我的名字，还有咱国家的名字，谁也不能往国家脸上抹黑啊！"

女儿点点头，若有所悟，又接着问道："那你把12根混装的肠衣追回来重新加工，无形中你的工厂就要承受很多损失，您觉得值得吗？会不会……

感到惋惜？"

孙学亮摆手道："没啥可惋惜的！上万元就能为国家买回信誉，这笔买卖太值了。就是再损失十几万元、数百万元也值！"

孙学亮的事迹深深地打动了女儿。我知道，这一刻，诚信的种子已经深深地埋入女儿心中，随着她的成长扎根成熟，成为她日后行为的标尺。

青春寄语

一切成功的基点均以诚信为先决条件。

04 黄山来的打工妹

23岁那年，我从家乡黄山来到上海打工。我的家地处黄山偏僻地区，人迹罕至，贫困困扰着每个家庭。为了帮助家里筹备弟弟的上学费用，我从山里出来，渴望尽快找到一份工作。

一个老乡告诉我，金棕榈大酒店正在招聘服务员，我鼓起勇气前去应聘。应聘我的是酒店的蔡老板，在大致了解我的情况后，他录用了我。我难掩欣喜，以后每个月我就有800元钱的收入了，这快比家里的收入高了，而且蔡老板说，会另外算加班费。

工作第一天，我听说了一件事：在我来之前，酒店招了不少服务员，都很年轻漂亮，但都只工作了一个月就被蔡老板炒了鱿鱼。我满心不解，但是觉得只要做好自己的事，这些事情和我无关。我每天勤快干活，第一个上班，最后一个下班。我知道，酒店是服务业，不只需要勤快，还需要热情。所以，我脸上的笑容从未变过，不久，就有不少顾客夸我，连蔡老板也对我很满意。

一个月的试用期很快就要过去了。我像往常一样，留下来收拾宴席。正打扫的时候，意外发现桌腿旁边有一张崭新的100元大钞！这可要我辛苦工作好几天才能挣到的！我心中狂喜，心脏跳动得几乎要从口中冲出来。我往四周一看，发现没有人注意我，便迅速弯腰捡起来藏好。

我回到宿舍，有些魂不守舍。口袋里的百元大钞在最初带给我兴奋后，随之就是无尽的不安。我想起了一件挥之不去的往事。

8岁的时候，因为家境贫困，父亲为了让我在新年穿上一件新衣，就偷偷跑到山外面的医院去卖血。在去医院的山口，父亲意外地捡到了一个钱包，里面藏有30元钱。这笔钱对于别人来说或许不多，但对于我家来说，数目很是可观。更重要的是，如果有了这30元钱，父亲就不用卖血了。可是朴实的父亲硬是在山口苦苦等了大半天，终于将钱包还给了失主。事后父亲告诉我："孩子，不是自己出力挣的钱，拿了烫手，咱们虽穷，但是绝不能志短啊！"

这句话像是刀刻斧凿般印在我的脑子里，让我觉得手中的百元大钞越来越烫手，更让我觉得耻辱。第二天，我将手中的百元大钞交给了蔡老板。

没想到，蔡老板却告诉我，这是他用来考验员工的一个"计谋"。那些被辞退的女孩子，就是因为禁不住诱惑才无法通过测验。蔡老板意味深长地教导我："君子爱财，取之有道。只有这样，才能成就大事。"

一个月后，我被蔡老板提升为餐厅经理。

这件事更让我认识到，诚信是一个人安身立命之本，是一种无形资产，失去了它，一个人终将一无所有。

青春寄语

诚信是人最美丽的外衣，是心灵最圣洁的鲜花。

05　谁是救命恩人

北京一家著名的大企业招聘财会人员，来应聘的人数不胜数。这些人中不乏海归、国内名校高才生、经验丰富人士等。在经过对专业知识的几次笔试和面试后，只剩下10名候选人。这10人无疑都是业内的佼佼者，可是公司只需要两个人，如何有效地从中选出适合的人来，最终的决策权落到了总经理手中。

总经理经过深思熟虑，终于想出了一个别出心裁的选拔方式。

第一个应聘者走进来，总经理开始仔细打量来人，待他走近后，总经理忽然惊喜大叫："呀！原来是你！我一直在到处找你，没想到你送上门来了，真是太巧了！"

应聘者一头雾水，一时间不知道该如何应对。

总经理大步走到应聘者面前，紧紧握住他的手，热情激动道："小伙子，我一直在找你！那天晚上我喝酒回来，一不小心掉到沟里，如果不是你把我捞上来，我就没命了！你是我的救命恩人啊！"总经理说到深处，声音都带着颤抖。

应聘者听完总经理所说，心中总算明白了是什么事。可是他并没有救过人啊，但是他如果这样说了，就会白白错过这么一个和总经理搭上关系的机会。应聘者想：反正机会难得，简直是老天帮忙。再说，这人海茫茫，当时总经理又喝醉了，要想找到当时的救命恩人哪有那么容易，索性将错就错，也算成人之美。

他"恍然大悟"地握着总经理的手道："您若不说的话这件事我都忘了。没想到，当时救的是您啊，真是巧。不过，这只是小事一桩，不值得您这么耿耿于怀，我相信当时无论是谁遇上，都不会见死不救的。"

总经理听了，笑容可掬道："小伙子，现在像你这么谦虚的人很少了，我知道该怎么做了。现在面试结束了，你回去等通知吧。"

应聘者难掩喜色地走出了面试大厅，他没想到这一切来得这么容易，正是应了那句话：踏破铁鞋无觅处，得来全不费工夫。他飘飘然回到了家，只等着公司通知他去上班。不过还有一点很聪明的是，他不打算告诉任何人他是靠关系进去的，否则传到那个总经理耳朵里，肯定会对他的形象有所影响。

第一个应聘者结束后，后面的应聘者又——被请进去，第二个、第三个……

每一个应聘者都经历了第一个应聘者遇到的情景。毕竟每个都是通过笔试和面试的人，拥有极强的应变能力。所以，每个人都像第一个应聘者一样，"聪明"又不失"得体"，"出色""完美"地顺理成章冒充了总经理的救命恩人。

就这样，连续面试了6个，结果都如出一辙。总经理看着应聘者离开的背影，心里不禁感慨："当今社会，诚实的人实在是越来越少了！"

第7个应聘者推门进来，总经理收拾起心里的失望，又以同样的方式进行面试。

应聘者一头雾水，在听明白总经理的意思后，断然否定道："不，总经理，您一定是认错人了！那不是我，我从没有救过您！"

总经理心中一喜，面上却仍然坚持道："不，小伙子，我不会认错人的。您大概是习惯了做好事不留名吧，可是我一定要报答您！"

应聘者斩钉截铁道："对不起，您真的认错人了。我家住在南方，这是我第一次来北京，所以一定不会是我。"

两人都各持己见，在经过一番推让之后，总经理终于满意地笑了："年轻人，你表现得很好。我现在郑重宣布：面试结束，你被录用了！"

应聘者心中惊喜，但仍是疑惑不解，他问道："您还没对我进行面试，怎么会决定录用我呢？"

总经理笑着道："我们要招聘的是财会人员，首选条件就是要诚实可靠。你刚才已经通过了我的测试，我当然要录用你。"

应聘者这才恍然大悟，原来刚才"救命恩人"那段，就是对他诚实的最大考验。如果他禁不住诱惑，顺势假装是总经理的救命恩人，他将和这次来之不易的机会失之交臂！

诚信是做人的根本！诚信开拓人生之路！

06 诚信比才华更重要

一名成绩优异的中国学生，通过自己的努力，在高中毕业后去了法国留学。在留学生涯结束后，他希望能够在当地谋到一个职位，于是他踌躇满志地频繁展现自己。可是他拜访了很多大企业，却都不明缘由地拒绝了他。

为了留在法国，他狠狠心选择了一些小公司应聘。他想：凭着自己名牌大学的出身和优异的学业成绩，这些小公司必定会接受他。可是，结果出人意料，所有公司都毫无二致地拒绝了他。

忍无可忍之后，他拍案而起，上门找拒绝他的企业人力资源主管，要求他必须说出合情合理的理由来。

对方主管请一脸愤怒的他坐下来，然后从身后的档案中取出一张纸放到他面前——这是一份诚信记录。上面显示，他在大学留学期间，曾经在乘坐公共汽车的时候逃过3次票被抓。他瞠目结舌，怎么也想不到，自己多年的奋斗，居然就输在这3次逃票记录上。

"为……为什么？"他几乎说不出话来。

对方主管道："先生，我们都很赏识您的才华，但是很遗憾，您有这些逃票的记录。我们有理由怀疑，你可能做了成百上千次这种事情都没有被抓到。我们认为，此事至少能告诉我们两点：第一，您是一个不遵守规则的人；第二，您不诚实，不值得轻易信任。我们公司对于这两点很看重，所以冒昧地决定不录用您，请见谅。"

他恍恍惚惚地从主管办公室出来，终于明白为什么每家企业都是先对他热情有加，在看过他的档案后又都是婉言拒绝。时至今日，他如梦方醒，但是已经追悔莫及。

原来，刚去法国留学的时候，他发现这里的车站和国内有很大不同：几乎都是开放式的，不设检票口，甚至没有检票员，就连随机的抽查都很少。他为自己这个小发现沾沾自喜，从此，他经常逃票上车。即使偶尔被查到，当场表示羞愧，下次绝对不会再犯之后，再坐车还是会忍不住生出侥幸心理来。就这样，在大学的4年里，他不断找理由逃票，总认为这种事情不会有什么后果。

时至今日，他才意识到自己犯了多么愚蠢的错误。而他为这个错误，付出了终身的代价。回国后，他在一所大学找到了工作，并经过多年努力成为小有名气的教授。在多年的工作中，他始终将诚信摆在第一位鞭策自己，并时常用自己的经历告诫学生：不要拿自己的诚信开玩笑，因为你永远不知道将来会因为它，付出多大的代价。

青春寄语

诚信是立业之基，没有诚信的人是一个失败者。

07　知错能改，善莫大焉

古人云："人非圣贤，孰能无过。"犯错是每个人都难以避免的，关键在于能否承认并改正它。

公元前628年，秦穆公不顾谋臣蹇叔的竭力反对，率军远途奇袭郑国。郑国国君听到风声，早早做了准备，秦军无功而返。归途中，秦军在崤山遭遇晋军伏击，大将被擒，全军覆没。秦穆公面对自己刚愎自用的后果，痛定思痛，没有推诿责任、责怪部下，而是开诚布公地承认错误。"孤违蹇叔，以辱二三子，孤之罪也。"秦穆公的谦诚坦白不仅没有令他丧失颜面，反而让他受到了臣民的尊敬。3年后，秦军在彭衙大战打败晋军，使秦国声威大震，为后来称霸乃至统一中国，奠定了重要基础。

同为春秋战国时期。一日，孔子带领子路、子贡、颜渊等弟子周游列国，布道讲学。他们来到朐阳山下，孔子攀到山顶，只见天边水雾相连，天空电闪雷鸣，转眼间便狂风暴雨。子路等人眼见孔子淋雨，心急如焚。这时，只见一个老渔民提着渔网，拿着渔叉，背着鱼篓，走到他们面前，笑着道："莫慌，随我来。"

老渔民把孔子和学生领进一个山洞，山洞面朝大海，乃渔民歇脚的地方。孔子觉得洞有点闷，便走到洞口。见眼前水波冲天，一望无际，不禁诗兴大发，咏诵道："风吹海水……千层浪，雨打沙滩……万点坑。"

老渔民听了，道："非也，非也。"

孔子疑惑，老渔民道："海水波浪滔滔岂能只有千层？沙滩坑洼点点岂会正巧万点？既然如此，何来'千层浪''万点坑'之说？"

孔子听了，道："老兄弟，照你看，应该如何改合适？"

老渔民沉吟道："风吹海水层层浪，雨打沙滩点点坑。浪层层，坑点点，数亦数不清，此方合乎情理。对否？"

孔子听了，心服口服，正要赞叹几声。不想一旁的子路却是不满，朝老渔民发了怒火。

子路曰："圣人作诗，岂可乱改！"

老渔民闻子路所说，也心生恼怒，厉声道："圣人何在？"

子路指着孔子道："远在天边，近在眼前。"

老渔民看了孔子一眼，拍了拍子路的肩膀道："小兄弟，既为圣人自该有圣人的见识，然不一定事事都高于他人。"

老渔民的一席话令孔子和子路等人尤为惭愧。孔子将人聚拢在一起，严肃道："以往，我与你们说'生而知之'，如今想来，此话大错特错。此后，尔当记住：知之为知之，不知为不知，是知也！"

说完，孔子顺口吟小诗道："登山望沧海，茅塞豁然开，圣贤若有错，即改莫徘徊。"

此后，山里人将胸阳山随之更名为"孔望山"。

从以上两个事例，我们可以感悟到：敢于承认错误，勇于纠正错误，从某种意义上来讲，也是一种智慧。金无足赤，人无完人，知错能改，善莫大焉！

青春寄语

做错事并不可怕，只要坦诚面对、知错就改，依然会赢得别人的信任。

08 一位护士的故事

英国《泰晤士报》的总编西蒙·福格曾在求职方面创造过神话。

他从伯明翰大学毕业的第二年，为了寻找工作，他走进《泰晤士报》总经理办公室，询问是否有编辑职位的空缺。

总经理头也不抬道："不需要。"

"记者呢？"

"也不需要！"

"那么排字工、校对员呢？"

总经理按捺心中的愤怒，抬头冷冷道："不，都不需要。我们现在什么都不空缺！"

西蒙·福格并不气馁，而是从包里掏出一块精致的牌子，道："那么，你们现在一定需要这个了。"

总经理看向牌子，那上面写着："满员，暂不雇佣。"

这几个字，让总经理终于转头认真看向站在眼前的年轻人。他看着他，道："年轻人，如果你不介意的话，我们这里还缺一个做宣传工作的人。"

西蒙·福格就这样留了下来，负责报社的宣传工作。25年后，他升至总编位置。他的事迹见诸报纸之后，每年五六月——大学毕业的高峰期，他都会成为各所大学演讲台上的嘉宾，有时候他还会被邀为学生做择业方面的报告。

然而，每一次演讲，他都对自己的经历避而不谈，他谈得最多的是一位护士的故事。

他认识一位刚从学校毕业的护士，在一家知名医院做实习。在一个月内，如果她的工作得到院方承认，就能留下来获得正式的工作，否则就得离开。

一天，交通部送来一位因出车祸而生命垂危的人，她被安排去协助外科手术专家——该院院长亨利教授做手术。复杂紧张的手术从清晨一直进行到黄昏，眼看患者的伤口就要被缝合，她突然严肃地开口说道："亨利教授，我们用的是12块纱布，可是你只取出了11块。"

亨利教授头也不抬，不屑道："我已经全部取出来了。一切顺利，立即缝合。"

听到亨利教授这么说，她依旧不识趣地阻止。她毫不示弱道："亨利教授，您是医生，您不能这样做。我可以肯定我们用了12块纱布，而我这里只有11块。"

直到这时，院长冷漠不屑的神情才浮出一丝欣慰的笑容。他举起手中握着的第12块纱布，向所有人宣布："她是我最合格的助手。"这位实习护士，最终成功获得了这家知名医院的工作资格。

西蒙·福格是聪明的。他不讲述自己的经历，是为了告诫所有的毕业生：在寻找工作时，仅有敏锐的头脑是不够的，还需要执着的品性，而后者才是一个人未来能够行走多远的决定性因素。

青春寄语

诚信是一种力量的象征，它显示着一个人的高度责任心和尊严感。

看着眼前的空地，比尔·盖瑟眼睛一亮，他或许已经想到方法解决困扰他们一家许久的居住问题了。

比尔·盖瑟和妻子都在小镇上教书，他们想在小镇上安定下来。如今他们的第一个孩子已经出生了，他们必须尽快拥有自己的房子。虽然他们的钱不多，但他们还是决定去试试。

他们打听到，眼前的这块地属于92岁的老银行家于勒先生。他拥有这附近众多的土地，卖给他们一块应该不难。

比尔·盖瑟带着妻子去拜访于勒先生，在适当的时机说明了自己的来意。

于勒先生听后，只是淡淡地道："我答应过这里的农民，他们可以在那里放牛。如果卖给了你们，我就会对农民食言。"

比尔和妻子有些失望地回家。可是尽管于勒先生拒绝了他们，他们心中还是打算再试一试，兴许还有一线希望。

这一次，他们带上了礼物来。穿过透着香气的桃花心木大门，来到于勒先生的办公室。此时，他正在书桌旁看报，他已经察觉到比尔夫妇的到来，但并没有抬头。

比尔道："于勒先生，我希望您能将那块地卖给我们，因为我们真的很需要它。"

于勒先生并不生气，而是再一次道："我答应过这里的农民，让他们在那里放牛，我不能卖给你。"

比尔有些急了，他上前道："于勒先生，我知道这有些强人所难，可是我还是希望您再考虑一下。我从小在这个小镇上长大，现在我和妻子都在这里教书，我们想在这里建一个家，长久地居住下来。"

于勒先生抬起头，打量了他几眼，觉得有点眼熟，问道："你叫什么名字？"

"盖瑟，比尔·盖瑟。"

于勒先生讶异道："你和格罗弗·盖瑟什么关系？"

比尔连忙道："先生，他是我的祖父。我从小和他在这个镇子上长大，先生，您认识我祖父吗？"

于勒先生指了指旁边的两把椅子，示意比尔夫妇坐下。"认识，格罗弗·盖瑟可是我的农场上最好的工人。我还记得，每天早晨他都是第一个到来，晚上最后一个离开。无论农场里有什么需要，他都会提前做好，从来不需要我操心。有一天夜里，已经下班一个多小时了，我发现他还在农场仓库里忙碌。我问他怎么还不走，你猜他怎么说？他说，他进来农场的时候承诺过，会照顾好农场里的一切，在没有确定东西都安顿好之前，他无法安心离开……你祖父是我见过的最好的人，他的诚实和正直令人敬佩。"

于勒先生说到动情处，还会陷入回忆中，久久无法回神。比尔听着故事，才知道自己的祖父曾经给于勒先生工作过。

"于勒先生，那……"

于勒先生忽然笑着抬起头对比尔说道："说起来，我也曾经答应了格罗弗一件事情。你先回去吧，你说的事情我会好好考虑的，过几天再来找我。"

比尔见于勒先生陷入了沉思，便点头起身，带着妻子离开。

几天后，他估摸着时间，又上门拜访于勒先生。他刚走到门口，还未敲门，就看到于勒先生办公室的门敞开着，显然是在等他进去。

于勒先生这次并未多说什么，而是直接道："你说的事情我已经考虑好了，3800美元，怎么样？"

"3800美元？"比尔大惊，如果每英亩3800美元的话，15英亩就是近6万美元！这么大一笔钱，他根本拿不出来！看来，于勒先生是打定主意不卖给他，所以才会用这个方法故意为难他。

比尔声音有些干涩，道："于勒先生，您是说3800美元？"

于勒先生点头道："对，15英亩，3800美元，你觉得怎么样？"

比尔睁大眼睛，他怀疑是自己听错了。这块地就算是再多给5倍的价钱也值得，现在于勒先生居然3800美元就卖给他！

"于勒先生，这……"

于勒先生阻止了他要出口的话，笑着道："我答应过你祖父，会以最便宜的价格卖给他一块地，现在是兑现诺言的时候了。"

比尔满怀感激，带着妻子离开。他心里清楚，他之所以能够以这么便宜的价格，得到这块土地，全是靠着祖父在于勒先生家留下的名声。虽然他和祖父见过的面不多，但祖父用他的诚信品质给他留下了无形却无价的资产。

青春寄语

诚实和正直是一笔无形的财富，将会惠及后人。

10 捧着空花盆的孩子

从前，有个爱国爱民的老国王，在他的治理下，国家风调雨顺，人民安居乐业。随着日子一天一天过去，年迈的老国王开始发愁。他膝下无子，眼前又无可继承王位的人选，若是他去世了，那么国家必将群龙无首，届时恐有大祸。所谓"国不可一日无君"，他决定从民间选出一个孩子作为王储。

国王要选拔王储的消息不胫而走，举国沸腾。朝野上下，都在好奇老国王会用什么方法来选拔王储。

这日，老国王让人将皇宫里存储的各类花的种子，分发给全国的孩子，并发布告示：能将种子养活，并且在开花后，所持花枝开得最漂亮者，将作为王储继承王位。

看到告示后，所有领到种子的孩子都连忙回家种上。其中，有这么一个孩子，他将手中的几颗种子分别种在花盆里，每天悉心照料，可是5天、10天、20天……1个月过去了，他花盆里的种子仍是毫无动静，无论怎么浇水、施肥，种子就是不肯生根发芽。

他成日闷闷不乐，母亲也同样为此事担心，忍不住道："孩子，要不你把花盆里的土壤换一换吧，兴许这样就行了。"

男孩按照母亲的话做了，可是仍旧不见发芽。转眼间，国王检验成果的日子到了。王城内，各家各户的孩子都捧着鲜花站在街道两旁，等着国王到来。男孩看着他们手中捧着的千姿百态、姹紫嫣红的花枝，再看自己空空的花盆，不禁羞愧万分。

"国王来了！"

孩子个个精神抖擞，恨不得将自己的花枝捧到国王面前。可是国王在宰相的搀扶下，对这些视而不见，脸上也毫无喜悦之色。

见国王转眼就要走到尽头，却一步都没有驻留，大家不禁面面相觑。正在疑惑之际，却见国王在一个衣衫褴褛的男孩面前停下。他手中的花盆粗糙，上面空空如也，人显得局促不安。

"孩子，你为什么捧着一个空花盆过来？你看其他人花盆里的花可都开得很漂亮。"

男孩难为情地低下头，支支吾吾道："我……我种不出鲜花……"

"为什么？"

男孩哽咽着，将自己种鲜花的过程如实向国王讲述了一遍。

国王和宰相听完男孩所说，不仅没有露出怒色，反倒兴奋无比。国王拿过男孩手中的花盆，俯身亲了一下他的脸颊，高兴地询问了他的名字。

"孩子，你就是我要找的最理想的继承人！"随后，他举起花盆，高声宣布道："这个孩子将在我死后继承我的王位！"

国王的话让所有人疑惑不解，为什么有这么多种出鲜花的人国王不选，偏偏选中一个捧着空花盆的孩子呢？

直到这时，国王身边的宰相才向大家揭露了谜底：原来，所有孩子领到的种子都是煮熟过的，也根本不可能栽种出鲜花来。国王这样做，就是为了选出最诚实的孩子来。只有拥有这个最纯洁品质的人，才能成为爱国爱民的好国王。

最终，这个男孩被带进王宫成了王储，并在老国王去世后继承了王位。而他也正如老国王所说，成了一心为民、举国敬重的好国王。

播下诚信的种子，会开出世界上最美丽的花朵。

孔子："言诺而不与，其怨大于不许。"

陶行知："千教万教教人求真，千学万学学做真人。"

华盛顿："自己不能胜任的事情，切莫轻易答应别人。"

德莱赛："诚实是人生的命脉，是一切价值的根基。"

第六章　宽容大度是做人的美德

雨果说："世界上最宽阔的是海洋，比海洋更宽阔的是天空，比天空更宽阔的是人的心胸。"林则徐说："海纳百川，有容乃大。"宽容大度，是一种崇高的思想境界，是爱心的表现，是一种难得的美德，也是待人接物、处世经验的艺术体现，它具有无形的感召力和凝聚力，能折射出一个人的人格魅力和道德修养。一个人应当有广阔的胸襟，但是，只有心地善良、有爱心、无私忘我的人，才会有博大的胸怀；一个自私自利、心胸狭窄、斤斤计较的人，很难做到宽容别人。

宽容是铺路机，它会拓宽你的人生道路；狭隘是掘路机，它会使你寸步难行。宽容，有时候比惩罚更有力量，更让人难忘。林肯说："宽容比批评更能改变人。"苏霍姆林斯基说："有时，宽容引起的道德震动比惩罚更强烈。"

"金无足赤，人无完人。"与人相处，应严于律己、宽以待人，要善于发现别人的优点和长处。不要记住别人的坏处，不要忘记别人的好处。当孩子不能原谅别人时，家长应循循善诱，教育孩子学会换位思考，让孩子学会设身处地地站到对方的位置上考虑问题，很多问题便会迎刃而解。

有一副写庐山铁佛寺天王殿在弥勒佛像两边的对联，令人警醒，可做借鉴：

　　大肚能容，容天下难容之事，
　　开口便笑，笑世间可笑之人。

六尺巷，位于今安徽省桐城市西后街。据《桐城县志略》和姚永朴先生的《旧闻随笔》记载，这里曾发生过一段脍炙人口的佳话。

清康熙年间，安徽桐城住着一个颇有名望的家族——张家。张家父子二人皆官至当朝宰相，可谓权倾朝野，一人之下、万人之上。此时，当家的正是儿子张英，官拜文华殿大学士兼礼部尚书。与张家桐城老宅相邻的是一户姓吴的人家，这吴家也是官家出身。两家老宅都是祖上留下的家业，在宅基上多有争执，时间一长，竟成了一笔糊涂账。

后来，吴家想要重修祖宅，便打算向两家中间拓建。张家人不肯，认为中间隙地有一半应属张家，吴家此举实为越界侵占。两家争执顿起，各自有理，最终闹到了官府那里。官府考虑到两家都是名门望族，还牵扯到当朝宰相，都不愿沾惹是非，迟迟不肯宣判。纠纷越发闹大，张家人见有理难争，无奈飞书京城，希望张英出面处理。

张英收到信件后，详细阅过，随即释然一笑，提笔在家书上批诗一首：

千里来书只为墙，让人三尺又何妨？
万里长城今犹在，不见当年秦始皇。

张家人收到书信，阅后深感羞愧，立即拆掉垣墙让出三尺。吴家见状，觉得张家有权有势，却不仗势欺人，感动之余也主动让出三尺房基。两家的争端就这样得到平息，而两家之间也空出了一条六尺宽的巷子，名谓"六尺巷"。两家人的礼让之举和张家不仗势欺人的做法，被人传为美谈流传至今。

张英的四句诗虽不是什么名家大作，但能够流传至今的原因是他的这种宽容谦让尤为难能可贵，值得歌颂。新中国成立后，毛泽东在会见苏联驻华大使尤金时，就曾引用张英的诗句，意在表达国与国之间应当互相谦让，保

第六章 宽容大度是做人的美德

持平等，唯有如此，才能造福桑梓，泽被千秋。

青春寄语

远亲不如近邻，和为贵。

02　宽容

生活中常常遇到一些想不到的事情，比如无意中办错事。此时，最需要的是宽容，而不是谴责和批判。

一年暑假，我去县医院空腹抽血，意想不到的事情发生了：当护士抽完一管血刚拔出针头时，她轻推了一下注射器，针头突然掉了下来，一管血向我喷来，顿时，我满脸是血，护士一副窘态，一脸歉意，连声说："对不起！对不起！……"我仍然端坐在那里，面对护士笑了笑，说："不是故意的，没关系，重新抽！"护士忙着拿毛巾给我擦脸，还要给我洗衬衣。我说："不用，我自己洗。"护士看我毫无责备她的意思，心情渐渐平复下来，重新给我抽了血。旁边的人不解地说："你咋这么好脾气？"我答道："发脾气有啥用？人家已经承认了错误，还能怎么着？"

又一次，我去市立医院看牙。大夫让我拍个片，结果是牙根断裂，建议我拔掉。我说："听医生的，拔就拔吧！"当时在医院进修的一位军医便拿起了钳子和夹子。他检查一番，一咬牙，一跺脚，把牙拔了出来。一看，傻眼了，是颗好牙！汗立刻从他脸上流了下来。他难为情地对我说："同志，对不起，牙拔错了！"当时，我真有点哭笑不得，相声里的故事竟发生在我的身上——坏牙没拔掉，好牙倒是提前退休了。我心里想：既然拔下来了，反正也安不上了，算了。我笑着对这位年轻的军医说："反正还有一颗好牙，不碍大局，还能吃东西。"军医很不好意思，一个劲儿地道歉。我拿着那颗好牙回到单位，同事一听我说，都哈哈大笑，也有的劝我："找医院去，让他赔偿镶牙费。"我说："那位军医够难过的了，别再找人家的麻烦了。"后来，我拔掉那颗坏牙，一块儿镶了两颗假牙。

说实话，我的脾气并不好，年轻时见不得不平事。可我对那些并非故意犯错而又知错改错的人，却能宽容。一个人一辈子谁不犯几回傻、出几次错？错了改过来就是了，何必大吵大闹！老百姓爱讲"忍"，该忍的还是忍一忍为好。宽容不仅可以慰藉犯错人不安的心灵，而且能促其猛醒，使其不再犯类似的错误。当然，对那些仗势欺人、胡作非为、弄虚作假、故意害人的人，是绝对不能宽容的。

青春寄语

一个懂得宽容的人，生活的宽度和广度也会延伸。

03 学会宽恕和感恩

本故事的主人公是一对父子，父亲名叫丁延福，儿子名叫丁羽。这对父子若说平凡也再平凡不过，若说不平凡则在于父亲对儿子的教育上。丁羽从小学到被保送进清华，其间未曾为择校、家教等花过一分钱，甚至因为保送，连学费都花得甚少。

在如何教育孩子的问题上，丁延福分享了这么一个故事。

丁羽读幼儿园的时候，一日，幼儿园的领导突然给丁延福打电话，让他去医院一趟。丁延福急匆匆赶到，看到的是正在手术台上缝合的丁羽。根据幼儿园领导所说，伤口是丁羽在玩耍的时候自己摔倒、磕到桌角所致。丁羽的哭声很响亮，听得丁延福直揪心，一旁的老师早已抽噎不止。丁羽一共在眉眼处缝了5针，丁延福心里担心儿子会在脸上留下伤疤，但对跟在身后的老师没有一句埋怨。

第二天，丁羽的老师提着水果又亲自上家里道歉，丁延福安慰了老师几句，临走的时候送给她一个比水果要贵重得多的台灯，以示安抚。没多久，丁羽回幼儿园继续上学，丁延福却听说幼儿园领导打算扣掉丁羽老师当月的奖金。

听闻这件事后，丁延福立马写了一封信给幼儿园领导。信中说明丁羽的磕伤只是意外，和老师无关；另外，还希望校领导不要处罚这位老师，因为她在事发后已经尽责地将丁羽送到了医院，并且平时对孩子也极为耐心和关爱，若是处罚了她不只对她不公平，还会让其他老师寒心。最后，丁延福强调，若是幼儿园领导坚决要处罚丁羽老师的话，他会在月末将这位老师被扣的奖金寄到学校，并请他们转发以做弥补。

幼儿园领导在看到丁延福的这封信后，决定不扣发丁羽老师的奖金，并在大会上将信念了出来，强调了老师要与家长加强沟通的重要性。

在谈及为何要写这封信时，丁延福表示，家长对孩子的教育要言传身教。他这样做，是要让丁羽知道宽恕和感恩。如果他对老师恶语相向，遇事推诿刻薄，那么孩子长大后也不会成为谦谦君子。人只有拥有高尚的品德，才能把自己的前途融入造福人类的事业中去。他的人生起点越高，成就也必定越辉煌、圆满。

青春寄语

只有种下宽容友爱的苗，才能结出善待他人的果。

　　我和母亲在一家服务不错的餐厅吃饭，负责为我们上菜的，是一个很年轻的女侍。从她小心翼翼的动作和略微紧张的神情上，我知道她一定刚来不久，我朝她微微一笑。

　　她捧上蒸鱼时，因盘子倾斜，整个腥膻的鱼汁直淋而下，洒在了母亲的手包上。母亲瞬间面色铁青，看样子定是要狠狠训斥这个女侍。

　　我连忙站了起来，快步走到女侍身边，脸上的笑容尽量温和无恙，拍着她的肩膀安慰道："没事的，别担心。"

　　听我这么说，女侍更是手足无措，看着母亲的手包和铁青的脸，紧张道："我……我这就去拿抹布来擦……"

　　见女侍没一句道歉的话，母亲又要发作。

　　我看了母亲一眼，对着女侍道："没事的，回去洗洗就行了。你去做事吧，真的没关系，别放在心上。"我的语气尽量温和，生怕会吓到这个女侍。

　　女侍怯生生看了我一眼，说了一句"对不起"之后，慌忙收拾东西走了。

　　母亲看着我，那眼神里有愤怒和不解，她不明白自己最疼爱的女儿，怎么在这个时候反而不帮她。我知道她的心里一定很不好受。

　　重新坐下后，母亲脸上没有笑容。在餐厅明亮的灯光下，在她的双眸中，我看到几乎要无法遏制的愤怒。

　　我轻声安慰母亲，尽量让她平复心情，但并未多说。

　　吃完饭后，我拉着母亲在餐厅附近走动。走着走着，我见母亲已然释怀，便轻轻地跟她讲述了我在英国的一段经历。

　　为了锻炼我独立生活的能力，在伦敦留学的3年，父母要求我去背包旅行，或者在英国找一个兼职亲自体验生活的滋味。两者之中，我选择了后者。自小家里就颇为宠爱我，从未干过什么活，兼职对我来说再合适不过。就这样，我在一家餐厅找了份女侍的工作。

第六章　宽容大度是做人的美德

我从未觉得这种工作有什么挑战性，可不想第一天就闯祸了。

我被分配到厨房清洗酒杯。看着那些晶莹透亮，薄如蝉翼的高脚杯，我生怕一不小心就会将它们弄得粉碎。好不容易将一大堆的酒杯洗干净，我刚松一口气，脚一软，一个趔趄手肘撞倒了堆叠好的酒杯。

"哗啦……哗啦……"

一连串清脆的玻璃破碎声刺入我的耳朵，顷刻间所有精致的高脚杯全变成了玻璃碎片。

那一刻，我整个人就像是堕入地狱一样，浑身冰冷，完全不知道该怎么办。回想起那一刻，我至今心有余悸。

可出乎我预料的是，本该狠狠责骂我的领班却不慌不忙走过来，轻轻搂住我，道："亲爱的，你没事吧？"

我以为是我听错了，只感觉到她轻轻地拍了拍我的肩膀。随后，领班转头吩咐其他员工，用同样轻柔的声音道："赶快把碎片扫干净吧，别扎到别人。"她对我自始至终，没有半点责备。

还有一次，我在帮客人倒酒的时候，不小心将鲜红如血的葡萄酒，洒在了女客乳白色的裙子上。我吓坏了，以为这次客人一定会大发雷霆，没想到她就像那位领班一样，反过来安慰我道："没关系的，酒渍而已，不难洗。"说完，她站起来拍了拍我的肩膀，便不动声色地进了洗手间，未曾说一句不满。

讲完这些之后，吹着夜晚的微风，我轻柔地挽住母亲的手臂，道："妈妈，女儿很幸运能得到别人的原谅，你就把其他犯错的人当成您的女儿来原谅他们，好吗？"

母亲没有说话，只是紧紧地握住我的手。在夜晚的灯光划过的一刹那，我看到母亲眼角闪烁着点点泪光。

青春寄语

如果人与人之间多一点包容和理解，世界就会变得和谐而温馨。

少校与陛下

一日，亚历山大大帝骑马旅行来到俄国西部。为体察民情，他在一个不起眼的小客栈住下，然后徒步于镇中。当他走到一处三岔路口时，突然想不起来回去的路。

无意中，他看到一个军人站在旁边的旅馆门口，于是上前询问道："朋友，你能告诉我回客栈的路吗？"

军人打量了他身上的平民布衣一眼，吸了口烟，傲慢而不屑道："往右走！"

亚历山大大帝看着他，礼貌地说了声谢谢，又道："请问从这里到客栈，还有多远的距离？"

军人冷冷地瞪了他一眼，桀骜道："一英里！"

亚历山大大帝礼貌道别，刚走出几步再度停了下来。那军人见他又停下，冷哼了一声。亚历山大大帝嘴角微扬，转头微笑道："抱歉，请问我能再问您一个问题吗？如果您允许的话，我想知道您的军衔是什么？"

军人听到这个问题，面上神情稍缓，吸了口烟，挑眉道："我允许你猜猜看。"

亚历山大大帝笑了笑，风趣答道："中尉。"

军人冷哼了一声，并不回答。

"这么说，是上尉？"

军人抖了抖自己身上根本不存在的灰尘，看也不看亚历山大大帝，说道："恐怕还要再高些。"

亚历山大大帝面上露出惊讶的样子，道："莫非是少校？"

"是的！"军人高傲地回答，鄙夷地看向亚历山大大帝。亚历山大大帝并未生气，反而敬佩地给他敬了个军礼。

军人点点头，用上级对下级的语气道："看你的样子，不会也有军衔在身吧？"

亚历山大大帝淡笑道："你猜。"

"中尉？"

亚历山大大帝摇头。

军人看着他，一连猜下去，都见亚历山大大帝摇头。他上前仔细打量亚历山大大帝，迟疑道："难道……你也是少校？"

亚历山大大帝继续摇头，示意他接着猜。

军人一把将口中叼着的烟取下来，一脸恭敬道："那么您一定是部长或者将军了？"

"呵，倒是快猜到了。"

军人瞠目结舌地看着亚历山大大帝，结结巴巴道："您……您是殿下？"

"少校，你还有一次机会。"

少校手中的烟斗一下子掉落在地，他猛地跪在亚历山大大帝面前，脸色煞白，惊慌叩拜："陛下饶命！陛下饶命！陛下饶命！"

亚历山大大帝笑着抬手将他扶起，道："我的少校，饶你什么？你不只没伤害我，还向我指了路，我感谢你还来不及。"

少校一听，身体一软吓得再度跪倒在地。

青春寄语

用宽容的心态和眼光待人处事，我们的人生会进入一个更高的境界。

06　背后的那一枪

二战期间，英军与德军在森林中激战。一夜后，两名英国士兵与部队失去了联系，巧的是，这两名士兵来自同一个英国小镇。

两人相互照应，在艰难跋涉中，躲过了一次又一次袭击。

转眼十几天过去，两人仍没有和大部队联系上。饥饿和疲惫侵袭着两人的意志，他们感受到了来自生命的威胁。之后几天，他们侥幸打死了一只鹿，可也仅够两人熬过几天。随着生存环境的持续恶劣，两人将仅剩的一点鹿肉藏起来以备不时之需。因为德鲁克体力比较好，这块鹿肉就由他一路保管。

两人再度穿梭森林，企图和大部队会合，可是却在林中遭遇敌军埋伏。他们死里逃生，侥幸躲过敌军的围剿。

正当德鲁克要停下休息的时候，突然"砰"的一声枪响。子弹穿透他的肩膀，剧烈的疼痛让他几乎昏厥过去。

"德鲁克，你……你怎么样？"身后的战友惶恐地跑了过来，紧紧抱住德鲁克，并用自己的衬衣给他包扎伤口。

德鲁克在战友的照顾下，当晚躺在林中休息。在蒙眬中，他耳旁一直都能听到战友的声音。战友不断念叨，在孤寂的夜晚深切怀念他的母亲。此刻，他们腹背受敌，饥饿难耐，若是再遇到敌人，恐怕在劫难逃。可即便如此，两人也没有打算动那些鹿肉，只因还不到生死存亡的时刻。

幸运的是，第二天，大部队找到了他们，他们获救了。

时隔30年后，德鲁克回忆起这件事时说："其实，当时我知道是我的战友开了那一枪。因为当他抱住我的时候，我碰到了他发热的枪管。我发现真相的时候，怎么也想不明白他为什么要这样做。后来我想，他一定是想独吞那块鹿肉，不是为了自己，而是为了有机会回去看他的母亲。想明白了这一点，我心里就宽恕了他。30年里，我一直假装不知道这件事，也从未提起……可惜，战争太残酷了，他母亲临死都没有见到他一面。在我和他一起祭奠老人的时候，他跪在了我面前，请求我的宽恕。我说，我早就原谅他了。此后，我们又做了几十年的好朋友。"

宽恕，看起来是在原谅别人，其实是在放过自己。真正伤害一个人的，往往不是事情本身，而是对事情的看法。与其怀恨终身，不得安宁，不如即刻放下，寻得一片海阔天空。

第六章 宽容大度是做人的美德

青春寄语

有时，宽容引起的道德震动比惩罚更强烈。

07 痛失爱子

越南战争结束后，美国士兵被陆陆续续送回国内。

夜晚，一个士兵在旧金山的一家旅馆里辗转反侧，夜不能眠。午夜，他给住在纽约家中的父母打了一个电话。

"爸爸妈妈，我要回家了！"日夜牵挂儿子安危的父母听到儿子的声音，顿时喜极而泣："儿子，你赶紧回来，爸爸妈妈一直在等你。"

士兵道："爸爸妈妈，我有一个战友，在战场上他帮了我很多，他家里没什么人，所以我想让他和我一起回去，可以吗？""当然可以。"父母继续道，"见到你们，我们一定会很高兴的。""可是……"士兵有些迟疑，半晌才道，"可是他在战争中不慎踩响了一颗地雷，受了重伤，失去了一条腿和一只手。如今他无处可去，我希望以后他可以和我们生活在一起。"

听到这句话，电话那头道："孩子，我们很遗憾听到这个消息，也为他的遭遇表示同情。不如等他来了，我们给他另外找个住的地方，怎么样？"

士兵坚决道："不！我跟他是生死之交，我希望他和我们住在一起！"

父母听到儿子这么坚决，心中也很焦急，连忙在电话中道："孩子，你不知道，他这样会给我们带来很大的麻烦。如果长期住的话，这个家必定会被他拖累，到时候就会影响我们的生活。孩子，听爸爸妈妈的话，你一个人回来吧，把他忘了，他自己一定会没事的……"

话没说完，士兵已经挂了电话。从此之后，父母再也没有听到关于儿子的任何消息。

两人在家等了许久，始终未见儿子回家。正在两人担心的时候，接到了来自旧金山警察局的电话。警察在电话里告知他们，他们的儿子从高楼坠下当场死亡，警方已经排除他杀的可能性。

悲痛欲绝的父母立刻飞往旧金山。在停尸间里，他们认出了自己的儿子。令他们愕然的是，他们的儿子竟然少了一条腿和一只手。原来儿子电话里说的那个生死相交的战友，是指他自己！

这就是自私的代价。

青春寄语

父母的包容是孩子心灵成长的美化剂。

08　把怨恨留在身后

1963年12月3日，南非庭审现场。

"我这一生都将投身非洲人民的斗争。我反对白人统治，期待一个民主自由的理想社会，在那样的社会中，所有人都平等和谐地生活在一起，这是我的理想，我愿为之奋斗。"在花了4个小时追溯后，曼德拉声音逐渐低沉，"如果有必要，我时刻准备为我的理想献出生命。"他话音一落，整个庭审陷入了沉默。

1964年，法庭当庭宣判：曼德拉因阴谋颠覆罪被判终身监禁。他被媒体称为"带着荣耀、带着殉难者的光环入狱"。

1990年，南非当局在国内外舆论的压力下，被迫宣布无条件释放曼德拉。在经过27年铁窗生涯后，这位民族斗士出狱时，已经是一位满头银发、步履蹒跚的72岁老人。

为庆祝他的出狱，英国温布利体育馆举行了一场名为"释放纳尔逊·曼德拉"的音乐会；大洋彼岸，一位名叫黄家驹的香港歌手写了一首名为《光辉岁月》的歌曲，向他为南非做出的斗争致敬。

1994年，曼德拉当选为南非第一任黑人总统，结束了南非分种族选举的历史。同年，他被授予诺贝尔和平奖。

曼德拉一生中最令人钦佩的，是他从未磨灭的顽强意志。因为种族歧视，在漫长的囚徒生涯中他的精神与身体都饱受折磨和虐待，但这一切反而令他变得更加沉稳坚定，立志要为建立一个民主、自由的国家奋斗终生。

曼德拉的另一个伟大之处，是无限宽容。从他出狱的那天起，负责监管他的3名狱警就每天生活在惶恐不安中。尤其在他成为总统后，这3名狱警更是觉得朝不保夕。他们清楚自己在监狱中是如何虐待曼德拉的：动不动就用铁锹毒打他，故意往他饭里泼脏水，强迫他去冰冷的海水里捞海带，用言语侮辱他……劳动强度和精神凌辱程度远远超过一个老人的承受范围。

其中一个狱警格列高里后来回忆道："那时，我对他们这种人有偏见，对关于他和其他黑人领袖的谣言深信不疑，认为曼德拉是恐怖分子。以为他们要杀害我们的家人，夺走我们的家园，将我们赶下海去。"正是带着这种仇恨心理，27年中他们从未对曼德拉手下留情过。

1994年5月，曼德拉要举行新总统就职仪式。3名狱警都收到了来自曼德拉亲自签署的邀请函。格列高里心想："我们遭报应的日子要来了，曼德拉一定会在就职仪式上狠狠羞辱我们，并将我们关进大牢囚禁终生。"带着忐忑不安的心情，3人艰难地迈进了总统府，做好了被报复的准备。

就职仪式上，将近80岁高龄的曼德拉起身致辞。他逐一欢迎来自世界各国的政要，"能够接待这么多尊贵的客人，我深感荣幸"。紧接着，他将目光转向那3名狱警。

3人知道审判的时刻来了，他们心里做好了接受惩罚的准备。可是却听曼德拉道："可更让我高兴的是，当年陪伴我在罗本岛度过27年艰难岁月的3名狱警也来到了现场。"

在3人愕然的目光中，他缓缓走下台，恭敬地向他们致敬，然后向宾客介绍他们，并逐一拥抱他们致谢。

全场的目光都追随着曼德拉，他们因为心中的震撼而无法动弹，时间停滞，世界全然安静了下来。

曼德拉道："我年轻时性子急、脾气暴，在狱中，正是在他们3位的帮助下，我学会了如何面对自己遭遇的苦难，学会了控制情绪，才活了下来……"

曼德拉这番话让3名狱警羞愧难当，更让在场的人肃然起敬，掌声如雷，久久无法平息。

1995年，曼德拉在通过橄榄球世界杯使黑人与白人走向和解时，他平静地说道："当我走出囚室，经过通往自由的监狱大门那一刻时，我已经清楚，自己若不能把悲伤和怨恨留在身后，那么我其实仍在狱中。"

格列高里听后，禁不住泪流满面。那一刻，他终于明白，曼德拉是在用自己的经历告诉所有人：告别仇恨的最佳方法是宽恕。

青春寄语

宽恕别人，自己也会获得精神上的自由和愉悦。

09 比金牌更重要的

第28届雅典奥运会现场。此时是北京时间8月24日凌晨3时58分，奥运会体操男子单杠决赛正在进行，这也是雅典奥运体操比赛最后一个项目。排在第3位的28岁俄罗斯老将涅莫夫即将出场，此前的体操强国俄罗斯还一金未得，全队把希望全部寄托在这位老将身上。

涅莫夫朝观众挥手示意，随后接连做出直体特卡切夫、分体特卡切夫、京格尔空翻、团身后空翻2周等6个飘逸的空翻动作，在所有人屏息中几乎完美地完成了比赛，仅仅在落地的时候向前移动了一小步。但他前所未有的、惊险流畅的高难度动作，赢得了全场的掌声与喝彩。

很快，涅莫夫的男子单杠决赛成绩出现在现场的电子屏幕上，出乎所有人意料的是，裁判只给了他9.725分，这个分数仅仅排在第3名。

此刻，奥运史上少有的情况出现了：全场9000多名观众顿时嘘声一片，同时高喊"涅莫夫"。有的观众甚至伸出双手，拇指朝下，做出不文雅的鄙视动作，以表示自己对裁判的不满和愤怒。

由于现场不断爆发出声音，比赛始终无法继续进行。见此情形，裁判席上的裁判开始交头接耳，商讨目前的情况。这时，俄罗斯体操代表团代表在观众的嘘声中，走向裁判席和裁判长交涉。

面对此番情景，已经退场的涅莫夫从座位上站起来，转过身面对现场观众，并挥手示意以示感激。随后他抬起双手，示意观众保持冷静。此时，第4位出场的美国选手保罗·哈姆早已准备就绪，正尴尬地站在一旁。

涅莫夫表现出非凡的胸襟，他重新回到赛场上，举起右臂深深地向观众鞠了一躬，然后将右手食指放在嘴上，做出嘘声的手势，请求观众给保罗·哈姆一个安静的比赛环境。

大概10分钟后，迫于现场压力，裁判将涅莫夫的比分更改为9.762分，但观众依旧嘘声一片，怒火难平。

在裁判长的劝说下，涅莫夫走出赛台，用鼓掌的方式回报观众的支持。因为他的宽容，中断十几分钟的比赛终于得以继续，直到回到选手席后，涅莫夫才开始掩面而泣。

随后出场的保罗·哈姆，凭借一套并不十分漂亮的动作，却得到了9.800分的高分，体操馆再次爆发出满场的嘘声。赛后，在涅莫夫离场的时候，观众给了他最热情鼓舞的掌声和欢呼声。虽然涅莫夫最终无缘奖牌，但他用自己的宽容征服了所有选手，在观众心中，他无疑是体操界的无冕之王！

青春寄语

宽容与豁达比一块金牌更能体现一个人的素养。

10　宽容的力量

我在澳大利亚一个岛上度假村担任翻译时，曾遇到过这么一件事。

那天，我去儿童俱乐部大厅做准备工作，耳旁突然听到一阵虚弱的哭声。转头看去，只见一个工作人员正满脸歉意地安慰一个小女孩，她大概只有4岁，已经哭得精疲力竭。在问明原因后我才知道，原来是工作人员在清点人数时，一时疏忽，将小女孩遗忘在了网球场。

工作人员发现人数不对后，就立马回去寻找小女孩，幸好小女孩只是受了惊吓，仍旧站在原地乖巧等人，否则后果不堪设想。因为小女孩一直哭泣，工作人员只得请来了小女孩的母亲。

那位母亲看到小女孩的样子后，万般心疼。我看她的神情，心中想着：这位工作人员恐怕要遭殃了。如果只是被痛骂一顿还算是轻的，只怕这位家长会要求俱乐部开除失职的工作人员，并就此退出俱乐部不再参加。

可接下来发生的事情远远出乎我的意料，眼见那位母亲轻轻抹去小女孩的眼泪，脸上带着笑容柔声安慰她。待小女孩不哭之后，又道："好了，宝贝儿不哭了，已经没事了。你瞧，这位姐姐因为找不到你非常自责，并且比妈妈还难过。你刚才的哭声已经把她吓坏了，我们知道她不是故意的，你现在亲亲这位姐姐，安慰她一下，好吗？"

我惊异地看着那位母亲。这时，只见那个小女孩连忙止住了抽噎，踮起脚尖，亲了一下蹲在旁边的工作人员，并且轻轻道："姐姐，别害怕，我已经没事了。"

工作人员感激地抱住小女孩，在她脸颊上亲了亲。正是小女孩和家长的宽容，她才保住了这份来之不易的工作。在她们身上，我看到了宽容的力量。

青春寄语

只有用宽容才能培养出宽容，用爱心才能培养出爱心。

孔子："小不忍则乱大谋。"

民谚："宰相肚里能撑船"。

瓦鲁瓦尔："化敌为友者的广阔胸怀，能承担整个世界。"

培根："报复，无非是一个人和他的仇敌一般见识；如果宽容不加计较，就使他高于自己的对手。"

第七章 人品是做人的根本

日本著名育婴专家仁志田博士说："和10年前相比，中国妈妈似乎越来越过分关心婴儿的智力发育，这个倾向令人担忧。她们总是问：孩子吃什么食品才会变得更聪明，要不要给孩子添加益智补品？几乎没有妈妈关心婴儿如何形成自己的品格以及家长行为会对婴儿产生什么影响。"的确，最近这些年，由于物欲泛滥、人心浮躁、信仰缺失，无论是孩子的家长还是老师，都越来越过分地关心孩子的智力和身体发育状况，而不再重视对孩子的品德教育；经常过问的是孩子的分数和营养，而很少关心孩子品格的形成。如果现在有人对家长说："孩子最重要的是品德，做人比学习更重要。"那么很可能被嗤之以鼻！毫不夸张地说，现在，中国家长过分重视孩子的学习成绩而忽视孩子的道德培养。这是当今教育的一大弊端，不能不让人感到忧虑！

法国著名作家罗曼·罗兰说："没有伟大的品格，就没有伟大的人，甚至也没有伟大的艺术家、伟大的行动者。"

但丁说："道德常常能弥补智慧的缺陷；然而，智慧却永远填补不了道德的空白。"

英国著名哲学家培根说："对一个人的评价，不可视其财富出身，更不可视其学问的高下，而是要看他的真实的品格。"

艺术大师李苦禅经常对儿子讲："人，必先有人格，尔后才有画格；人无品格，下笔无方。秦桧并非无才，他的书法相当不错，只因人格恶劣，嫉恨贤达，诬杀忠良，害死岳飞，遂令百代世人切齿痛恨，见其手迹无不撕碎如厕或立时焚之。据说，留其书不祥，会招祸殃，实则是憎恶其人，自不会美其作品了。如果作者人格鄙劣，是无人格，实在与艺术没有缘分，枉言真善美！"

德是做人的根本，是孩子成长的基石，品德决定人生，德比知识更重要！只有种下美德的种子，才能收获美好的未来。教育的核心首先是成人，其次才是成才。

有人说："有德有才是正品，有德无才是次品，无才无德是废品，有才无德是危险品。"诚然如此！无数事实和教训证明了这精辟的结论。

我们需要的是德、智、体全面发展的人才，而德是首位的！

01 "化斋"来的救命粮食

发射卫星，尤其是发射同步卫星，是当今世界最复杂的系统工程之一。截至2014年，全球仅有10个国家拥有发射卫星的能力，中国便是其中之一。

我国发射卫星技术经过迅猛发展，到1987年已经达到了国际一流水平。这一年，中国火箭首次为外国卫星提供搭载服务，并为美国成功发射了"亚洲一号"卫星。

对于当时一个如此贫困的国家，居然能够一再成功发射卫星，世界充满了疑问。

而这个疑问，或许通过下面这个故事能得到解答。

在成功发射"亚洲一号"卫星前，美国休斯公司高级工程师斯莱尔先生带领一批专家和技术人员来到我国西昌发射场。面对四周的荒山野岭，设备的简陋老旧，美国人心中一下子没了底。

几天后，在同翻译许建国先生聊天的时候，斯莱尔忍不住道："许先生，许多美国人都在议论。他们说，中国人待人很热情，也很周到，可是这里的生活条件实在是太苦了。听说卫星发射中心在这穷山沟里已经20年了，我很难理解，在这种条件下，你们竟然能为你们国家创造出惊天动地的奇迹，你们是如何坚持下来的？"

许建国先生笑着道："斯莱尔先生，你喜欢听故事吗？"

"当然喜欢！"

"那好，我给你讲一个。"许建国先生点燃了烟，娓娓道来。

1960年初的一天，西北酒泉卫星发射基地的李福泽副司令收到消息，地方政府向国务院告状，说基地某团在驻地打了沙枣树叶，毁林30多公里。一接到消息，李副司令立刻打电话给了驻地团长，问道："沙枣树叶是你们打下来的？"

"是的。"

"为什么违反群众纪律？"

团长犹豫了一下，还是说出了缘由。李副司令当场落泪，哽咽着挂了电话。原来是这个团没了粮食，只能被迫去打沙枣叶来充饥，他们已经整整吃了一个星期了。

李副司令第二天就飞往北京，闯进了副总参谋杨成武的家，哽咽着道："我需要粮食，我不能让我的几千名火箭将士活活饿死！"

时任国家总理周恩来知道消息后，一夜未眠。第二天，周恩来召开中央军委会议。"同志们，今天我不是来做指示的，而是为我们的火箭部队'化斋'来的，他们已经一个星期没粮食吃了，正饿着肚子，在戈壁滩上发射火箭呢。请你们各军区支援点，算我这总理求你们了……"周恩来话还没说完，眼眶已经红了。

没多久，一列载着支援粮食的火车来到了戈壁上。不幸的是，在中途停下来加水时，当地饥饿的灾民把粮食抢掠一空。但在知道这是给中国发射火箭部队送的救命粮时，灾民很快又将粮食送了回来。

粮食到达基地后，炊事班的同志打开袋子，发现里面竟然加了许多粮票和纸条。其中一张是一个上小学的女孩子写的："发射火箭的叔叔阿姨们，听说你们已经没有粮食吃了，我把早餐节省下来的二两粮票给你们，请你们收下……"

斯莱尔先生听完故事，当场眼睛就潮湿了，他坐在那儿望着天空，许久说不出话来。

几天后，在机场，斯莱尔先生握着许建国先生的手道："许先生，你讲的那个故事让我懂得了中国和中国的航天。我会把这个故事带回去，告诉我的朋友们，中国的航天是怎么从昨天一步步艰难地走到今天的。许先生，谢

第七章 人品是做人的根本

谢你的故事！"

许建国先生后来回忆说，在登机挥别的那一刻，他看到斯莱尔先生的眼睛里涌动着泪水。

青春寄语

青春在奉献中闪光，伟大在平凡中铸就。

02　可敬的小战士

寒风暴雪，客车已经在公路上困了六七个小时了。

在零下30多摄氏度的温度下，哪怕车内有二十几位乘客，也无法攒起温度互相取暖。寒风呼啸，像是催命的厉鬼，车窗被厚厚的雪覆盖，车内漆黑一片，所有人冻得瑟瑟发抖。

角落处，一个小士兵不断搓着自己的手臂，想依靠摩擦生出点热量。之所以称他"小"是因为他看起来稚气未脱，像个新兵蛋子，应该得一个"小"字。

这个小士兵很奇怪，本来他是所有乘客中穿着最厚的人：棉袄、棉裤、冻不透的大头靴、羊剪绒的帽子、羊剪绒的手套，还有一件厚厚的羊皮军大衣。可他偏偏怪得很，将自己厚厚的军大衣给了司机，只为了让司机有勇气下车去求援，免得冻死在路上而导致没人救得了整辆车的人；随后他又将羊剪绒的帽子给了一个老汉，无非是对老汉脸上淌着的鼻涕，还有那顶根本顶不住风雪的老毡帽，再也看不下去了。老汉看到士兵脱下帽子后的平头，还忍不住取笑了他，他只能憨憨笑着道："不怕，您戴着吧！我年轻，火力旺，没事儿！"

当然没事了，他可是个当兵的，没有人认为他会有事，包括他自己。

没多久，他又将羊剪绒的手套送给了一个少女，那少女双手冻得通红，也确实可怜。

少女多少还是有些感激地说："谢谢。"

他憨憨一笑："不用谢，没啥可谢的，我是当兵的嘛，应该的。"

车上所有人都笑了，都觉得这当兵的的确是禁冻，这零下几十摄氏度的天气，对他没丝毫影响。

正思索着，一道细微的哭泣声响起——原来是个抱着孩子的年轻母亲在哭。她怀里，孩子已经冻得嘴唇发青，看起来凶多吉少。

"呜呜……"

听着年轻母亲的哭声，有人忍不住叹了口气；有人骂娘，骂天，骂这世上所有的一切，骂那将人哭得心烦的年轻母亲……

小士兵看了看，开始脱自己身上的棉袄。

"大兵！"一个男人总算客气地喊了声大兵，不过语气可不怎么样，"把你那棉袄卖给我吧！我给你100元钱！我身上虽然不冷，可是我的皮鞋都冻透了。我要用你的棉袄包脚，怎么样？怎么样？！"

一个浓妆艳抹的女人跟着开口了："我加50元！你卖给我，他的大衣可比我厚，再说我有关节炎，这么冻可不成，我得赶紧护住我的膝盖……"

小士兵不等那女人说完，就已经摇头。他站起来，在所有人的注视下，走到那位年轻的母亲身边，将自己脱下的棉袄紧紧地包住孩子的身子。看到小士兵这不知天高地厚的举动，车内几个穿着大衣的人都忍不住拉紧自己的衣服，只觉得这鬼天气真冷。

天持续变黑，转眼车内已经是伸手不见五指。

突然，车内一个火苗亮了一下，原来是刚才那说话的男人手中握有打火机。趁着光亮的那一刻，他上下快速打量小士兵。他手再度一松，车内又是漆黑一片。

"你这兵，真是禁冻，"他说话的时候透着点怪笑，继续道，"咱商量个事吧，你把你脚上的大头靴卖给我。200元，要不1200元也行！"

小士兵道："不行，我要是冻坏了双脚，就没法再当兵了。"

男人一再央求，士兵毫不动摇。甚至，男人还给士兵分析了利弊：大头靴卖给他，总比又要白白送出去的好，再说现在大家都在睡觉，也不会有人知道他收了钱。

士兵沉默了，犹豫了一下道："那……如果你愿意用你那半瓶酒和我换的话，我可以考虑……"

男人笑了，他心想，合着这新兵蛋子是打这个主意，早说不就好了。他再度打亮了打火机，取来半瓶酒给小士兵。

小士兵弯腰解开自己的大头靴，临换的时候，男人突然拿起酒猛灌了一口。好像不这样做，他这种交换就吃了大亏一样。

男人喝完，正打算取笑小士兵，却见他从车厢那头走到另一头。说他是傻子也不为过，他居然一口没喝，就将自己好不容易换来的酒给每个人喝了一口，好像他自己一点都不用驱寒取暖一样。黑暗掩盖着贪心，为了自己活下来，几个男人喝得尽量大口。等酒壶再到士兵手里，酒只剩了几滴。

不过不要紧，几滴酒也是能暖身的——至少所有人都是这样认为的。

狂风继续像扫帚一样，狂荡地扫着每个角落。白雪皑皑，一片片飘落。小士兵在没人察觉的时候，偷偷下了车。

天亮，那个穿着军大衣出去求援的司机终于回来了。他领来了铲雪车和救援人员，所有人都欢呼了起来，除了那个小士兵。

那个小士兵哪里去了？

该不会是寻了什么好地方，自己躲起来了吧。

后来，人们在车后面发现了小士兵。他一动不动地维持着一个姿势——他的肩膀紧紧顶着车后轮，并将一条腿垫在车后轮下，整个人看起来像一座冰雕。

他在用自己的身体防止车滑落山崖，他没有告诉任何人——兴许是忘了，车正被困在山路上，另一侧是万丈悬崖。其实车在昨晚就开始悄悄倒滑，只是没有一个乘客察觉。

他怕人们的惊慌失措会让车厢失去平衡，更快滑向悬崖，所以他一句话没说。

不，也许他试图呼喊过，只是车里的乘客睡得正香，或者他的喊声早被呼啸的狂风吞没了。他才19岁，不知他"睡过去"的时候，是否记起自己是一个多子女穷困农家的长子；是否记得，还有一个未婚妻等着他复员结婚……

奉献是人性的光芒，它会筑起一座道德的丰碑！

03　党员最后走

天未亮，暴雨如注冲刷下来！

山洪咆哮，从山谷横冲直撞狂奔而来，如猛兽来袭，势不可当。

人们被雷声惊醒了，下床查看，却一脚踩进水里。黑暗中，不知道是谁惊慌失措地喊了一嗓子，100多人你推我挤疯狂逃跑。可是根本都没有路，南面迎头就是两尺多高的洪水。

洪水滔滔，死亡的召唤已经近在眼前。

还有北面那座木桥！

意识到这一点，所有人都跌跌撞撞往北面冲。幸好，木桥前的水还没到腰部，可以逃生。

可是，一个身影却阻挡了他们的去路。无论他们怎么嚷嚷，怎么着急，这个身影就是不让开。他一脸清瘦，眼睛眨也不眨，任由雨水冲刷脸庞，死盯着乱哄哄的人们，岿然不动。

人们似乎意识到了什么，不动了。

他发话了："桥窄，排成一队，不要挤，党员在后面！"

有人不服道："你以为是拍电影啊！"

他冷冷地看了那人一眼："要退党的，现在可以向我报名！"

第七章　人品是做人的根本

135

这一声，让所有人都噤了声。因为他们知道：虽然老汉快退休了，可他现在依旧还是村里的党支部书记。

100多人排着队，依次从他身边上木桥。雨势渐大，水转眼就到了人们的腰部。人们的行动越来越急，真是到了命悬一线的时候了。

老汉劈手，从队伍里拖出一个人，神情凶狠："你还是个党员？！你给我去后面，最后一个走！"

那人狠狠瞪了老汉一眼，站到旁边。

洪水上涨，木桥被洪水带得左右晃动，队伍终于走到尽头。老汉的胸膛泡着水，此时只剩下他和刚才插队的人。

老汉还没开口，就听那人竟然道："你先走！"

老汉怒吼："别废话，快走！"说着，硬把人推上木桥。

老汉正要催赶他快过，突然"轰"的一声，木桥塌了，那人瞬间被洪水吞没。老汉急得要拉一把，但一个浪打过来，也吞没了他。

洪水呼啸，一片席卷……

几天后，山洪退了。

一个老太太，被人搀扶着，来木桥旁祭奠。

她祭奠两个人：她的丈夫和她的儿子。

青春寄语

至善至爱绽放人性之魅力。

"着火了！"

一个行人边跑边喊，路边的车也都紧急停下来掉头，生怕动作慢了会被着火的出租车连累，跟着人车两空。

大家站得远远的，看着变形的出租车。这时候，突然有人喊了一句："司机还没下车！"

车已经着火了，一旦爆炸，这辆车里的司机就死定了！

正当人们揪心的时候，突然不知道从哪里跑出来两兄弟。他们朝车冲了过去，没有片刻犹豫就到了车前。

"一、二、三！"

两兄弟一起用力，铆足了劲想拉开车门。可是车门被死死卡住，一动不动。兄弟俩没办法，只能试图从车窗把司机拉出来，但司机同样被死死卡住。

火焰转眼从车前盖烧向了副驾驶座，眼见无计可施，兄弟俩只能放弃。就在这时，司机缓缓地睁开了眼。

"哥们儿……谢谢，你们快走，晚了……就来不及了。"司机说完，再度昏迷了过去。火光在他脸上闪烁，随时可能将他吞噬。

"大兄弟，你忍着点，我们一定把你救出来！"

车内烟雾弥漫，车身已经烫得无法触碰，爆炸可能就在顷刻之间。照这样下去，这两兄弟很可能就都赔在这里了。

哥哥感觉情况不妙，边拉着司机边道："弟弟，你快走！火太大了！"

弟弟不听，他知道哥哥的脾气。如果今天他们不把司机救出来，哥哥是一定不会走的。眼见着火势已经向后蚕食，弟弟咬了咬牙，迅速爬进驾驶座。

"弟弟！"

看到弟弟身处危险，哥哥满心自责。可是现在必须救出司机，否则他们都得死。他一边让周围的人不要靠近，一边配合弟弟将司机救出来。

火苗就要接近油箱了……

突然，一双手加入了援救的队伍。一个年轻人没有听从警告，也加入了进来。兄弟俩看了一眼年轻人，心中重新燃起了希望。

"一、二、三！"

3人齐心协力，终于将司机从车里拖了出来。他们片刻不敢耽误，架起司机就往人行道上跑。正想回头看看出租车的情况，"砰"的一声，已经是漫天火光。

只要他们再慢一点，哪怕是一秒，都会被炸得粉身碎骨。

整个惊心动魄的营救过程，不过用了短短的10分钟，可是对于所有人来说，那就像是3人的一辈子那么长。

事后，有人采访了他们。先被问到的是那个后加入的年轻人。"在情况那么危急的情况下，为什么你还敢上前？"

年轻人笑了笑道："他们自己就身处危险，却让我们别靠近，你说我能听他们的吗？肯定得帮他们一把。"

记者又问了哥哥："火快烧到油箱的时候，你想过要跑吗？"

哥哥坚定地摇头："司机和我弟弟都在里面，我不能跑。"

记者最后问了弟弟："你哥哥让你走的时候，你为什么不走？"

弟弟道："车上还有大活人呢，而且我哥哥肯定不会走，他不走，我也不走。"

再后来，又有人问了司机，问他为什么在醒来之后，首先想的不是求救，而是叫救他的人走。他的回答，很耐人寻味。

"有人救我，我很感动。我心里想的是，在死之前一定要向他们表达谢意。我知道车子快要爆炸了，我不能让他们和我一起死，他们是好人……"

事后有人总结：他们4人之所以能活下来，是因为他们身上都怀揣着一颗为别人着想的心。

伸出一双手，温暖一颗心。

05 一罐救命水

一场沙尘暴来袭，漫天狂沙飞舞。

探险家已经在沙漠里走了两天了，狂沙中他迷了路，身上的水和粮食耗尽。粮食没了可以强撑，可是再找不到水的话就会有生命危险。正当他要放弃希望的时候，突然发现了一间废旧的破屋，更出人意料的是，屋中有一口水井。

他欣喜若狂，立刻冲了上去，用力压动上面的手动压杆。可是无论他怎么用力，怎么压动，甘甜的水都没有出现。

疲惫不堪的他绝望地瘫坐在地上，浑身的力气一点点被抽干。他已经出现虚脱的现象，只能转动脖子四处打量，希望能有一丝奇迹出现。

水！

他不知道哪儿来的力气，朝压水井跑了过去。在水井旁，有一个罐子，里面似乎是水。他猛地掀开木板，看到了满满的一罐清水。他几乎不敢相信自己的眼睛，可是触觉是那样的真实。他捧起水罐，想要喝个痛快，可是刚拿起水罐，他就看到底下压着的一张纸条。

"把这些水倒进压水井中，再摇动压杆，就可以抽出水来。走的时候，不要忘了再将罐子里的水装满。"

看着这行字，探险家犹豫了，心里翻江倒海。万一他将水倒进井里，没有水出来怎么办？要知道，这可是他目前能获取的唯一一罐水，只要喝下去，他就立马能保命。怎么办？到底要不要冒险……

第七章 人品是做人的根本

探险家踌躇许久，最终还是将水全倒进了压水井里。

看着空空的罐子，他心中苦涩，抱着绝望的心情用力压下了压杆。没压几下，清澈甘甜的泉水就源源不断地流了出来。

这……这……

他欣喜若狂地喝了个够，还将自己的水壶也装满。在临走前，他没忘记叮嘱，将罐子装满水，并且在纸条上加了句话："请务必、务必、务必相信这些字的引导！"

青春寄语

点滴爱心，汇成关爱的海洋。

06 公交车上"让座"

在公交车上给老人让座已成了我的习惯，我感觉这是非常自然的事。这个习惯的养成，是父亲耳提面命、潜移默化的结果。

在我少年的时候，父亲就常常拿一些古训教育我们："老吾老以及人之老，幼吾幼以及人之幼。""勿以恶小而为之，勿以善小而不为。"父亲要求我们一定要懂礼貌、讲文明，他说："一个人的形象就是一封无字的介绍信，你的一举一动、一言一行都在塑造着自己在别人心目中的形象。从一些小事上，往往更能看出一个人的素质高低、有没有修养！譬如一个年轻人坐在公交车上不知道给身边的老人让座，仅此一点，你就可以断定：此人一定是一个素质不高、没有教养、没有爱心的人！"这些话就像印在了我的脑海里，现在，我也常常拿这些话教育我的孩子。

有一次，在公交车上，我和孩子每人坐一个位子。后来又上来一位老人，我的女儿看到后，本能地立即从座位上站了起来，奶声奶气地说："奶奶，您坐！"这位老人笑容可掬地说："谢谢你小朋友！也谢谢你的爸爸、妈妈，教育出你这么好的孩子！"说得非常诚恳，我听了也非常感动，我为孩子这么懂事而欣慰。

还有一次，我坐在18路公交车上，由西向东，当公交车停在杂技团站点时，上来一位老人，身穿一身已经洗得发白的旧军装，身材高大魁梧，须发皆白，满脸沧桑，看上去年龄要在80岁以上。当车门关上后，车上的喇叭里随即传来大家都非常熟悉的声音："当您身边有老、弱、病、残、孕及抱小孩的乘客时，请给他们让座，我们表示感谢！"当时，老人的身边坐着几个年轻人，却都对广播里的话充耳不闻、佯装不知，有的看着窗外，有的假装睡觉，有的在"专注"地摆弄手里的东西，都装聋作哑、无意让座。这时，坐在我右前方的一个六七岁的小女孩儿突然站了起来，正当她要给老爷爷让座时，只见坐在她后面的母亲用力拽（zhuài）了一下小女孩儿的衣襟，小女孩回头一看，只见母亲立眉怒目、眉头紧锁，结果，小女孩儿在母亲无声的命令下又坐了下去……

这一切我在后面都看在眼里，老人周围的年轻乘客始终无一人让座。这时，我从后面站起来，请老人坐下。

让我没想到的是：这位老人走到我的面前，先是非常诚恳地道了一声"谢谢"，接着挺直腰板，举起了右手，向我行了一个标准的军礼！当时我被这突然的军礼搞得手足无措，不知如何是好。从老人的年龄和那挺胸收腹、双腿直立、五指并拢的标准姿势上不难判断：他是一位老军人！从其年龄看，老人一定是经历过枪林弹雨！这是共和国的功臣啊！我怎么能承受得起这样一位老人的军礼？这让我折寿啊！我当时只感到羞愧和震撼，真后悔自己没有向老人深深鞠上一躬！

这件事虽然已经过去了很久，但那位老军人向我敬礼的形象经常浮现在我的脑海里，每次想起，我的心都会剧烈地跳动，我很想对这位老人说："老人家，我们年轻的一代该向您致敬啊！"我也常常想起那位年轻的母亲，我真想对她说一句："我们都是做母亲的，你的'爱'子之心固然让人感动，可是你那样的'爱'却可能害了你的孩子呀！"

青春寄语

心中有他人，人生之路才会越走越宽。

07 最美妈妈

2011年7月2日，对杭州滨江白金海岸小区的居民来说，这是寻常的一个周末。中午12点多，天气闷热，憋得人有些难受。

吴菊萍和爱人走在路上，准备去看看新装修的房子。她穿着随意，一双拖鞋，简单的格子裙，透着清爽。

"啊，孩子！"

突然的尖叫声打破了平静，吴菊萍抬头一看，只见22栋2单元10楼的阳台上，一个小女孩被高高悬挂。她的双脚已经吊挂在外面，再动一点点都可能完全掉落下来。

"乖孩子，别动！"同在10楼西面的住户潘先生歇斯底里地大喊。

吴菊萍看着孩子，一颗心紧紧揪着。虽然旁边的保安已经开始通知援救人员过来，可是小女孩的生命依旧牵绊着她的心。不一会儿，潘先生拿着一架梯子过来，试图将小女孩的脚卡在梯子里，然后将孩子拉上来。

可是，因为梯子太短，他还没有够到，小女孩整个身子就探了出来，眨眼间从10楼掉落下去！潘先生狠狠地一挡，最终只来得及让小女孩在空中翻一个跟头，脸朝上，平躺掉落……

一切都发生得太快，快得保安冯清政都来不及反应。等他反应过来大步冲过去的时候，一个娇小的身影已经站在22栋楼底下，双臂平展，在小女孩掉落的一瞬间紧紧抱住了她。

"砰！"

冯清政脑袋嗡的一下子，看着吴菊萍和小女孩重重倒在他眼前。吴菊萍当场昏迷，小女孩则落在一旁的绿地上，虽然摔得不轻，但还会哭。

小女孩的哭声狠狠地惊醒了冯清政，他连忙和同事拨打了120，有人抱起小女孩，直奔向门口等救护车。其他人则守在吴菊萍身边，丝毫不敢触碰她，她双手已经扭曲变形，鲜血淋漓，脸色煞白。

"救护车呢！这里还有伤员！"

冯清政满心后悔自己没有再快一点，如果他再快一点，就可以和吴菊萍一起接住小女孩。如果是这样，吴菊萍一定不会是现在这个样子。

吴菊萍和小女孩立刻被送到了医院，主治医生在看过吴菊萍手臂的X光片后，无法想象这么严重的伤势是怎么造成的，通常只有重大交通事故和机械事故后才会出现这样的伤者。

经诊断，吴菊萍左手尺桡骨粉碎性骨折，断成3截，还有小碎骨。因为尺桡骨是手臂中最精巧的一根骨头，负责支撑和旋转，如果在治疗中稍有不慎，就会影响以后手臂的功能。虽然医院已经召集了医技最精湛的医生，但因为伤势过于严重，吴菊萍至少还需要半年才能康复。

事后，浙江理工大学一位教授专门为此做了测算，结果是：吴菊萍在伸手接住孩子的那一瞬间，相当于用双臂承受了375千克的重量。

教授感慨道："正常人手臂一般只能承受45千克，而吴女士却在瞬间接住了数百千克，这堪称奇迹。"

网友评论认为："吴菊萍徒手接住从30多米高掉下来的孩子，从物理学上讲几乎不可能，但在爱的世界里没有力学。"

吴菊萍的事迹，从一个人传递到整个世界，她不只感动了中国，也感动了世界。

美联社、法新社、英国各大主流媒体、巴基斯坦媒体、中东媒体等都对她的事迹进行了报道。同年，梅果职业棒球大联盟上，甚至有美国网民提议，将最高荣誉的"金手套"奖颁发给她——她这一接，将所有职业棒球运动员都比了下去。

在谈及救人的感受时，吴菊萍只是平静地说："事情就发生在那一瞬间，我根本来不及多想。我只知道，她还是个孩子，而我是一个母亲，孩子是母亲的心头肉，母亲救孩子天经地义。"

事后大家才了解，31岁的她，刚有了一个7个月大的孩子。因为这件事，她不得不给孩子提前断奶，虽然不舍，但是不悔。

青春寄语

善存指间，是一种高尚的生活态度。

08 不容虚伪

美国波士顿大学曾聘请一位享誉国内外的知名教授担任传播系主任。这位教授授课十分认真，深受学生爱戴。面对孜孜不倦、富有天分的学生，他喜欢旁征博引，恨不得将自己的所见所闻都和学生分享。

一次，他讲了一段十分精彩的话，正准备告诉学生出处，下课铃声刚好响了起来。教授没多说，便下了课。教授下课后没多久，就被校长叫去了办公室。

原来一个学生在听了他的课后，就向校长反映他剽窃。在西方许多著名学府里，学校要求每个老师和学生在引用别人的思想时，都必须注明出处和作者，否则就会被视为盗取和剽窃。这种行为将会成为污点记录，伴随人一生。

教授坦然承认了自己的错误，并以自己不适合再担任教授为由，提出了辞职。因为众多老师的求情，教授最后留了下来，但按照规定被撤销了传播系主任职务。

第二天，教授上课的第一件事就是向学生道歉。他没有将下课铃声作为自己犯错误的理由，而是真心诚意地承认了错误，并向所有学生道歉，重新说明了话的出处。教授和学生的行为传达出了一种信念：对任何虚伪、不诚实内容的零容忍。

在这种信念面前，学生不会因为教授是权威而将他高高捧起，对教授的话不加怀疑，对教授的错误加以包庇；教授因为这种信念，不会为自己的失误找理由，不会因为自己的名气而觉得承认错误是一种耻辱；同样，学校能毫不犹豫地做出处罚，无论对方是什么身份，什么地位。在他们心里，任何对虚伪的容忍，都是对真诚的亵渎。

青春寄语

最大限度的诚实是最好的处世之道。

09 真正的朋友

当今世界，若是询问谁的画作价值最高昂，有一人必定榜上有名。他的画曾多次刷新绘画作品拍卖的世界纪录，傲视绘画界多年。

可以说，但凡稍有见闻者，必定会知道西班牙天才画家毕加索。他一生作画3万多幅，被视为当代西方最具创造性和影响力的艺术家。在全世界拍卖价前十的画作中，他一人就独占了4幅。更不易的是，许多画家都是在死后方得成名，而他却在生前就已经声名远播。

有一次，他在一张邮票上随手画了几笔，被一个拾荒老妇人捡了去。老妇人卖了这枚邮票后，不仅买了一栋别墅，还用余下的钱安度了余生。由此可见，毕加索的画作已经到了洛阳纸贵的地步。

可是成名的人都不免会遇到一个问题，晚年的毕加索身边不乏亲朋好友，可无不是为了得到他的画作。看着他们争执吵闹，大打出手，毕加索感到莫大的孤独和抑郁。

第七章 人品是做人的根本

考虑到自己年近90，已经时日无多，为了保护画作，毕加索决定在住处安装防盗网，避免闲杂人等接近。给他干活的是一名叫盖内克的安装工，他憨厚、坦率，没多少文化。

毕加索有时候无聊了，就会来看看盖内克的安装进度。盖内克见毕加索的样子，只当他是一位慈祥、和蔼的老人家，根本没想过他是什么大名人，所以说起话来也没什么顾忌，竟然时不时地就和毕加索唠起了嗑。

盖内克说话风趣幽默，最重要的是，他不像别人一样心怀鬼胎。毕加索把他当作上帝的恩赐，因为他的出现，让他多年的烦闷找到了宣泄口。有时候兴致来了，毕加索还会随手做几幅画出来，其中包括盖内克的画像。

毕加索将画像递给盖内克，说道："朋友，这是我为你画的，你把它放好，将来也许会对你有帮助。"

盖内克看了一眼画，觉得上面乱七八糟的，完全看不懂是什么。他一把将画推还给毕加索，道："这画我不要！你要送啊，就送你厨房的大扳手给我，我觉得那扳手对我来说最重要！"

毕加索笑了，指着他道："你啊你，这幅画不知道能给你换来多少把扳手，收着吧。"

盖内克看毕加索的样子也不像骗他，便将信将疑地把画收了。

盖内克的到来，不只让毕加索的心情一天天好起来，还让他对画作有了新的领悟。为了留住盖内克，毕加索想尽办法将完工的日期往后拖延。对于毕加索来说，有一个能让自己畅所欲言的朋友，比什么都值得。

就这样，一个简单的安装工程竟然持续了近两年。两年时间内，毕加索陆陆续续送了盖内克不知道多少幅画。而他本人，因为盖内克，在90岁高龄的时候又一次攀上了画作的高峰期，留下诸多传世名作。

在盖内克离开1年多之后，毕加索与世长辞。1973年4月8日，93岁高龄的毕加索无疾而终。在他逝世后，他笔下所有的画作价格扶摇直上，成为当今世界上最昂贵的画作之一。而此时的盖内克，还在为生活奔波。在偶然得知毕加索逝世的消息后，悲痛之余，他想到了那些被自己束之高阁的画作。

盖内克匆匆回到家，将小阁楼内的画作一一拿出来，清点之下，竟然有271幅。几乎不用请任何名家估价，他知道，这其中的任何一幅画都足够他永远摆脱贫穷。可是抚摸着一幅幅画作，盖内克想起的是和毕加索相处的日子。在那两年的日子里，毕加索一直把他当成最好的朋友。他擦了擦湿润的眼角，默默将画作藏了起来，决定不告诉任何人。之后，他拿出扳手，又像往常一样四处讨生活。

2010年12月，一个爆炸性的消息震惊世界：一位年近古稀的安装工捐了271幅毕加索画作给法国文物部门。经鉴定，这些画作全都是毕加索真迹，总价值逾1亿欧元。

谁都无法想象，眼前这位毫不起眼的安装工，竟然坐拥巨额资产。更让人不敢相信的是，他一口气将这些巨额资产全部捐献了出去。他的平静和坦荡，引发了世人无数的好奇。

在回答记者提问时，盖内克说了这么一句话："毕加索曾对我说，我是他真正的朋友。既然是朋友，我怎么能将他的画作占为己有？他的画只是交给我暂为保管而已，现在我将它们捐出来，也正是为了让它们得到更好的保管。"

青春寄语

淡定与平和，给人一种无畏和力量，它能抵御尘世间的一切风浪和险阻，活出一个真实的人生。

10 "泰坦尼克号"巨轮沉没

1912年4月10日，一艘载着1316名乘客和861名船员的豪华巨轮从港口出发，缓缓驶向纽约，开始了它的处女航行。

它的名字取自古希腊神话，有人说，是这个名字让它的结局注定悲剧——泰坦，一个向宙斯神挑战，最终失败被打入比十八层地狱更深的大西洋底的神秘力量。

4月14日，船舱内音乐声奏响，8位音乐家正优雅地让音符飞翔。所有人都沉浸在音乐声中，没有人知道此时船已经遇到了危险。突然，1名水手透过浓雾看到了不远处的一座冰山，他立刻敲响警钟。

老船长当即下令停船，可是因为距离太近，船体已经不可能在撞上之前停下来。这艘当时世界上最大的轮船，它重达46328吨的排水量现在正成为每个人的催命符。

"女士们，先生们，现在将进行一场紧急演习。请所有人遵照船长的指示，穿上救生衣，到甲板上去。在这个过程中，请大家务必保持冷静，女士和小孩优先。"

冰山将船体划出300多英尺的口子，船体受到剧烈碰撞，水倒灌进来，所有人都意识到，这根本不是一次演习那么简单。

直到90多年后的今天，人们还在惊叹，"泰坦尼克号"上的乐手、船员和乘客，怎么会有那么大的勇气，不奔不逃，不争不抢，把生的希望留给了孩子和父母，将最后沉没的时刻留给自己。一艘艘救生艇被放了下去，妇女和小孩依次登艇。但因为数量不够，一位母亲被留在了甲板上。

这位母亲绝望地大声喊："有谁能给我让出一个位置来吗？我的两个孩子都在这只艇上。"

船员遗憾道："夫人，抱歉，再也没有位置了。如果您上去的话，这艇就会沉没。"

这位母亲泪如雨下，看着自己的孩子，只能狠心招手。孩子眼看要与母亲分离，都忍不住哭喊了起来。

"妈妈！"

母亲心如刀绞，可是没有办法。正在这时，坐在孩子身边的一位年轻女子站了起来，她回到即将沉没的船上，对着这位母亲微笑道："快上去吧，你的孩子需要你。我没有结婚，也没有孩子。"这一句，仅仅用"勇敢"是无法形容的。西方有句著名的谚语，"即使是英雄，在绝境中也会变成懦夫"。但是"泰坦尼克号"把无数普通人变成了英雄。

起初，6号和2号救生艇都有船员跳了上去，但是被负责的官员发现后，他们没有说什么便立刻回到了甲板上。

"泰坦尼克号"谱写了海上规则"妇孺优先"的神话。

当亿万富翁约翰·雅各布·阿斯德询问能否陪同怀着身孕的妻子上艇的时候，船员只说了句"妇孺优先"，他就像个绅士一样回到了甲板上，安静地等待自己的命运。当时，他是船上唯一的亿万富翁，上衣兜里就有2500美元的现金支票——这笔钱对于船上大多数人来说都是天文数字，可是他没有用这些钱来行贿任何人，甚至没有动用他和船长的关系去走后门。在船沉没之前，他点燃了一支雪茄，和理发师坐在甲板上握手交谈，直到被倒下的大烟囱砸扁。

世界著名的管道大亨本杰明·古根海姆静静地站在甲板上，他身穿最华丽的晚礼服，手握着留给他太太的纸条。字条上写着："这条船不会有任何一个女性因为我抢占了救生艇的位置而剩在甲板上。我不会死得像一个畜生，而是会像一个真正的男子汉。"

乐队领班带着乐手依旧在演奏轻快的爵士乐，外头海啸肆虐，这里却在上演各种各样的感人故事。事后，据统计，在遇难的1500多人中，船员有76%遇难，这个比例远远超过了头等舱、二等舱和三等舱所有乘客的死亡比例。

"泰坦尼克号"虽然沉没了，但它的精神，它的灵魂永远不会沉没。

青春寄语

生命因善良、博爱、奉献而散发出人性的光辉！

孔子："不义而富且贵，于我如浮云。"

司马光："积金不如积书，积书不如积德。"

范仲淹："先天下之忧而忧，后天下之乐而乐。"

李嘉诚："做人比做生意更重要。"

爱因斯坦："对于我来说，生命的意义在于设身处地替人着想，忧他人之忧，乐他人之乐。"

高尔基："给比拿好。"

日本著名艺术家黑泽明对儿子说："要为社会做出一番事业，需要做的事情很多，而最重要的是先学会做人，以德立身。"

第八章　百善孝为先

孔子说："孝悌也者，其为仁之本欤！""仁"是儒家思想的核心，被视为"治国之宝鉴"；而"孝悌"又是"仁"的根本。孝顺父母、尊敬兄长，是仁爱的根本，也是做人的根本。孝敬父母，是中华民族的传统美德，是先辈传承下来的宝贵精神财富，是每个儿女应尽的义务，也是义不容辞的责任。人世间，父母的爱是最无私、最真挚的，父母对儿女的养育之恩重如山、深似海，是永远报答不完的，孝敬父母、知恩图报是天经地义的事。

"百善孝为先"，自古以来，都把"孝"作为做人的重要道德准则。孝敬父母会受到世人尊敬；不孝敬父母将为世人所不齿，也很难在社会上立足。一个对亲生父母都没有爱心的人，会对别人有感情吗？所以，人们不会与这样的人交朋友。

历代王朝都尊崇孝道，把它作为稳定社会的基石。我国汉代还有"举孝廉"的制度，即由地方官吏将自己辖区内以孝廉著称者推荐给朝廷，经考察核实后便可以步入仕途。

进入21世纪的今天，更有提倡孝道的必要！当今社会，世风日下、道德滑坡，尊老敬老的风气越来越淡薄了。"啃老族"比比皆是，而孝敬老人的却越来越少，甚至遗弃和虐待老人的事件时有发生，引发许多家庭矛盾，导致家庭战争。父慈子孝是家庭感情的纽带，家庭是社会的细胞，家庭不和睦，社会也难以安定和谐。

"子欲孝而亲不待"，这是人生无法弥补的遗憾。天下的儿女们，应当趁父母健在的时候多尽些孝心、报答父母的养育之恩，不要等到父母去世之后而再追悔莫及。

01 元帅为母亲洗尿裤

20世纪60年代初，陈毅担任国务院副总理兼外交部部长，公事繁忙，无暇分身回家。虽然他心里一直惦记着留在四川老家的老母亲，却只能靠寄书信互相问好。

1962年春天，陈毅出国访问归来途中，经过家乡，便抽空去探望已经身患重病的老母亲。陈毅的母亲瘫痪在床，大小便无法自理。知道陈毅回来，母亲很高兴。刚听到声音，正要打招呼的时候，突然想起来自己换下的尿裤还在床边，连忙示意旁边的保姆将它藏到床底下。

陈毅终于见到了日思夜想的老母亲，心里十分激动，连忙上前握住老人的手，无微不至地询问近况。就在母亲以为瞒过陈毅的时候，却听他询问道："娘，您刚才把什么东西藏起来了？"

陈毅母亲连忙说什么也没有，不愿让已经担任国家政要的儿子看到那些污秽物。陈毅见母亲不说，便自己低头查探看个究竟。

眼看瞒不过去了，母亲和保姆才跟陈毅说了实情。陈毅听了，心里万般过意不去。他没想到，母亲此时还为他考虑。

他道："娘，您久病在身，我不能在您身边伺候，心里十分难受。这裤子，应当由我去洗，您藏起来做什么？"

母亲听了很为难，连忙让一旁的保姆拿去洗。陈毅却一把挡住，不顾保姆的阻拦将尿裤握在手中道："娘，我小时候您不知道为我洗过多少尿裤。现在，就让儿子为您洗一回，报答您的养育之恩吧。"说完，陈毅便把尿裤和其他脏衣服一同拿去洗，洗得干干净净，让母亲十分欣慰。

陈毅是我国老一辈无产阶级革命家，是毛泽东亲授的十大元帅之一。他本无须事必躬亲，更何况旁边还有保姆在。他这样做，是因为他还有另一个身份——儿子。所谓"养儿须报父母恩"，身为儿女，应该知道报答父母的养育之恩。陈毅的行为，值得天下所有儿女学习。

登高山之巅，勿忘父母情。

02 怀念母亲

母亲是一位极其平凡的农村家庭妇女，平凡到连自己的名字都没有。奶奶叫她"苗大姐"，父亲叫她"恁娘"（孩子他娘），生产队长叫她"苗氏"。

母亲是个文盲，连"苗氏"和"毛主席万岁"也不认识，却认得"飞、凤、家、气"4个字的繁体字，还懂得"写字不用夸，先写飞凤家"的道理。

1964年，我大学毕业后，分配到济南工作。虽然只身在外地，但我总牵挂着远在农村的父母，并想着一有机会，就把他们接到城市看一看。然而，天不遂人愿。1967年冬，我突然接到"母病速归"的电报，一下子蒙了。急忙请了假，匆匆赶回曹县老家。

一踏进家门，我便直奔母亲床前。母亲看见我，眼泪哗哗地淌，却一句话也说不出来。妻子告诉我，母亲得的是"中风不语"，半身不遂。我呆呆地坐在病床边，紧紧握住母亲的手，两眼直愣愣地望着消瘦的母亲，眼泪止不住地往下流。

自从我回到家以后，母亲的精神好了许多。虽然不能像以往那样，每天都给她唯一的儿子做5顿饭，可她仍一门心思放在儿子身上。

一天，她摸着我穿旧的棉裤，示意我把妻子叫到床前，对我妻子比画过来、比画过去，在场的人谁也猜不透她要说什么，她急了一头汗。停了停，她摸着我的腿，又比画起来。妻子领悟了，指着我对母亲说："是给他做条棉裤吧？"她点点头，生气的脸上顿时露出了笑容，我们也长出了一口气。

可又见她伸出3根手指头，结果又让我们猜了半天，最后终于猜透了：棉裤要"三新"的——新表、新里、新棉花。

妻子是个针线活好手，虽然面临分娩，但母命难违，便日夜加班，给我缝制了一条崭新的棉裤。

当妻子把新棉裤送到母亲面前时，她仔细地检查：先用手搦几下，看棉裤厚不厚，暖不暖；又翻来覆去地看几遍，看针线匀不匀，样式好看不好看，然后示意我穿上试一试，看合不合身。

我换上新棉裤后，走到母亲面前，她上下看一遍，让我回转身，又上下打量几遍后，才点头通过。

从此，每到冬天，我就穿上这条"三新"的棉裤度过那些寒冷的日子。

穿上新棉裤，身子暖和多了，但在病重的母亲面前，我的心理压力更大了。我愿尽我最大努力侍奉母亲，喂汤喂药，端屎端尿，并常常坐在床头，与母亲背靠背，当她的"活躺椅"——她想坐起来，我就挺直身子；她想躺下，我就趴下身子。但我对母亲比画的什么往往猜不透。母亲不会说话，母子无法通过语言交流感情，我的心是痛苦的。为此，我整日苦思冥想，终于想出了一个办法：回想小时候，母亲一面纺线，一面看我练写毛笔字，因为写得最多的是"飞、凤、家、气"4个字，所以她认识这4个字。我立即找出文房四宝，纵情地用正楷书写了"飞、凤、家、气"4个繁体字，然后贴在母亲身边的墙上，指着每个字对母亲说："这个'飞'字代表要坐起来或翻翻身；这个'凤'字代表喝水、吃饭或吃药；这个'家'字代表拉屎拉尿；这个'气'字代表找人、要东西。以后，你想要什么，就指指墙上这几个字，我就明白了。"她看到这4个字，喜得不得了，仿佛又回到她年轻的时候，我也感到浑身轻松。

尽管儿子守候在身边，又喜添孙子，但因为农村医疗条件差，母亲的病始终不见好转。于是，我把母亲送到县医院住院治疗，但那里的大夫也无回天之力，母亲终因心力衰竭离开了我们。

母亲去世后，我把母亲的遗像挂在我住的房间里，遗像两边贴着我手书的"情深似海，恩重如山"的对联。每当想念母亲，我就抬头看着母亲的遗像，默默地在心里与母亲对话。几十年来，我搬过几次家，扔掉了不少家什、衣物等，唯独那条"三新"棉裤，虽然早已穿破，但我不肯丢弃，因为它凝聚着母亲伟大而真挚的爱!

生命是短暂的,而母爱却是永恒的。不管母亲多么平凡,儿子将永远怀念!

青春寄语

生命是短暂的,而母爱却是永恒的。

03　有眼儿的贝壳

带着母亲去朋友的四合院餐厅吃饭,母亲如往常一样没有什么胃口。吃过饭后,同座的一位非常有经验的、替母亲看过病的大夫招呼我过去。他说话的语气很慢:"朱军啊,带老太太玩儿几天就回去吧,也该准备了,淋巴癌,晚期⋯⋯"

虽然我对林大夫的话早有准备,可是听在耳朵里还是嗡了一下。自打母亲萎靡不振后,我就将她接来北京遍访名医,虽然效果不大,但心里难免还怀揣着一丝希望。

母亲自小在河南长大,出嫁后随着父亲转战西北,来到兰州,便以兰州为家生活了下来。其间,父亲总说要带母亲出去转转,可因为种种原因,一直未能成行。

父亲去世后,母亲的身体每况愈下。经过大哥和姐姐的劝说,母亲才肯出来走动。那时,我在北京已经工作了一段时间,买了房子,母亲每每来过,都是带着满意的笑容回去。

我知道,母亲一直都是喜欢这些名山秀水的,只是父亲去世之后,她便什么兴致也没有了。在林峰大夫挑明了母亲的病情后,我忍着悲痛,强打精神又带着母亲在北京逛了一个礼拜。

将母亲送回兰州的那天，在机场我和母亲告别，心中十分害怕这会成永别……

耳旁，我突然想起八一电影制片厂瞿俊杰导演的一句话："我一个60岁的人，回家之后还能喊一声'娘'，娘还在，还能答应，这是多么大的幸福呀！"我也渴望能如此幸福，可是我太害怕自己没有这样的福气。

母亲一生没有见过大海，我和两个姐姐商量打算陪母亲去秦皇岛看海，了却心愿。与其说是在了却母亲的心愿，不如说是在了却我们做子女的心愿。在出发前1小时，我突然跟母亲说单位里有点急事，需要临时去处理。临走前，我交代姐姐先把母亲带去秦皇岛，我随后就到，当时母亲没有半句责怪。

母亲一直向往广阔的大海，海上的波澜壮阔，一望无际，让长期萎靡不振的她兴奋了起来。我赶到的时候，正看到她在兴奋地弯腰捡贝壳，那神情跟孩童无异。

母亲看到我满脸汗珠和沙土赶来，心疼道："你去哪儿了，怎么成这个样子了？"

我笑着道："没事，刚从单位回来，看到这里有海滩兴奋，所以玩了一下，才弄得满脸是沙。娘，玩得好吗？贝壳捡到多少了？"

母亲像个孩子一样献出了自己的宝贝，又略微有点失望道："这里的贝壳也没有多少，只捡了一会儿就没了。"

我忙跟母亲道："娘，别着急，那边还有，一会儿我带您过去那边捡。"母亲点头，我找了个借口再次悄悄离开。

其实，在带母亲来秦皇岛之前，我就安排好了台里的事情，跟领导请了假过来。我知道母亲特别喜欢贝壳，可是这时的秦皇岛海边已经治理得很干净，早就没有什么贝壳了，只有很多卖贝壳的小商贩。于是，我悄悄买了几串，将绳子解开，请朋友一起帮我悄悄撒在沙滩上。

来秦皇岛的前几天，母亲的精神经常会出现恍惚的情况。有时候早上一醒来，就会着急说，爸爸缺东西了，让她送过去。现在看母亲精神这么好，我又怎么能让她有半点失望。有一个卖贝壳的阿姨看见我买完又拆掉线往沙滩上扔，好奇问这是在干什么。

朋友悄悄地将实情告诉了阿姨，善良的阿姨感动得热泪盈眶，主动将一大堆还未穿线的贝壳送给我："就冲你这份孝心，要多少你随便拿，全送给你。"

我感动得热泪盈眶，将贝壳撒在沙滩上。母亲几乎将贝壳都捡了回来，把它们当宝贝似的装进了口袋。

"这个海真好，这么多贝壳，我要多捡一点给你爸带过去……"

这话听得我心里直发凉，刚好没几天的母亲又开始呓语了。母亲仔细地研究了一会儿贝壳，忽然问道："为什么这些贝壳都有一个眼儿啊？"

朋友笑嘻嘻地哄着母亲："大妈，这大海里的贝壳生来就是有眼儿的。"

母亲疑惑，但好在信了。她悉心将贝壳洗干净装好，嘴里时不时喃喃地说："我给你带过去……"

我不知道父亲和母亲之间是否有什么关于贝壳的约定，我只想告诉天堂里的父亲：见了娘，一定要告诉她贝壳就是有眼儿的，千万不要拆穿我的"谎言"。

青春寄语

父母是我们生命的一大部分，没有他们，生命就不完美。

04　多回家看看

他出身于贫苦家庭，父亲早逝，母亲撑起了家里的一切。在还未离开深山前，他告诉自己，以后一定要好好报答母亲的养育之情。

在他那个时代，大学毕业还是包分配工作的，他被分配到离家乡100多公里的城市工作。虽然路途遥远，工作艰辛，但身为长子的他每个月都会雷打不动地回家探望母亲。

一次，母亲对他道："儿啊，你这车票挺好看的，给妈留着吧。"

他看了看自己手中的票，彩色胶纸印刷的，的确是挺漂亮的，便笑着送给了母亲。以后每次他回来，都会主动将票留下。临走前一晚，他睡在母亲的土炕上，听着母亲的唠叨，觉得心中分外温馨、感动。他想，若是能时常陪伴在母亲身边，该是最好的事情。

后来，随着工作的变动，他在城市恋爱、结婚、生子。因为家庭和工作，他开始两个月回一次家，渐渐地对母亲和家乡也在不知不觉中疏远了。随着回家次数的一再减少，母亲也不再找他索要车票了。

再后来，随着地位的一步步高升，他担任了单位的领导，有了自己的专车，不用再坐长途汽车了。虽然回家方便了，但是他已经习惯了坐在办公室的日子，再也适应不了长途跋涉的颠簸，也就很少回家了，一年有时候回不了两次。

转眼10年过去，他从一介科员荣升为市长。此时，家庭美满，事业得意，对他来说人生再也无法更完美了。

一天深夜，电话铃声突然响起。他的心咯噔了一下，莫名有些烦乱，他接起电话，"哥！妈突发脑溢血，快不行了！"

100多公里不过就是1个多小时的事，他转眼就见到了垂危的母亲。此时他发现，不知道什么时候母亲已是满头斑白、苍老憔悴。他心中涌上无数的悲怆，可是还未来得及疏解，母亲就去世了。

他怀着满心的自责，带着兄弟姐妹厚葬了母亲。在整理遗物的时候，从母亲一直当成宝贝的樟木箱里，他翻出了一本自己上中学时的课本。可是记忆里，他明明记得这是母亲用来放置鞋样的。他眼眶微湿，翻开书本，毫无准备地居然看到了厚厚的一叠车票。那一张张、一叠叠，都是他当年往返看望母亲时留下的。他泪如雨下，如鲠在喉。

"树欲静而风不止，子欲孝而亲不待。"他后悔，为什么母亲健在的时候，不多回来看望几次；为什么这么多年来，从未想过带母亲去他城里的房子住一天！

他将那一叠叠车票带回城里，悉心保管。每每有朋友对家里做得不足，他便会将自己的故事讲给他们听，只希望能尽一点绵薄之力，让他们意识到亲情的可贵。他常说："我妈在的时候，我没有多回去看望老人。其实当时我哪怕多回去一两趟，都会让老人感到欣慰。如今，这成了我们娘俩终生的遗憾。"

青春寄语

回头，是家的方向，是父母深情的召唤！

05 愧 悔

我刚从单位回到家，就听到楼上王婆训斥的声音。本是不在意，却意外听到一个熟悉的声音。

"我……我……这是我儿子的家！"

"爸？"

我慌忙跑上楼，看到本应该在乡下的父亲，衣衫褴褛，手足无措地站在我家门前，满脸涨红地反驳王婆的话。

"爸……"

听到我的声音，父亲一时间反而像犯错的孩子，局促地紧贴在门旁低头不敢看我。王婆见我来了，看了父亲身上的衣服一眼，讪讪地回了楼上。

"爸，你怎么来了？"

父亲抬起头，第一句话却是，"下次，下次我一定穿得周正一点"。

"爸……"我心中五味杂陈。我本意是想安慰父亲，没想到他没有半点委屈和愤慨，反而为丢了我的脸而深感惭愧。我不知道该说什么，只知道心中很痛，"爸，咱进家里说。"

进了家门，我将父亲安排在儿子的房间。我知道，他除了牵挂我，最牵挂的还有他的孙子。我刚把水倒好，还未拿进去，就听到房间里传来巴掌的声音，惊得我连忙打开了门。

"你脏！你脏死了！不许你亲我，你滚！我家不欢迎你，你滚！"我打开门，听到的是儿子对父亲的侮辱。看到父亲满脸涨红捂着自己脸的样子，我终于爆发了。

"他是你爷爷！是你爸爸的爸爸！没有他，就没有你爸爸，更没有你小子的今天。你现在立马给我道歉！"

儿子从未被我大声骂过，更何况是打。哭声引来了妻子，她一把抱起儿子，怒目瞪着我。父亲半句话不敢说，觉得自己犯了天大的错。

第二天清晨，我刚起床就听到妻子很不友善的声音："茶几上有好烟，有烟缸，别抽叶子烟，别乱抖烟灰。别动音响，别动气灶，别动冰箱，别动电视……"

父亲一句话不说，只是默默点头。

中午，我和妻子回来，看到父亲正蹲在地上拖地。城市的拖把他用不惯，弄得满地都是水，正胡乱擦拭。妻子用刀子般的眼神剜了一眼，"砰"的一下摔上了卧室的门。

父亲又像犯错了一样，局促得不知所措。我轻轻拍了拍他的肩膀，问道："爸，你是想帮我们洗地板吧？"

我拿过拖把，给父亲示范了一番，然后交给他。父亲拖干净了剩下的半间客厅，看着我，一脸感激。

下午下了小雨，我下班回来却没看见父亲。正要询问父亲去处，妻子已经满脸愤怒地对我大发脾气。大意是指责父亲的生活习惯，怪我将他和儿子安排在一个房间。我和她互不相让，吵了起来。正吵得不可开交的时候，父亲回来了。他站在门口，头发被淋湿了，粗糙的手中提着一个塑料袋，十分落魄。

妻子冷哼了一声，转身进了卧室。

我没有理会妻子的脾气："爸，先吃饭吧。"

"我……我孙儿呢？"

"哦，他晚上有补习，离他外婆近，所以就去他外婆那儿了。"我说得轻松，心里却是一阵难受。

父亲盯着我看了一阵儿，若有所悟，默默地离开了饭桌。我正要让他回来，却见他转身打开了刚才的塑料袋。拿出两袋核桃粉、两瓶蜂糖和一袋健脾糕放在桌上，说："我也不知道你们缺啥，就琢磨着买了这些，给你们补补身子。你胃不好，记得多吃蜂糖，早晚都要吃；她是知识分子，平时用脑多，多吃些核桃粉；孙儿胃口不好，这袋健脾糕你记得给他吃。"

"爸，您买这些做什么？！"我心里五味杂陈……

父亲又从贴身衣物里拿出一个塑料袋，说道："这5000元，是我卖掉鸡鸭攒下的，我用处不大，你留着，养家糊口得用。明天……明天我就回去，你要是有空，多回去看看你妈和你爷爷的坟，要是没空就算了，你们单位纪律严，爸不怪你。"

说完，父亲笑了笑，摸出叶子烟要点。可能是想起了妻子的交代，又揣了回去。我拦住父亲的手，默默地给他卷了一支烟，也给自己卷了一支。我们俩隔着饭桌，面对面，烟雾缭绕间无言。

我知道在父亲眼里，我始终是他最疼爱的儿子。但凡有一点好的，都不会忘了他在千里之外工作的儿子，必定是攒着或亲自送来。那5000元，对我来说已不算什么，但父亲至少要攒3年。

我狠狠吸了口烟，决心让父亲留下。可是他很执拗，坚持跟我说想念家里的水塘和大黑狗，怎么也不肯留下。我知道，他最想念的一直是他的孙儿，只是他生怕给我带来半点麻烦。

我叫了辆出租车，弯身给父亲打开车门，小心翼翼送他上车。父亲探出头，一脸幸福，他道："儿啊，你爸是咱村里最有福的人。也就只有你，能替爸开车门，送爸上车。"说完，他抬手抹了抹眼眶，憨憨地笑。

"爸，是儿子不孝。"

我深深地给父亲鞠了一躬。父亲惊得要出来，被我紧紧按住。身在官场，我在许多人面前弯过腰，替许多人开过车门，但从没有像今天这样毕恭毕敬、表里如一过。我知道，我已经远远超过了父亲的期待和成就，可这一切都是因为他的奠基。

父亲让司机赶紧开车，他在为儿子的举止不忍、心疼。车渐渐远去，望着父亲离这个人情淡薄的城市越来越远，我的泪，潸然而下……

青春寄语

放慢脚步，用青春的风景线记录父母渐老的容颜。

06　妈妈，我来照顾你

俗话说"久病床前无孝子"，可是有这么一个8岁的女孩，她用自己柔弱的双臂托起了瘫痪养母12年的生活。

孟佩杰出生在山西省临汾市隰县的一户贫困家庭，5岁那年，生父出车祸过世。母亲因病无力抚养，将她送给了未能生育的刘芳英夫妇做养女。不久之后，生母过世，孟佩杰和养父母相依为命。

1998年，养母刘芳英患上重病，一家人好不容易凑齐手术费，却迎来手术失败的噩耗。养母刘芳英虽然保住了性命，但从此只能依靠拐杖走路。一年之后，养父因无法忍受生活艰辛，以打工的名义撇下孟佩杰母女二人悄然离家出走，从此音讯全无。这一年，孟佩杰只有8岁。

丈夫的逃离，自己的瘫痪，让刘芳英对生活失去了希望，有了轻生的念头。然而，8岁的孟佩杰并没有向命运低头，弱小的身体却有着抗争命运的力量。

孟佩杰开始全心全意地支撑整个家庭，一个8岁的孩子从什么也不懂到什么都要学会，小佩杰每天早早起来，去市场买菜，回家帮母亲穿衣刷牙，洗脸，换尿布，活动身体，刘芳英看着孟佩杰如此坚强，更加不忍心离开这个孩子。

孟佩杰看着整日愁苦的母亲，一把抱住母亲的脖子，语气坚定地说："妈妈，别怕，还有我呢！我来照顾你一辈子！"

刘芳英更加心疼起来，从此打消了轻生的念头。

8岁的孟佩杰学着炒菜，擦拭家具，什么都做。当时的小佩杰只有8岁，没有多少力气，身体还没有灶台高，每次都要踩着小凳子才可以够到。

小佩杰日复一日坚持着，无论摔得多痛，无论身体多累多苦，小佩杰从来没有喊过一句痛，说过一句苦，小佩杰让整个家庭焕发了新的生机。

小佩杰和正常的孩子一样上学读书，尽管家里的母亲需要照顾，但小佩杰的学习从来没有松懈过，从小学到高中，小佩杰的成绩一直名列前茅。

然而，命运似乎又和小佩杰开了个玩笑。2007年，孟佩杰初中毕业，刘芳英的病情突然恶化，最终瘫痪并完全丧失了自理能力。还未成年的孟佩杰主动选择在临汾一所职业学校学习，以方便照顾母亲。

2009年，按照学校的规定，小佩杰必须去临汾总校再接受3年教育。小佩杰决定，带上母亲去上学！

小佩杰在学校附近租了房子，申请了走读。小佩杰尽最大可能陪伴着母亲，无论放学回家还是外出上学，小佩杰几乎都是小跑，和命运赛跑！

小佩杰为了补贴家用，一有时间就上街发传单，原来白白净净的姑娘生生晒成了"黑姑娘"。

小佩杰把省吃俭用省下来的钱给刘芳英买衣服，而自己穿的多是亲戚朋友家孩子不要的旧衣服。其他同龄女孩纷纷开始梳妆打扮的时候，孟佩杰把有限的钱都用在了日常开支和养母身上。小佩杰说："我少买件衣服，少吃顿好饭，妈妈就能多买些好药，少遭点罪！"

小佩杰自己不舍得吃好的、穿好的，每次发传单的工资下来，第一件事就是买母亲最爱吃的红烧肉和猪头肉回家，她自己却从来不肯吃一口，还说："不爱吃，太油腻了。"

2011年，孟佩杰的故事被人发到了网上，临汾的一家医院听说后，将刘芳英接到医院免费进行治疗。为了配合母亲治疗，孟佩杰更加督促自己，每天既要上课，又要帮母亲做康复治疗，仰卧起坐240个，拉腿200次，捏腿15分钟，为了让母亲更快地恢复健康，孟佩杰不买衣服，不买化妆品，上街发传单，一切收入都用来维持生活和母亲的康复治疗。

2011年6月，刘芳英迎来了瘫痪在床后的第12个生日，孟佩杰坚持让母亲许个愿望，刘芳英忍不住将愿望说了出来。"希望自己可以站起来，承担一个母亲的责任，给女儿安全和依靠！"刘芳英含着泪水接着说，"我只照顾了你

3年，你却要照顾我大半辈子。"12年的不离不弃让刘芳英感激涕零，小佩杰那句"妈妈，别怕，还有我呢，我来照顾你一辈子！"是爱的最好诠释。

孟佩杰却说："别说只照顾我3年，哪怕只照顾了我3天，你也是我母亲，照顾母亲，是做女儿的最高荣耀。"

记者采访刘芳英时，刘芳英说："这么多年来，孟佩杰的坚强和乐观感染了我，让我找回了生活的希望和勇气。"

"妈妈，别怕，还有我呢，我来照顾你一辈子！"孟佩杰用行动诠释着誓言。

2009年，临汾市委授予孟佩杰母女"文明和谐家庭"称号。

2010年，孟佩杰成为临汾市年龄最小的"十佳道德模范"！

青春寄语

孝敬父母，从心做起！

07 一碗泡面

妻子早逝，他独自抚养7岁的儿子。工作、照顾家庭，让他力不从心。有时候工作繁忙，回来看到满身污泥的儿子，他倍感痛苦，最终却只能化作阵阵无奈涌上心头。

一次工作需要，他临时决定出差。因为时间匆忙，他无暇给儿子准备好早饭，便匆匆离开了家门。

在火车上，他一直担心7岁的儿子没有饭吃。家里又没有人，万一摔了或是被人欺负了怎么办？他到达出差地点后，片刻不敢松懈，不断地给家里打电话，打探孩子的情况。好在儿子很懂事，总是叫他不用担心，自己能照顾好自己。

可是儿子不过才7岁，他怎么可能真的放心呢？

他抓紧时间办完了事情，当天就急匆匆赶回了家。回到家里，儿子已经熟睡。看着儿子稚嫩坚强的脸蛋，他心里松了一口气。一天的奔波和担心，让他疲惫得倒头就睡。可是一掀起棉被，他大吃一惊：棉被下面，竟然有一碗打翻的泡面！

他顿时气不打一处来，盛怒之下拉起儿子就是一顿狠打。

"你为什么这么做！你这么调皮，就会惹爸爸生气，棉被弄成这样，谁给你洗？！你是不是要气死爸爸！"

也许是压抑太久了，妻子死后，这是他第一次打孩子。心中的悲愤控制不住，他下手毫不手软。

孩子起初哭得歇斯底里，后来就是一抽一噎，直到他停了才开口道："爸爸，我没有，我没有想惹你生气，也没有调皮。这是……这是我给爸爸做的晚餐，我怕爸爸肚子饿。"

听到这句，他喉间涌上一阵酸楚。原来，这是懂事的儿子怕他饿着，所以准备了一碗泡面给他。

"我怕……我怕爸爸回来面凉了，所以才……才放到棉被底下的。爸爸，对不起，我没想到……它会打翻。"儿子低头认错，脸上还挂着泪花，瞪着大眼小心翼翼地看着他，生怕他再生气。

他说不出话，心中无限悔恨，紧紧抱着孩子不断流泪。他怎么也想不到这么小的孩子竟然懂得关心他、体恤他的难处。他捧起剩下的半碗已经发胀的泡面，大口吃了起来。

这碗泡面，是他这辈子吃过的最美味的泡面。

青春寄语

生命因爱而幸福，人生因爱而快乐。

08　变味的压岁钱

中央电视台录制的《相约夕阳红》节目里，曾经有一期以"压岁钱"为主题邀请嘉宾进行讨论。

因为节目的原因，请来的嘉宾大多数是老年人，只有少部分年轻人和孩子。

谈起压岁钱，嘉宾们都有不少幸福的回忆。其中一位老奶奶有感而发："小时候最盼着过年。年三十晚上，我们睡着之后，爸爸妈妈就会放一枚铜钱在我们枕头底下。铜钱会用红纸小心翼翼包好，寓意我们吉祥如意。大年初一早上，只要一睁开眼我就能摸到。虽然钱不多，但能感觉到长辈的祝福和期望。"

当谈到现今给孙子、孙女压岁钱的情景时，许多老人脸上露出了复杂的神情。在他们的话语间，不难感觉到痛苦和忧虑。

一位老奶奶说道："现在压岁钱和我们当时不一样了，都变味了。我小孙女4岁，来拜年的时候，会先鞠一个躬，还没等你高兴，她就大声喊要压岁钱。真不知道她爸妈是怎么教的，张口闭口都是钱！"

旁边几位老人也跟着说道："何止是要钱啊，他们还会用钱多钱少来衡量我们。如果给得多，孙子、外孙就会把我们叫'好爷爷''好姥爷'，如果给的少了，就会被叫成'抠爷爷''抠姥爷'。你说这好好的一个过年，被这么一弄……唉！"

"是啊，现在一过年，我们第一反应不是开心，而是紧张啊。"

一位老奶奶流着泪道："今年还没过年，我孙子就提前跟我说，'奶奶，到时候你一定要给4个脑袋（4张100元），如果不是4个脑袋的话，您就别往外掏了'。我的退休金就那么些，哪里能掏得出这么多啊！"

"我有5个孙子，过年就要拿出500元做压岁钱。可是我的退休金每月只有500元，给了他们500元，我下个月的生活费就没了！"

老人们一个接着一个讲述，原本该是幸福的话题，却让他们倍感心酸难受。经历过年轻时的拼搏，年老了本该是儿孙绕膝享清福的年纪，可他们却无法安享晚年。

他们都是每个家庭的功臣，曾经是全社会的中坚力量。没有他们，就不会有下一代，更不会有新中国的今天。如今，孩子长大放飞，他们衰老年迈，更需要年轻一代的关心和照顾。

对他们的照顾，是对孩子最好的教育，是对老一辈精神最好的传承，更是对自己以后未来晚年生活最好的保障。

青春寄语

父母之爱是一种精神的内在动力，无法用金钱来衡量。

09　购买上帝的小男孩

"请……请问，您这儿卖上帝吗？"小男孩手里紧握着1美元硬币，怯生生地问着店主。

店主皱眉看着他，不耐烦道："别在这儿捣乱！"

小男孩失落地握着硬币，继续沿着大街一家一家商铺地询问。从日出到日落，他几乎问遍了镇里的所有商铺，可是所有人都拒绝了他。

"没有！不买东西就走！"

小男孩好不容易再次鼓起勇气，可是得到的结果依旧令人失望。他低着头，走到了第29家商铺门口。

这家商铺的店主看起来60多岁，满头银发，慈眉善目。他温和地接待了小男孩："孩子，你需要什么？"

小男孩道："我想购买上帝。"

老人笑了笑道："你叫什么名字，购买上帝做什么？"

小男孩见老人没有拒绝他，含着眼泪连忙道："我叫邦迪，我的爸爸很早就去世了，是普特鲁普叔叔把我养大的。叔叔是一个善良的建筑工人，可是不久前他从脚手架上摔了下来，一直没有醒。医生跟我说，只有上帝能救普特鲁普叔叔，所以我想买一个上帝回去给叔叔吃，这样他就能好了。"

老人听了很感动，他抚摸着小男孩的脑袋道："你有多少钱？"

"我只有1美元。"

"正好，上帝就是这个价。"

老人拿过硬币，取过货架上的一瓶"上帝之吻"饮料给小男孩，并对他说："孩子，拿去吧，你叔叔喝了它就会没事的。"

小男孩喜出望外，连忙抱过饮料，兴冲冲地回了医院。几天之后，一个由世界顶级专家组成的医疗小组来到医院，对普特鲁普进行了会诊。在经过精心治疗之后，普特鲁普终于痊愈出院。

出院时，普特鲁普看到账单上的天文数字，几乎当场晕倒。可是院方告诉他，已经有人替他付清了医药费。

小男孩看着叔叔激动的样子，仰头道："叔叔，上帝治好你的病了吗？"

普特鲁普听到这句话，连忙询问小男孩怎么回事。小男孩说了老人的事，并带普特鲁普去了那家商店。可是商店已经空无一人，他们再也没见过老人的面。

不久之后，普特鲁普收到一封越洋来信："年轻人，你有一个好侄子。他为了救你，拿着1美元到处购买上帝，是他的孝心救了你。但有一点请你记住：真正的上帝，来自人们的爱心！"

青春寄语

真正的上帝，来自人们的爱心！

10　你替父母洗过脚吗

　　一位才华横溢的年轻人，经过层层选拔，终于跨进一家名牌企业的大门。可是在最后一次面试结束前，面试官突然提出了这样一个问题："你替父母洗过脚吗？"

　　年轻人被这个问题弄得措手不及，满脸通红道："从来没有过。"

　　面试官看着他，对他道："明天来之前，你替父母洗一次脚吧。"

　　年轻人红着脸走了，他觉得自己的脸在发烧。虽然他不明白面试官的意思，但是心里感觉自己犯了很大的错误。回到家里，他看着坐在椅子上休息的母亲，默默端来一盆热水，要为她洗脚。

　　母亲不舍得疼爱的儿子替自己洗脚。直到年轻人说了缘由，母亲才按照儿子的要求将双脚泡在水里。

　　年轻人的手在触摸到母亲双脚的那一刻，不由得潜然泪下。手中的那双脚，感觉就像是刺皮木棒一样坚硬粗糙，厚厚的老茧布满整个脚底板，脚背上则是千疮百孔……

　　他年幼时父亲早逝，母亲靠着给人当佣人才将他抚养长大。在记忆里，满满都是母亲忙碌的身影，几乎没有一刻的清闲。是这双脚，一步一步踏出了他的前程，也一步一步葬送了母亲的青春。

　　此时，他才真正领悟到生活的艰辛和不易，内心被翻腾的触动填满。母爱无疆，母亲给了他无尽无私的爱，他身为人子如果不能尽心回馈，怎么对得起母亲这么多年的辛苦抚养？

　　第二天，他如约回公司报到。面试官第一句就是："你替母亲洗脚了吗？"

　　他深深鞠了一躬，对面试官道："谢谢您，让我知道母亲为我受了多少苦，我收获到了书本上无法获得的知识，懂得了做人的道理。非常感谢您的指点，是您的指点让我明白这些。从今往后，我一定好好孝顺母亲，不让她再为我受苦！"

面试官听完年轻人的话，脸上露出欣慰的笑容："你能明白这些，说明你的确是我们需要的人才，明天起，你就来公司上班吧。"

年轻人心怀感激，来上班之后一刻也不敢忘记自己的誓言。他尽心尽力、吃苦耐劳，在公司打拼下了辉煌的业绩。不过几年，他就荣升为公司部门经理。为了公司的发展，他殚精竭虑、爱岗敬业，终于在多年后成为公司高级管理层中的一员。当初在面试时许下的承诺，也早已实现。

青春寄语

真正的上帝，是人们的爱心！

老吾老以及人之老，幼吾幼以及人之幼。

第九章　益智趣味故事

　　孩子的天赋有差异、智商有高低，但这种先天的差异是非常有限的，关键在于后天的教育。即使是禀赋一般的孩子，只要教育得法，把潜能开发出来，也能把孩子培养成非凡的天才。而开发孩子智力的有效方法，就是引导孩子对生活多观察、多思考、勤动脑、多学习。

　　密尔顿说："思索是智慧的母乳。"苏霍姆林斯基说："要培养自己孩子的智力，那你就得教给他学会思考。"智慧源于思考，学会独立思考和独立判断，比获得知识更重要。刀越磨越明，大脑越用越灵。给孩子一个会思考的大脑，掌握思考的技能，是父母送给孩子最好的礼物，这是孩子应对社会竞争和生存的最大法宝。

　　而思考源于观察。观察力是打开知识宝库的金钥匙，是孩子积累知识、发展智力的重要途径。苏霍姆林斯基说："从孩子一开始有意识地生活起，父母就应该引导孩子注意周围世界各种事物和现象之间的因果联系，其目的是使孩子学会观察事物。""观察是智慧最重要的能源。"父母应该利用孩子的好奇心，引导他去注意观察，并善于发现周围那些事物的特点，培养孩子一双会观察的眼睛，注意思考各种事物和现象之间的因果联系。对孩子提出的问题一定要耐心地解答，让他在解开一个个"为什么"的谜团中长大。爱提问题并注意思考的孩子往往是智商高的孩子。

01　班固智斗强盗

　　班固，东汉扶风安陵人，我国著名史学家、文学家，主要撰有《汉书》和《白虎通德论》，史上与司马迁并称"班马"。班固一生历经多职，往往能有成绩，究其种种在其机智，善解难题。

　　一日，班固与汉武帝驯马官一同前往扶风郡办事，途经一片杏林。两人连日赶路，皆感疲惫，见杏林风光正好，便决定下马歇息。两人懒懒卧于草上，骏马在一旁悠闲食草。正当两人打算养精蓄锐一番时，林中忽然传出一声大吼。

　　"起来！"

　　两人受惊坐起，只见四个手持长矛刀剑的强盗，正杀气腾腾地看着他们。其中两人握着长矛逼近，另外两人抓住了马的缰绳。

　　驯马官吓得直抖，强盗头子大笑道："尔等要想活命，就将马匹留下！"

　　留下马匹？

　　驯马官如何能答应？这可是汉武帝钦定的悍马，马若丢失，则性命不保。

　　"是！"班固突然回答。

　　驯马官心想完了，眼见强盗将马匹拉走，连忙吹了声口哨。两匹马听见马令后，任凭强盗如何抽打，硬是纹丝不动。班固悄悄握住驯马官衣襟，小声道："如今就你我二人，若是硬打必定无法取胜。不如先行脱险，等强盗离开，再另想法子夺回马匹。"

　　驯马官听班固这么说，也只能暂且如此，眼睁睁看着强盗将马牵走。

　　两人往回走了片刻，迎面就见二十几个挑酒罐的挑夫。班固急中生智，一个妙招即刻涌上心头。他面露怒色，朝其中一人的酒罐狠狠踢去。顿时，两个酒罐应声破碎，酒洒一地。班固未等挑夫回过神，转头拉起驯马官就跑。

挑夫见班固如此无礼，纷纷追赶。班固领着挑夫朝方才强盗离开的方向跑，刚跑没多久，就见强盗和马匹。

强盗听见声音，转头，就见二十多人朝他们奔袭而来。以为班固和驯马官寻来帮手，当即顾不上马匹，落荒而逃。

挑夫见自己吓跑了强盗，还不知发生了何事。等追上班固，听其缘由才恍然大悟，皆称赞："竟有人机智至此！"班固和驯马官谢过挑夫，取出银子赔了损失，便重新上马飞驰而去。

如此，班固又凭自己的机智，化解了一次危机。

> ## 青春寄语
>
> 真正的智者就是在遇到重大变故时能随机应变。

02 王羲之醉酒

王羲之10岁时，长得眉目清秀，十分讨人喜欢。当时朝中手握重兵的大将军王敦经常把他带在身边，因为是本家，所以有时王敦会让王羲之和他一起住在军帐中。

晋元帝登基后，不满王氏家族把控朝政，一直暗中削弱王氏势力；王敦作为王氏大将，也不满晋元帝称帝，一直伺机谋朝篡位。

一日，王羲之依旧宿在王敦军帐中。王敦因为要处理公务，早早起床，王羲之贪睡，迟迟未起。王敦处理半天公务，已然忘了王羲之就在帐中。这时，他的心腹谋士钱凤进入卧室，让左右伺候的人下去之后，就秘密地和王敦商讨起了谋反起兵的事。

王羲之一觉醒来，听到军帐内有人说话。仔细一听，当即把他吓出一身冷汗。谋反可是灭九族的大罪！要是让王敦叔叔知道他听到了他们密谋，他一定会性命不保。

怎么办？

在危急关头，王羲之突然想起来，自己昨晚喝了点小酒。于是他连忙悄悄地用手抠自己的喉咙，把被褥吐得到处都是，还把自己的脸弄脏，装出睡得很香的样子。

王敦和钱凤谈得正起劲，突然想起帐中还有一个小孩，顿时脸色大变。这事要是泄露出去，谁也别想活命！要想解除后患，唯一的办法就是杀了这小子。尽管很可惜，但王敦还是决定这么做。

王敦和钱凤手握尖刀，悄悄掀开帐子。只见视线之内，到处都是王羲之吐的污秽之物，鼻尖还能闻到刺鼻的酒臭味。最可笑的是，一张脏兮兮的小脸上还露着甜甜的笑容，好像有什么开心的事情发生在梦里。

"这小子，还做着梦呢。哪能听到咱们说什么，让他继续睡吧！"就这样，王羲之用计谋躲过了这场杀身之祸。

青春寄语

面对危险，只有从容镇定、理智应对，才能找到脱离危险的机会。

03 苏东坡巧题对联

北宋大文学家苏东坡喜欢游山玩水。他在杭州任职时，有一回游莫干山，中途在一座小庙中歇息。庙里的老和尚见苏东坡衣着朴素，长相也很平常，态度就很冷淡地对苏东坡说了一声"坐"，对小和尚说"茶"。

苏东坡见老和尚态度轻慢，也没有表示出不满，就跟往常一样，心态很平和地跟老和尚交谈。两个人交谈了一会儿，老和尚惊讶地发现，这个看起来很平常的客人竟然很有才学，心中暗想：如此博学多才之人绝非凡夫俗子。

于是，老和尚很客气地将苏东坡请到了客厅里，笑容满面地对苏东坡说"请坐"，吩咐小和尚"敬茶"。

经过一番交谈之后，老和尚得知来客竟是大名鼎鼎的苏东坡，他慌忙起身作揖，态度也来了一个大转弯，恭恭敬敬对苏东坡道："请上座！"又忙不迭对小和尚道："敬香茶！"

临别时，老和尚很殷勤地请苏东坡为寺庙题字留念，苏东坡欣然应允，拿起笔很快就写出了下面这副对联：

坐请坐请上坐；
茶敬茶敬香茶。

短短几个字，苏东坡机智又巧妙地讽刺了老和尚以貌取人，前后不一的行事作风。老和尚看着这副对联，愧疚不已。

青春寄语

奉献一份真诚，得到一份信任；给予一份轻薄，得到一份孤独。

04 海瑞放火追印

明朝时期，江南一带大闹灾荒。救灾县令贪污受贿、目无王法，以致民不聊生、怨声载道。当朝大臣海瑞奉旨下江南，惩处贪官污吏，救济灾民。

海瑞生性刚正，民间素有"活包拯"之称。一到江南，他便立刻查起救灾粮草去向，但凡发现短缺克扣之处，必定严惩负责官吏，绝不手软。查至江苏上元县，海瑞发现此处县令不只克扣粮草，竟然还以次充好，鱼肉百姓。大怒之余，他将上元县令斥责一通，并勒令他3天之内将粮草完好归还国库，否则按律当斩。

上元县令虽按时归还了粮草，但自觉颜面尽失，一直寻机报复海瑞。

一日，海瑞升堂审理罪案，却发现自己放于公堂上的官印丢失。海瑞心里大吃一惊，仔细回想后便猜到是何人所为。能自由出入他临时舍馆的，仅有上元县令一人。除了他，绝无人能偷走官印。

海瑞虽然心中笃定，但是依旧派人先行查探，直到证实推论后，才开始想办法拿回自己的官印：若是当面质问，这上元县令必定不会承认；若直接抢夺，又多有不妥。如此一来，只能智取。

于是海瑞吩咐师爷，令其去请上元县令过来；同时，又吩咐厨房差役，等上元县令一到，就纵火烧柴房。

上元县令收到请帖后，心中毫不担忧，只觉海瑞无凭无据，不能奈他作何，便大摇大摆，欣然赴约。上元县令一到，就被请到了书房。一进门，上元县令正看见放在书案上的官印盒子，他只当没看到。

海瑞命人奉茶，正要和上元县令细谈公事，突然听见门外仆役大喊："着火了！着火了！快来救火啊！"话未落音，院子里已经是人声嘈杂，救火的声音四起。

海瑞显得十分惊慌，赶紧拿过官印盒，一把塞到上元县令怀里道："这是我的官印，烦劳大人仔细保管。等我救完大火再归还，切勿丢失。"说完便快步奔出书房，赶去救火。

上元县令当然知道里面是空的，可是又不能说破，只好叹息一声，自觉将偷来的官印放回盒内，送归原主。

一个时辰后，海瑞救火回来，打开盒子后，果不其然看到自己丢失的官印。他故作不知其中原委，一边拍着身上的灰土，一边向上元县令连连道谢。

上元县令看着海瑞，只觉得此人当真是名不虚传，令人心服口服。

智慧是一把伞，撑着它，就能驾驭生命。

05 变短的木棍

有一位技术高超的木匠，为流传祖宗手艺，广收各方弟子。他对弟子悉心教导，希望他们有朝一日能超过他。

一日，木匠教导完弟子回到自己屋内，发现抽屉大开，里面的银两不翼而飞。木匠判断：这屋子只有自己和亲传弟子能进来，偷钱的人必定在他们其中。

他将所有弟子召集起来，道："今日我屋内有人进去拿了抽屉里的银两，是谁拿的，只要如实说出来，师父便不与他计较。"

弟子们面面相觑，谁也没有站出来承认。

木匠继续道："你们都是我的弟子，只要现在承认，为师保证不会责怪。"

可是任凭木匠怎么说，所有弟子都坚决否认和自己有关。如此一来，场面便僵持了下来，偷钱的人自然也没能找到。

木匠寻思了几天，决心一定要弄清楚到底是谁偷的银两。为此，他想出了一个绝妙的办法。

这日，木匠如往日一般教导弟子。休息的时候，他把所有弟子召集到跟前，将手中握着的小木棍一一发给他们。

在弟子不解的目光中，他淡淡笑着道："为师已经知道是谁偷的钱。你们都且将这根木棍收好，明天谁的木棍比别人长，谁就是那个偷钱的人。到时候，这个人将无所遁形。"

木匠的话让偷钱的弟子顿时心惊。一晚上他都无法安心入睡，生怕明天

第九章 益智趣味故事

被师父当场抓出来。为了避免事情败露，他拿出自己的木棍，到院子里偷偷用工具将木棍截去一段。如此一来，他总算安下心来回房睡觉。

第二天早晨，弟子们按要求把所有的木棍都拿了出来。所有人的都一样长，只有那个偷了银两的弟子的木棍，比别人生生短了一寸。真相大白！偷钱的原来就是这个弟子！

木匠叹了口气道："偷盗东西本就是不对，你还想方设法隐瞒，更是错上加错。知错能改，善莫大焉。若是你一开始就承认，为师也早就原谅你了，何须落得如此下场。尔等以后切记，犯错并不可怕，可怕的是知错不改，害人终害己啊。"

偷盗的弟子羞愧地低头痛哭，立誓日后不再犯错，这才得到木匠的原谅。

青春寄语

诚实才能坦荡。

06　谁是叛徒

昏暗的小屋内，气氛压抑得让人难受，没有人说话，大家只是沉默地看着对方。

负责人王辉仁掏出一把枪，放在桌上。他神情严肃，目光锐利："我刚刚接到情报，我们中间，出现了叛徒！"

此时正是抗战时期，他们负责情报工作，一旦出现叛徒，前方阵营必定损失惨重。

"你是叛徒！"王辉仁举起枪，对准站在他对面的大个子，杀气腾腾。

大个子被诬陷，当即满脸涨得通红，结巴一下，惊恐地大声道："不是我！我不是叛徒！"

王辉仁死死地看了他一会儿，突然又将枪对向旁边的小个子，凌厉道："那就是你！"

"我当然不是！"小个子冷冷回应，脸上满是不屑。

一旁的胖子敲了敲桌子，冷哼了一声道："这么说，叛徒就是我了？你们都在怀疑我？我还说叛徒是你呢！"胖子将手指向王辉仁。

气氛再次凝重了起来，所有人都用怀疑的目光看着对方。一时间，谁也不相信谁，今天务必把叛徒找出来不可！

叮叮叮！

突然，电话铃声响了起来，所有人都吓了一跳。王辉仁放下枪，大步走到电话旁边，迅速拿起话筒，随即他双眼大睁，惊讶道："什么？找到叛徒了？叛徒是谁？"

王辉仁听到名字后，转头看了3人一眼，点头道："我知道了，我会处理好这个叛徒的。"

大个子和小个子脸上露出轻松的笑容，刚才的胖子却一把拿过桌上的枪，对着王辉仁3人冷笑道："都不许动！再动我就开枪！"

王辉仁沉下声道："原来叛徒是你！"

"什么？"

"实话告诉你吧，"王辉仁死死盯着他道，"刚才的电话是我妻子打来的！目的就是找出真正的叛徒。"

胖子怔住，把枪一指道："就算你们知道我是叛徒了又怎么样？！现在枪在我手里，你们都受死吧！"说完，胖子扣动了扳机。

可是预料中的中弹声没有响起，原来弹夹里根本就没有子弹！

大个子和小个子同时松了口气，一起上前将叛徒摁住，等待他的将是党内的处罚。而对于王辉仁抓叛徒的高明手段，所有人都是万分敬佩。

王辉仁淡笑着解释道："其实我利用的不过是叛徒'做贼心虚'的心理而已。我们不能冤枉一个好人，但是也绝对不能放过任何一个坏人！"

青春寄语

细心观察巧揣摩，耐心等待识真面。

07 叶挺寄信

皖南事变后，我国著名革命家叶挺被国民党暗中扣押软禁。周恩来多次斡旋要人，但均被对方以"叶挺生活很好，从未被软禁"为由拒绝。

1942年1月，国民党军决定将叶挺转移到重庆秘密看押。在看守所中，叶挺一直在想办法和中央取得联系，好让党知道他的关押地点。

一日，周恩来突然从阳翰笙（为我党地下工作者）那里得到一封来信。信封上没有地址，只有一行潦草的字迹："我已被押解来渝，任光在我身边阵亡，希夷。"（注：叶挺，字希夷；任光，著名抗日作曲家，在新四军从事音乐工作，在皖南事变中牺牲）周恩来看到信后，又惊又喜，片刻没有耽搁就向国民党要人。虽然国民党矢口否认，但在铁证面前终究无法抵赖，只能心有不甘地放人。

叶挺被送走之后，国民党认定是内部出现了奸细，以致走漏消息，可是查了很久，都没有结果。

原来，叶挺在望龙门关押了一段时间后，军统又将他转移到江北一个秘密监狱。转移途中，路过一个公厕，叶挺灵机一动，说是肚子不舒服要如厕解手。

特务虽不耐烦，但并未拒绝："真是麻烦！快去快回，你们都跟着去！"

叶挺进入厕所后，迅速掏出随身携带的纸笔写了一封短信。信的收件人是中国电影制片厂阳翰笙。写好信后，叶挺附上一张便条："请拾到这封信的朋友，按照信上的地址发出，将感激不尽！这5元作为报酬。"随后他用一块砖压住了信和5元钞票，出了厕所。

大约一周后，阳翰笙从收发室收到了一封没有发信地址的信，看到上面的内容后赶紧将它交到了周恩来手中。据了解，周恩来在国民参政会上，要求国民党当局立刻释放叶挺等政治犯的时候，曾出示这封信。

1946年3月，在中共南方局的营救和爱国民主人士的呼吁下，被监禁5年之久的叶挺终于获释。遗憾的是，叶挺同志在由重庆飞往延安的途中，飞机于山西兴县黑茶山失事，机上成员全部不幸遇难，随行的还有王若飞、秦邦宪（博古）等革命党人。

青春寄语

遇事不惊，临危不乱，沉着冷静，方能化险为夷。

08 老铁匠和一把紫砂壶

东林老街里有一个铁匠，打从年轻起就靠打铁为生。可是随着生产力的发展，大的铁器已经很少需要了。铁匠正好年老，索性不再打铁，悠闲地卖起了狗链。

他卖狗链也很随意，不吆喝，不摆摊，客人来或不来都不勉强，那过的是一个潇洒。有时候有人路过，忍不住看他几眼，他也不在意，自顾自喝茶。若是无聊了，他就拿出一只用得老旧的收音机，听着京戏，徐徐伴风度日。

久而久之，人们从东林老街路过时，总能看到一个铁匠，手边放着一把紫砂壶，桌上立着一只老旧的收音机，咿咿呀呀，好不满足。

第九章 益智趣味故事

一天，一个古董商人从东林老街路过，偶然间看到了铁匠的紫砂壶。只觉得那壶古朴雅致，紫黑如墨，甚有清代制壶大师戴振公的风采。他走上前，忍不住细细端详起来。

这一端详，果真让他发现了宝物——壶嘴内藏着的印章，正是显示"戴振公"。商人兴奋不已，这戴振公可是有"捏泥成金"的美称。据闻，世上由他所制的壶仅剩三把：一把在美图纽约州立博物馆；一把在中国台湾的故宫博物院；还有一把在泰国某位华侨手里，这任何一把都是价值连城。

"老人家，我给你10万元，你把这把壶卖给我怎么样？"

"10万元？"

老铁匠先是一惊，随后却又拒绝了。这把紫砂壶他从未把它当过宝贝来看，只不过是他爷爷用它，他父亲也用它，所以他也照例用它罢了。当夜，老铁匠失眠了。

更让老铁匠不舒服的是，现在只要他一躺在街上喝茶，就会忍不住多看紫砂壶几眼。特别是，当人们知道他手中握有宝贝后，总是想方设法地打探他是否还有其他宝贝。老铁匠的生活被彻底打乱了，他不胜其烦，却又不知道该如何是好。

在经过一夜失眠思索后，老铁匠终于明白自己的真正烦恼在哪儿——因为紫砂壶值钱了，扰乱了他内心的平静，使他无法再安享晚年。

不久之后，那位商人带着20万元现金再次登门拜访。

"老……"

商人刚开口，老铁匠就制止他继续说下去。老铁匠出门，招来左右邻居，又将自家用了三代的紫砂壶拿出来。在所有人不敢置信的目光中，用一把斧子当众把它砸了个粉碎。

"我已经没有紫砂壶了。"

商人悻悻离去，众人也跟着散了。老铁匠又恢复了原本宁静的日子，继续卖着他的拴狗链，闲暇时饮茶、听戏、安眠。

懂得知足，生活才会获得真正的平静。

09 请赏一棋盘麦粒

传闻，古印度有一个国王名叫舍罕。舍罕王每日不理政务，只知道和一群迎合拍马的大臣玩乐。日子久了，所有能玩的游戏都被他玩过了，舍罕王无聊至极，便向全国重金悬赏新游戏来打发时间。

宰相西萨·班·达依尔见舍罕王如此昏庸无道，轻慢浮夸，决定给他一个教训。西萨将自己发明的一种棋类（现在的"国际象棋"）游戏推荐给舍罕王，并详细说明了这种游戏的独到之处，让舍罕王产生了浓厚的兴趣。

一年、两年过去了，舍罕王对这种游戏的兴趣不减，越研究越觉得高深莫测，欲罢不能。他决定，在他死前好好嘉奖游戏的发明者。

舍罕王将宰相西萨传唤到大殿，当着所有大臣的面道："西萨，我决定满足你一个愿望，无论你要什么赏赐我都会给你。"

"陛下，我深感荣幸。我的愿望是，希望您能赏我一粒米。"

"一粒米？"舍罕王倍感意外。

西萨跪下道："陛下，请您在棋盘的第一个方格内放上一粒米，在第二个方格内放上两粒米，在第三个方格内放四粒米，照这样下去，每个方格都比前一个方格增加一倍，直到把棋盘上的64个方格全部放满。陛下，我只要这些就够了。"

舍罕王很高兴，觉得这样的要求实在是太容易，他慷慨道："好！把棋盘拿出来，让所有的大臣都作见证！"

第九章 益智趣味故事

大臣们全部聚集到棋盘旁，厨房的仆人将一磅重的米给了西萨，西萨笑着打开袋子，道："我建议你换一个大的袋子，这一袋可不够。"

周围的大臣都笑了，以为这句话是玩笑。可是随着仆人将米一粒一粒地放到棋盘上，所有人都笑不出来了。

还不到二十格，米袋里的米粒就不够了。随着方格的增多，搬运米粒的工具也逐渐增大……最后所有人发现，即使把王宫里的所有米都弄过来，也不够填满整个棋盘！

人们请来数学家计算，几番周折后终于算出结论：一粒米在64格的棋盘上逐渐增倍，最后是1800亿万粒米，相当于当时全世界米粒总数的十倍！舍罕王就是倾尽全国所有，也不可能兑现承诺！

所有人都沉默了，不知道该如何解决这个问题。

西萨见舍罕王已经吸取了教训，便主动开口要求放弃其余的赏赐，并将之前得到的米粒，以国王的名誉捐给了百姓，这才使"国王的赏赐"得以完美收场。

青春寄语

将知识与经验和谐运用就是智慧。

10 难倒心算大师

阿伯特·米卡洛是一位著名的心算大师，无论你给他多复杂的难题，他都能立马算出答案。为了展现自己的才华，他时常在人群聚集的广场上表演，让在场的观众即兴出题。

一天，一位年轻的心理学家慕名而来，他上台表示自己有道题想考考这位心算大师。在征得对方同意后，他很客气地开始出题："一列载着98675名旅客的火车停靠在站台，下来1798人，上去1537人；下一站又上去7658人，下来2874人；又到一站上去9679人，下来5678人。"

米卡洛听到这儿，脸上露出轻松嘲讽的笑容，这样的问题对他来说太简单了。

心理学家并不着急，而是继续道："火车再次进站，这次火车上下来879人，上去1244人；下一站又上去8769人，下来9767人；又一站上去797人，下来678人。"

这时，心理学家已经是口干舌燥，而米卡洛依旧是一脸轻松，并未将这个问题放在心上。

米卡洛有些不耐烦道："就这样？"

心理学家喝了口水，继续道："不，还有，请您给点耐心。火车还在继续行驶，这次火车到了一个大站，下来19876人，上去8976人；在下一站又下去7897人，上去13348人；再一站又上去78人，下来783人。这次，列车终于要驶向终点站了。亲爱的米卡洛先生，我的问题就在这里，请问……"

心理学家还未说完，米卡洛就打断他道："我可以立即给你结果。"

"真的？"心理学家一脸兴奋道，"那么，米卡洛先生，您能告诉我这列火车到底一共停靠了多少站点吗？"

米卡洛听完问题，愣住了。他根本没有考虑过火车停靠的问题，一直以为心理学家会问他关于旅客的数量。这下子，他再也笑不出来了。

青春寄语

反其道而思之，也许会收获另一番精彩。

魏徵："兼听则明，偏信则暗。"

民谚：大智若愚、大勇若怯。

爱因斯坦："用一个大圆圈代表我学到的知识，但是，圆圈之外是那么多的空白，对我来说，就意味着无知。而且，圆圈越大，它的圆周就越长，它与外界空白的接触面也就越大。由此可见，我不懂的地方还大得很呢！"

苏霍姆林斯基："要培养自己孩子的智力，那你就得教给他思考。"

笛卡尔："愈学习，愈发现自己的无知。"

第 2 编

育儿是一种生命的艺术

教育是一种以生命为对象的艺术。高尔基说："爱护子女，这是母鸡都会做的事。然而，会教育子女，这就是一件伟大的国家事业了，它需要有才能和广泛的生活知识。"

第一章　身教胜于言教

孔子说："欲教子先正其身。""其身正，不令而行；其身不正，虽令不从。"

家庭是孩子的第一课堂和成长的摇篮，父母是孩子的第一任老师；父母的言行是子女最好的教材，父母的一举一动、一言一行甚至微不足道的小事都可能对孩子产生巨大深远的影响，成为刻在孩子心中的丰碑。教育孩子既要言传，更要身教，身教重于言教！与其空口说教、一天到晚地唠叨，不如为孩子做出榜样。"桃李不言，下自成蹊。"榜样的力量是无穷的！孩子的年龄越小，榜样的影响力就越大。

孩子天生就有模仿能力，孩子最爱模仿，他们的眼睛就像摄像机，每天都在拍摄着父母的形象；孩子又像父母的一面镜子，父母的言行举止，都能从孩子这面镜子中反射出来，孩子的许多习惯都是父母的翻版。而孩子身上的许多习惯，往往都是父母在潜移默化中培养出来的，甚至于父母自己都没有意识到，这种"潜教育"有时比"显教育"的威力还大，行为的作用胜过千言万语！

欧洲一些国家流传着一首很有哲理的《育儿歌》：

挑剔中成长的孩子学会苛刻，
敌意中成长的孩子学会争斗，
讥笑中成长的孩子学会羞怯，
羞辱中成长的孩子学会自卑，
殴打中成长的孩子学会粗暴，

欺骗中成长的孩子学会骗人，

埋怨中成长的孩子学会责怪，

辱骂中成长的孩子学会仇恨。

宽容中成长的孩子学会忍让，

鼓励中成长的孩子学会自信，

称赞中成长的孩子学会自尊，

公平中成长的孩子学会正直，

平等中成长的孩子学会公道，

支持中成长的孩子学会信任，

赞同中成长的孩子学会自爱，

友爱中成长的孩子学会关怀。

这首《育儿歌》道出了家庭环境对孩子的成长有着极大影响！要想培养出优秀的孩子，首先要提高父母的素质和修养，给孩子做出榜样，为孩子营造一个良好的成长环境。不"合格"的父母，很难培养出合格优秀的孩子；"问题孩子"的背后往往有"问题家长"，一个在充满仇恨、硝烟弥漫的家庭中长大的孩子，很难设想心灵上会洒满爱的阳光。

01　曾子杀猪

曾子，姓曾，名参，字子舆，春秋末年，鲁国南武城人（今山东费县），孔子七十二弟子之一。曾子为人忠孝，认为诚信是人的立身之本，在《论语·学而》中著有："为人谋而不忠乎？与朋友交而不信乎？传不习乎？"提出"吾日三省吾身"的修身养性之法。

关于曾子的诚信为人，有一则小故事流传甚广。

有一日，曾子的妻子要去赶集，他们的小儿子哭闹着也要跟去，妻子一人，没办法带小儿子同行，又没办法让小儿子停止哭闹，便哄小儿子，只要在家好好等她回来，便把家中的小猪杀了，给小儿子吃。小儿子信了曾子妻子的话，没再哭闹，在家中乖乖等着母亲回来。

曾子的妻子赶集回来，刚到家门口，就听见院子里猪叫，还有磨刀的声音。她慌忙推门进院，只见曾子正在磨刀，家中的小猪四蹄被绑，正拼命叫唤。曾子的妻子急道："这猪是过年的时候要吃的，你现在杀它做什么？"

曾子道："你答应过儿子的话，你忘了？"

妻子急忙道："我那是哄儿子玩，你怎么能当真？"

曾子停下正磨刀的手，语重心长地跟妻子说："身教胜于言教，如果我们现在骗他，就是教他今后去欺骗别人，而且以后他不会再相信我们的话了，这样我们如何再教他为人？说谎欺人也害己，这样做，怎么能把孩子教育好呢？"

曾子的妻子觉得曾子说的有道理，夫妻二人便将这头小猪杀了。

写给家长的话

要求孩子做到的，父母首先要自己做到，身教胜于言教，己不正难以正人！

02 酷爱读书的爸爸

我降生在史无前例的一场浩劫之中！我的幼年和童年是在"读书无用""知识越多越反动"的年代度过的，值得庆幸的是我有一个酷爱读书的父亲，才使我没有沦为无知和愚昧的人。

从我记事起，就知道爸爸有个爱读书的习惯，几十年如一日！书是他生活中不可缺少的伴侣，不论工作多么繁忙，身体多么劳累，也不管晨昏寒暑，他只要一拿起书来，就像着了迷一样，什么都忘了；对他来说，读书不是什么负担，而是一种特殊的享受，读书几乎成了他生活中的第一需要；每天晚上睡觉前，他总要坚持读书，他屋里那深夜的灯光和满屋的书香，已永远定格在我的脑海里。

小时候，我对爸爸很不理解，有时问妈妈："你看看俺爸爸，一回到家就看书，他不嫌累啊？"妈妈说："他一看起书就来精神，从来没说过累。"妈妈还叮嘱我，"在爸爸看书的时候，你千万别去打扰他！"由于妈妈的不断叮嘱，我渐渐养成了习惯：只要看见爸爸在看书，我无论干什么总是静悄悄的，不敢弄出半点声响。久而久之，在爸爸的熏陶下，我也逐渐养成了读书的习惯，书成了我生活中不可或缺的精神食粮。它不但给了我各种营养，也给我带来无穷的乐趣，畅游在知识的海洋里！

爸爸无论搬到哪里，家里总少不了一个书架，上面摆满了各类书籍。随着时间的推移，书架上的书也越来越多。后来，随着生活条件的好转，爸爸有了专用的书房。爸爸对他的书房特别有感情，只要一谈起它来，就会兴趣盎然，有说不完的话题。他把一排排站在书架上的书看成最好的朋友，"而且是最忠诚、最无私、最长久的朋友"！他常说："每本书里都凝聚着前人的经验和智慧，打开每一本书，就像为你敞开一座知识宝库，引导你走向一片神奇的土地，无私地为你奉献知识和智慧。不但能净化心灵，也会带来快乐和特殊的精神享受。每遇到一本好书就像遇到一位良师益友，翻开它就像聆听老师的教诲，就像与朋友促膝谈心，为你指引人生方向，鞭策着你不断进步……"

爸爸也经常给我买书，但大多是作为礼物或奖品送给我的，这也是我最希望得到的礼物和奖品。一开始，这些书我都是摆在自己床头的一个角落里，后来书多了便放在一个纸箱里，现在我也有了自己的书架和书柜。有这么多的书陪伴，我从不感到孤独和寂寞，它们就像无声的老师和朋友。

与爸爸在一起聊天的时候，聊得最多的内容也是看书学习。但他不是进行空洞的说教，而是通过讲故事来激发我的读书兴趣和求知欲望。在我的心目中，父亲就像一部百科全书，什么都懂，脑海里装着永远讲不完的故事，我就是听着父亲讲故事长大的。爸爸常常在我睡觉前给我读故事或讲故事，有时挑选最精彩的段落读给我听，有时只概括介绍一下全书的内容。这样自然就会调动起我的胃口，不由得你不读。有时像说评书一样，他讲到故事中最吸引人的节骨眼上就停止。无论我怎么恳求，都不往下讲了，爸爸说："下面的更精彩，你自己看去吧……"有时还会给我提出问题让我去思考："你想想，下面的故事情节将会如何发展？这个人物的命运将会怎样？"这不仅激发了我的读书兴趣，还锻炼了我的想象能力和判断推理能力，培养了我的思考习惯。

在节假日的时候，父亲最爱带我去的地方莫过于书店和图书馆了，这也是我最爱去的地方。一到书店或图书馆里，我就会被琳琅满目的书籍吸引。年龄小，好奇心强，对什么书都非常感兴趣，看什么好呢？最初，爸爸常给我推荐的是《十万个为什么》之类的科普读物和伟人传记，这些书也非常适合少年儿童的特点，能满足少年儿童的好奇心，读起来非常有趣，不但学到了许多科学知识，而更重要的是在不知不觉中激发了对科学的热爱和对伟人的崇拜与向往。从古今中外一些伟人的故事中，我发现他们几乎都有一个共同点：酷爱读书。可以说，是书为他们铺就了成功之路。

抚今追昔，对爸爸充满感激，在爸爸的影响和熏陶下，我受益匪浅，不但养成了读书的习惯，也知道了应当读什么书和怎样去读书；书不但给了我知识，更教会了我如何做人，它就像一盏盏指路的明灯，照亮了我的人生旅程。家财万贯，不如满屋书香！

现在，我已做了母亲，在培养孩子的时候，也学着父亲。首先激发孩子的学习兴趣，培养孩子的读书习惯，千方百计地引导孩子读书成"瘾"。实践证明，这是培养孩子的捷径，可以收到事半功倍的效果。因为，孩子一旦养成了读书习惯，做父母的就会节省更多的时间。书就是孩子最好的老师、最知心的朋友，不知比家长高明多少倍，它可以代替父母育儿成才。有时一本好书就能影响孩子一生，书中的一句话就能改掉孩子的坏毛病！

写给家长的话

培养孩子读书习惯，是家长给孩子的最好礼物。

03　老爸的那盏灯

　　家对于我来说，是一个港湾，也是一只行驶在人生长路上的小船。我不知道别人的人生之旅是如何走过的，在我的人生旅途中，那只承载着我一路往前的小船上，总是亮着一盏灯，还有那个总是伏首灯下忙碌的背影。这灯光和背影，陪着我长大，一直到今天。

　　那时，我的家很小，父亲的写字台就在床前。我从没见过父亲早睡，每到夜晚，我都是听着父亲的故事，看着写字台上的那盏灯的光，酣然入睡。这样一过就是很多年，直到我长大成人才发现，父亲的故事、那盏灯，已经成为我生命的一部分，被我记在了心里，永远也不可能忘记。

　　父亲就在那盏灯下，写出了很多书，提出了一个个引人注目的论点，成了一位很有名的作家和学者。不管别人怎么评价父亲的成功，我就觉得这是一个灯下的奇迹。

　　当我背着书包开始上学后，我和父亲伏案在同一盏灯光下，他写他的书，我写我的作业。之后居家条件好了，我有了自己的房间，有了属于自己的灯光，只是父亲的灯光依旧亮在那里，看不见，但我记得。父亲的灯光一直陪着我学习，直到我上床休息，他的那盏灯仍是亮着的，伴我入睡，让我在睡梦中，也觉得岁月静好。

　　有一次，我写作文，没有思路，有家中到处走着，开冰箱，进卫生间，心神不宁。父亲没说话，只是写字台上的灯一如既往地亮着。我站在父亲的房间门口，盯着灯光看了一会儿，心情平静下来后，回到自己的房间。再提笔，文思泉涌，折磨我一晚上的作文，就这样写了出来。

　　父亲的灯光一直陪着我，他喜欢跟我说人生，教我那些人生的哲理。不过更多的时候，他就像那盏灯一样，让我看着，看着他的一言一行，告诉我应该如何走过我的人生长路。那是我父亲的育人方式，以身作则，无言却温暖，一如他书桌上的那盏灯。

　　我觉得我很幸运，因为我有一个幸福的家，有爱我的父母。还有，我父亲的灯会说话，不管我走到哪里，经历何种旅途，心中都有一盏明灯亮着。无论风霜还是雨雪，这灯光都不会熄灭。

写给家长的话

做默默的点灯人，引导孩子走出华彩人生！

04 父亲对我生命的影响力

我们姐弟四个，我是老大，我下面有一个妹妹、两个弟弟。许多年前，我还是一个小姑娘，尽管那时我们家非常贫穷，但是我们有一个快乐的童年，许多美好的记忆都刻在了我的脑海里！

那时，我们姐弟四人都在上学，还有一个病残的祖母需要赡养，七口之家，全靠父母微薄的工资维持生活。为了节省点钱，常常把购粮本上供应的细粮换成粗粮或者地瓜干；平时很少炒菜，自家腌制的萝卜、酱豆就是餐桌上的美味佳肴了。生活虽苦，但我们不觉得苦，因为有爸爸在，生活中总有无限乐趣，对未来充满美好的憧憬。记得那时每到吃饭的时候，只要爸爸领起一句："面包会有的……"我们姐弟四人便会像小学生背诵课文一般，挺起胸脯、昂着头、高高兴兴地齐声诵道："牛奶会有的，一切都会有的！"然后便狼吞虎咽地吃起来，那美滋滋的样子似乎是在吃山珍海味！

我们家没有钱买玩具，可爸爸能为我们制造出许多"土"玩具。

我清楚地记得，爸爸用木头为我弟弟精雕细刻了一把手枪和一支冲锋枪，简直可以以假乱真。一天，弟弟正端着冲锋枪趴在小土堆上练习瞄准，邻居家的小男孩小纲见了非常羡慕，非用自己从商店买来的"洋"枪交换不可，弟弟却坚决不肯，双方家长极力调解也没有用，结果是两个孩子各不相让、哭闹不止，惹得周围的人哈哈大笑。

我5岁时爸爸就教我拉小提琴。那是爸爸从朋友家拿来的一把破损报废的小提琴，经爸爸修理后焕然一新，一样能拉出美妙动听的旋律。这把小提琴陪伴我度过了孤寂的童年时代。

春天，爸爸会带我们到草地上放风筝。当然，风筝也是爸爸亲手做的。夏天，爸爸会带我们去池塘或小河里游泳，救生圈是用报废的拖拉机内胎做的，经爸爸修修补补就派上了用场，因此，我们四个早早地学会了游泳。冬天，爸爸会领着我们一起堆雪人、打雪仗、印雪人。有一年的正月初二，刚降了一场大雪，一大早爸爸就把我们领到了菏商公路上，只要见到哪个地方的雪又平又厚，我们就会一字排开，爸爸是排头兵。当爸爸口令一下："倒下！"五个人便齐刷刷地同时倒了下去，雪地上便印出大小不等的五个雪人。当爬起来回头看看自己印的雪人时，我们都非常满意自己的杰作，高兴得笑声不绝，就像一只老麻雀领着一群小麻雀叽叽喳喳地叫个不停。路上的行人见了，不论是男女老少，都会被我们所感染，引来一阵阵笑声。有人指着我爸爸笑道："你看看这个当爹的！"

爸爸还在院子里的一片空地上挖了一个一尺来深的长方形大坑，里面填满了沙土，沙土都是爸爸从5公里以外的地方用地排车拉来的。他又找了两根木棍，在上面按等距离楔上一些钉子，便做成了一副跳高架。在课余时间，爸爸经常领着我们在坑里练习跳高、跳远。

最令我们高兴的是，爸爸为我们姐弟四个订了至少有十几种报纸、杂志，如《中国少年报》《看图识字》《儿童文学》《少年文艺》《小猕猴》《少年科技》《中国青年》等。用现在时髦的话说，这就是"智力投资"。当时，在我们住的那个大院里，可以说我们家是最贫穷的，但在这方面，我们绝对是最富有的孩子。正是有了这么多的报纸、杂志陪伴着我们，才让我们在那"读书无用论"泛滥成灾的年代里汲取了大量的精神食粮，减少了许多孤寂。

一天晚上，那是一年的最后几日，在农村小学的两间破屋子里，一张破桌子上点着一盏用小墨水瓶制作的小煤油灯，灯的火焰如黄豆粒那么大，四周依然是黑洞洞的。全家人在为订下一年度的报纸、杂志开"家庭会"。

母亲首先说："今年我们特别困难，下一年的报纸、杂志就别订了！"

话语落后，好长时间没有人吭气。

我鼓起勇气向母亲恳求："妈，每年过年我们都可以穿新衣服，今年我不要了，给我们订杂志行吧？"我说着都快要哭出来了，因为谁都知道，对一个小女孩来说，在春节穿上新衣服是多么重要！

母亲说："咱现在吃饭都成问题，哪有闲钱订那么多杂志啊？"

此时，屋子里死一般寂静，静得让人窒息，喘不过气来，只有桌子上的破闹钟发出"嘀嗒嘀嗒"的声响，每一下都像敲击在我的心上。

我想向父亲求救，可是父亲一直蹲在一个角落里低着头吸闷烟，大口大口地猛抽，一支接着一支，一句话也不说，只见父亲的烟头在黑暗中一明一灭、一明一灭，一支烟三口就抽完了。

也不知道过了多长时间，爸爸慢慢地站起身，狠狠地猛抽了最后一口烟，然后用力掐灭了烟蒂，一字一顿地说："都别说了！饭要吃，报刊也要订！"声音厚重有力、掷地有声，就像从心底发出来的。

还没等爸爸把话说完，妈妈就反驳道："你会挣钱啊？！"

爸爸说："我不会挣钱，但我会省钱！从今天起，我一支烟不抽，一滴酒不沾！"依然是一字一顿，那低沉而有力的声音至今还回响在我的耳畔。

这一年的春节，我们依然穿上了新衣服。但是从那以后，三十多年来，我再也没见过父亲喝过一滴酒、抽过一支烟！

等我长大以后才明白，戒烟是多么的不容易！是爸爸对儿女深挚的爱，才给了他那么大的勇气和毅力。父亲最后一次抽烟的情景，至今还经常在我的眼前浮现……

而今，我们姐弟四个都已长大成人，而且都受到高等教育，都读了研，都有一个满意的工作，"面包"有了，"牛奶"也有了……在很多亲友眼里，我家成了被羡慕的对象。回顾过去的艰难岁月，我做梦也没想到能有今天！

爸爸，感谢您给了我们生命，感谢您在我们的生命里注入了不畏艰难、乐观向上、笑对厄运、永不屈服的精神！就是靠这种精神，我们才有了今天！

父母对孩子来说是精神支柱，为孩子树立的榜样，将对孩子产生深远影响！

05 是谁把他送上了刑场

从前有一个小孩，从学校偷了一块很漂亮的垫板回家给他的母亲看。

一向爱贪小便宜的母亲看到这块垫板后，就问："这是从哪里来的？"

小孩说："我同学的，大家都出去玩了，我看桌上有这块垫板，觉得很漂亮，就把它装进背包里，带回来了。"

母亲听后很高兴，说："这板子不值什么钱，就留在家里用吧，不要让人发现就好。"

过了几日，小孩偷了一块手表回家。

爱贪小便宜的母亲发现后，很高兴，跟这小孩说："这表很值钱，我们把它卖了后，可以得到很多钱。我去买只鸡来庆祝一下，我的儿子真聪明。"

小孩得了母亲的夸奖后，对于偷窃的恐惧感消失了，并且因此而扬扬得意。之后，小孩不时从学校和市场里偷东西回家，每一回他的母亲都只是高兴，丝毫不认为儿子偷东西有什么错。

最后，小孩偷东西被学校的老师发现了。学校调查发现，这小孩是个惯偷，积习难改，便将这小孩开除了。

小孩失去了上学的机会后，也不觉得是什么大事，成天游手好闲，想享受生活，又不愿去辛勤劳动，最后把偷窃当成了职业。小孩一天天地长大，从最初的小偷小摸，发展成了拦路抢劫，谋财害命。

坏人都逃不过法律的制裁，最终这个人在一次偷窃中被人发现，锒铛入狱，经审判，被判处了死刑。

这个人要被处死的那天，他的母亲赶到了刑场，哭得声嘶力竭，很伤心。

这个人请求法官，让他跟自己的母亲说几句话。

法官同意了，母亲走到了这个人的身边，没想到被这个人一口咬在了耳朵上。

临死之前，这个人把他母亲的一只耳朵咬了下来，母亲痛骂他不孝，这个人却在众人吃惊的目光中，对母亲说道："都是你害得我！如果当初你不是纵容我，而是把我痛骂一顿，我也不会落到今天这个地步！"

写给家长的话

没有智慧的爱是对孩子最大的伤害。

06　尊重是一种美德

我的母亲是北京大学的教授，人们都觉得知识分子清高、讲究、眼光高，不易相处，可我母亲不是这样的。

在我家住着的大院里，有一个收废品的人，50多岁，每日里都是衣衫褴褛。生活的艰辛，让他的皮肤比一般人的要黑，脸上的皱纹很深，外人根本看不出他的实际年龄。这个人平日里就在我们大院里收废品，没事时就缩在台阶上看着面前的人来人往。他不说话，当然也没有多少人会去注意一个收废品的人，能想起他的时候，也就是家中有废品要卖的时候。

母亲跟大多数人不一样，去这人那里卖过一次废品后，每回路过那个台阶，她都会喊一声"师傅"，跟这人打一声招呼。我从来没有想过要这么称呼一个收废品的人，因为我身边的人都喊他"收破烂的"。母亲会跟这人寒暄几句，比如"还没回家""您下班啦"这样的话，话语简单。可我发现，这个师傅在跟我母亲说话的时候，脸上会有笑容，目光也会变得灵动起来。起先我不明白，直到后来我明白了，这是一个人在受到尊重之后的欣喜。

母亲跟这个人相处很自然，遇见刮风下雨，她会给这人送雨衣。一次过年卖废品的时候，她还送了他一瓶酒。收废品的师傅对母亲很感激，每一回收我家废品的时候，他都上门服务，还会多算几角钱，比如应该给8.5元的东西，他会说9元吧，而我母亲会说给8元就行。

一次，我们一家三口上街，看见他正帮人干活，看见母亲后他忙打招呼，神情间没有丝毫的自卑，母亲也停下来，笑着跟他说话。事后，父亲对母亲说，你跟他还真像是朋友了，母亲说，为什么不是真的朋友呢？

过完春节后，师傅从老家回来，还是坐在他常坐的台阶上，看见我母亲，主动笑着打招呼，问我们这个年过得怎么样，母亲也立刻亲切地回应他。

就这样，受母亲的影响，我在看见像这个师傅一样处于社会底层的人们时，都会尊重他们，打一声招呼，说一声"你好"，绝不会视而不见。这些人生活本就艰难，没有保障，遭遇到的困境会比我们多很多。如果这个社会再歧视他们，对他们视而不见，这些人会变成什么样子呢？悲观失望，伤心难过，甚至铤而走险，报复这个社会。

我们在生活中，应该尊重他人，因为人生而平等。尊重是相对的，只有尊重他人，他人才会尊重你，这是一个人的品德问题，也应该是我们这社会的基本准则之一。

我从母亲那里学会了尊重。

写给家长的话

尊重人，是品德，是文明，是修养，也是一种思想境界。

07 父母是孩子最好的老师

央视有一则公益广告，相信不少人都还记得。一个大眼睛的可爱男孩子，看到妈妈忙碌一天回家后，还端水给外婆洗脚。等这位妈妈忙完了回屋时，看见儿子端着一盆水，盆里的水还晃荡着，儿子跟她说了一声，"妈妈洗脚"。"父母是孩子最好的老师"，这句话也因此被很多国人记在了心里。电视里的年轻妈妈，看着儿子惊讶、感动，眼中含着泪水，最后会心一笑。

父母的言行，会被孩子模仿，言传身教往往要胜过那些夸夸其谈，孩子的行为通常是父母行为的翻版。

这里还有一个真实的故事。

翟俊杰是中国一位年逾花甲、德高望重的老电影导演。导演这个工作，注定了翟老要常年在外工作，即使这样，他也要经常给家中的老母亲打电话，陪着老母亲说一会儿话，拉拉家常。回到家后，翟老会亲自照顾老母亲的生活，每晚打了热水给老母亲洗脚，然后戴着老花镜，细心地给老母亲剪指甲。

翟老曾经很动情地跟人说过："人生最幸福的是，活到60多岁，回到家还可以喊一声'娘'，下了班以后，看着母亲熟睡的脸庞……"

有一天，翟老的儿子在接受采访时回忆说，自己常常看见父亲给祖母洗脚，"我当时内心的感动是无法用语言形容的，那情景就像刻在了我的心上，永远也不会磨灭。父亲的孝心在我的心中深深扎下了根"。翟老的儿子在跟记者说这席话时，声音是哽咽的，那是他记忆中最深刻的印象。

受到翟老的影响，翟老的儿子也是个很孝顺的人。他跟父亲一样，精心照顾自己的祖母，从来没有觉得这是一个负担。

父母是孩子最好的老师。

父母是孩子的镜子，孩子是父母的影子。

08 打麻将的妈妈和分数妈妈

看过两篇作文，一篇是一个初中一年级学生的作文，名字叫《打麻将的妈妈》。

这篇作文的大概内容是：这个孩子考试得了满分，回家想让妈妈看了高兴一下时，妈妈正在麻将桌前，三万、八条地激战正酣。

当孩子把满分的试卷递给妈妈看时，妈妈瞄了一眼试卷，不以为意地跟这孩子说，"你考个及格妈妈就满意了"，然后随手给了这孩子一张刚赢的10元钱。

这个孩子在作文的最后写道："我气愤地把钱撕成两半，伤心地哭了……一股无名的恨从胸中升起。我恨，恨她，恨这个爱打麻将的妈妈！"

另一篇作文是一个小学生的作文，题目叫《分数妈妈》。

作文的大概内容是：当这个孩子考试考了58分不及格的时候，妈妈打了她一记耳光，把她痛骂了一顿，骂这孩子是不争气的东西，问这孩子，她辛辛苦苦地送她上学，这孩子却不好好读书，考了个58分，是不是不想活了。

在这天吃完饭后，妈妈又冲这孩子说："不争气的东西，还不去刷碗？""不争气的，还不去扫地？""不争气的，还不去洗衣服？"

几天后，这个孩子考了满分，妈妈看到试卷后，亲了她一口，说她是好女儿，做了她最喜欢吃的饭菜。

等这孩子吃完饭，准备去洗碗的时候，妈妈说："碗不要洗了，油星子会溅到你衣服上；地不要扫了，灰尘会迷了你的眼睛；衣服别洗了，水冷冰冰的……"

　　这个孩子在最后写道："妈妈，您到底爱的是什么？是我，还是我的分数？"

写给家长的话

"真正的教师"是父母，他们将给予孩子"生命的教育"。

09 看马戏

　　小时候，曾经跟着父亲去看马戏。

　　我记得那天排队买票的人很多，排在我和父亲前头的，是一对夫妻，还有他们的八个孩子。这个家庭给我最初的印象就是，他们竟然有八个孩子，最大的那个也不过才12岁！这家人看上去生活得不好，衣服都是廉价货，不过洗得很干净。他们看上去也很有教养，孩子们两个一排地站在父母的身后，小声地谈论着今天晚上的马戏。我听他们的谈话，能听得出，他们喜欢小丑，还有这个马戏团里的明星——那只大象。

　　母亲挽着丈夫的手臂，生活虽然贫穷，可看着丈夫的目光，却像是在看一位胸前挂满勋章的骑士，一位只属于她的骑士。丈夫看着妻子微笑，好像在说，"没错，我是只属于你的骑士"。

　　轮到他们买票的时候，卖票人问他们几个人。

　　丈夫很神气地说："我带全家来的，给我两张成人票，八张儿童票。"

　　当听到售票人说出要付的钱数后，母亲脸上的笑容不见了，丈夫甚至弯下腰，请求售票人再说一遍钱数，等听清了钱数后，丈夫的脸色也变了。

　　孩子们似乎不知道发生了什么事，还在憧憬今晚的马戏，可我看得出来，他们身上的钱不够买票。

丈夫在孩子们的面前蹲下身，嘴唇颤抖着，对着欢喜雀跃的孩子们，他没说钱不够，大家伙儿今天不能再看马戏的话。此时，我父亲拿出了20美元，悄悄地把它扔到了地上，然后弯腰捡起这20美元，跟那个难过的父亲说："先生，您的钱掉了。"

这个父亲先是吃惊地看着我的父亲，然后领会了我父亲的心意。他握住了我父亲的手，很激动，流出了眼泪。看着我的父亲，他嘴唇颤抖地更加厉害，跟父亲说谢谢，说这对他们一家人意义重大。是的，没什么比在困境中得到帮忙，更让人感动的事了。

父亲没再说什么，拉我便回了家。

那天我没看成马戏，不过我还是很高兴，因为我们帮助了别人。父亲让我懂得了，如何关爱、尊重他人。

写给家长的话

喊破嗓子不如做出样子，父母的言行将影响子女一生。

10 你的钱正好够

这是美国男孩拉凡·斯蒂恩的故事。

斯蒂恩住在北达科他州莫特市的一个草原小镇上，父亲开了一家名叫"我们自己的五金家具店"的小商店，斯蒂恩兄弟七人从小就在这商店里帮忙，学习经商之道。

从开始的店面打扫，摆放货物，收拾库房，再到学习接送货物，接待客人，斯蒂恩兄弟渐渐明白了这项事业的意义和生存价值。

八年级时的圣诞节前，小斯蒂恩帮助父亲管理玩具部。就是这天，父亲给他上了一堂让他终生难忘的课。

在这个晚上，一个七八岁的小男孩走进了店里，男孩身上穿的衣服很脏，褐色的旧外套，连袖口都是破的。他的头发也是乱七八糟的，不知道有多久没有洗过了，有一缕头发竟然立在他的脑门上。还有小男孩的鞋，不但旧，而且有一只鞋的鞋带竟然是断的。光凭这男孩的外表穿着，小斯蒂恩就知道，这个男孩买不起店里任何一样商品。

男孩到了玩具部，左看看右看看，不时拿起一件玩具放在手中，又小心地把它们放回原地。

这时，小斯蒂恩的父亲从楼上下来，走到了这个男孩的跟前，笑问这个男孩："想买点什么？"

男孩说："我想给弟弟买一件圣诞礼物。"

小斯蒂恩的父亲就说："那你随便看，尽管挑。"那态度像是在对待一个大人。

男孩在玩具部挑选了近20分钟，才拿了一架玩具飞机，走到了小斯蒂恩父亲的跟前，小心翼翼地问道："先生，这个多少钱？"

小斯蒂恩的父亲说："你有多少钱？"

男孩伸开了自己的右手，手掌因为握着钱，而被钱币弄出一道深深的折痕，男孩的手里有两枚1角的硬币、一枚5美分的镍币和2便士，合计27美分。而他选中的玩具飞机价值是3.98美元。

"你的钱正好够！"小斯蒂恩的父亲跟这个男孩说。

拉凡·斯蒂恩永远记住了这句话。

当男孩拿着包裹好的玩具飞机走出商店的时候，小斯蒂恩发现这个男孩有一双漂亮的眼睛和笑起来很深的两个酒窝。他没再注意这个男孩脏兮兮的衣服，许久没洗的头发，断了鞋带的鞋子，他只看到了一个快乐的小男孩。

父亲在圣诞节前夜对这个小男孩的帮助，让拉凡·斯蒂恩知道了如何尊重他人以及如何做人。

要使孩子受到好的熏陶，父母就必须以自己的崇高人格，为孩子打造一个优良的成长环境。

鲁迅："中国少有合格的父母！"

陶行知："我要儿子自立立人，我自己就得自立立人。我要儿子自助助人，我自己就得自助助人。"

威廉·詹姆斯："孩子生下来时是一张白纸，而这张纸最终能否被描绘成一幅精美的图画，那完全取决于他们的父母。父母是塑造孩子的工程师。"

卡尔·威特："孩子是父母的翻版。"

井深大："父母的言行是子女最好的教材，一流的父母造就一流的孩子。"

蔡元培："譬如诸位有一块美玉，要琢成珮件，必须请教玉工；又如有几两黄金，要炼成首饰，必须请教金工，断不是人人能自作的。现在要把自家的子女造就成适当的人物，难道比琢玉炼金容易、人人可以自任的吗？"

德里奇·福禄培尔说："国民的命运，与其说是操纵在掌权者手中，倒不如说是掌握在母亲的手中。因此我们必须努力启发母亲——人类的教育者。遗憾的是，真正理解这一意义的人却很少。堕落的母亲，正在把自己的子女送入监狱和教养院。"

第二章　好奇心是智慧的萌芽

兴趣是最好的老师。

李政道说："好奇心很重要，要搞科学离不开好奇。道理很简单，只有好奇才能提出问题、解决问题。"爱因斯坦说："我很清楚，我本人没有特殊的天才，好奇心、专心致志和顽强的耐心，结合自我批评的精神，给我带来了机会。""科学发展的过程是一个由好奇、疑惑而开始的飞跃。"

孩子来到这个世界上，一切都是陌生的，对所有未知的东西都充满好奇，都有着浓厚的兴趣，什么都想看，什么都想听，对什么都想"打破砂锅问到底"，孩子好奇、好问、好动、富于幻想，这是极其宝贵的童真和值得欣赏的天性。它是探索知识、开启智慧、认识世界的原动力，是孩子智慧的萌芽，也是渴望获取知识的表现。好奇心强、爱提问题的孩子，其智商往往高出一般的孩子。

培根说："好奇心是孩子智慧的嫩芽，提问题是孩子求知欲发达的标志。"居里夫人说："好奇心是学者的第一美德，而好奇又总是兴趣的导因。"家长应该保护好孩子的好奇心，鼓励孩子好奇、好问，千万不要嘲笑孩子千奇百怪的想法！如果谁能将儿时的好奇心一直保留下去、相伴终生，谁就可能成为一个很了不起的人！如果谁丧失了这个好奇心，对什么都不感兴趣，谁就可能会对生活失去热情而变成一个平庸的人！

孩子的思维与成年人不同，小孩虽小却总爱提问一些"天有多大、地有多宽""太阳离我们有多远""人从哪里来的"之类的大问题，而大人却多是关心一些"柴米油盐、衣食住行"之类的小问题。有时，孩子提出的问题会让父母张口结舌难以回答，甚至会提出一些似乎荒诞不经的问题让父母感到非常尴尬。对孩子提出的问题，无论它多么荒诞不经，父母都要耐心地实事求是地回答；对无法回答或不便回答的问题，父母也要有策略地加以解释，而不能哄骗，更不能斥责或挖苦、讽刺，也可以启发孩子到书中去寻找答案。书是不会说话的老师，各种问题都能从书中得到解答，利用孩子的好奇心还可以培养孩子读书的兴趣和习惯。

父母的一句话往往能影响孩子的一生。如果能让孩子永远保持一颗好奇心，这远比给孩子灌输知识还要重要；如果孩子失去了好奇心和学习的兴趣，就是教育上的最大损失和悲哀。

爱因斯坦说："兴趣是最好的老师。"兴趣是成功的先导，是打开知识宝库、走进成功大门的钥匙。

学习本来就是一件非常愉快、值得高兴的事，如果对学习失去了兴趣，学习就成了一个苦差！反之，如果对学习产生了浓厚的兴趣，学习就成了一种享受，就会变被动的"要我学"为主动的"我要学"，那就离成功不远了。因为兴趣能产生强大的动力，兴趣可以让孩子的智能得到最大限度和最持久的发挥。学习成绩暂时落伍并不可怕，可怕的是对学习失去兴趣而厌恶学习。保护孩子的学习兴趣比分数更重要。

尊重孩子的兴趣和选择，培养孩子的学习兴趣，是老师和父母应该遵循的教育原则。教育不能强迫，要善于发现孩子的特长，了解孩子的兴趣在哪里，然后因势利导、因材施教。

能否让孩子对学习感兴趣，是衡量家长和老师是否教育有方的重要标志。

许多科学家、教育家在谈到自己成功的原因时，往往都归结到对学习有浓厚的兴趣。涅斯米扬诺夫说："没有强烈入迷的兴趣，就没有科学家。"达尔文说："我性格上的优点，就在于有强烈的多样的兴趣。"木村久一说："天才就是强烈的兴趣和执着的入迷。""对任何事情都不着迷，都不感兴趣，这是庸人的特征。""如果孩子的兴趣和热情一开始就得到顺利发展的话，大多数孩子将会成为英才或天才。"

遗憾的是，有许多做父母的，他们不顾孩子的兴趣、特长和自身的条件，一味地按照自己的意愿来要求孩子，把孩子当成实现自己未能实现的梦想的工具。强迫孩子、不尊重孩子，为把孩子培养成各方面的"尖子"，拼命地灌输"知识"，揠苗助长。在节假日，也要逼迫孩子去报考各种"特长班"，孩子如牛负重、不堪其苦。这样做的结果，往往是得不偿失，孩子即使学习了一些东西，也失去了童年的快乐，败坏兴趣，这是对孩子心灵的摧残。

现在，孩子厌学已成为普遍存在的问题，这是教育上的最大失败，也是孩子们最大的悲哀和不幸！

01 儿子拆坏金表之后

陶行知是我国著名的教育学家，他一生推崇启发式教学。他认为："教育中要防止两种不同的倾向：一种是将教与学的界限完全泯除；另一种是只管教，不问学生兴趣。前一种倾向必然是无计划，随着生活打滚；后一种必然倾向把学生灌输成烧鸭。"为了让人们明白启发式教学的意义，他曾举了这么一个例子。

有一次，一位母亲送孩子来上学，正巧遇到站在门口的陶行知。那母亲对陶行知抱怨道："我儿子昨晚把家里刚买的一块金表当成玩具给拆了，后来表就坏了，为此我昨晚打了他一顿。真是气人！"

陶行知听了，幽默笑着道："你这一打，有可能把一个中国的爱迪生给'枪毙'了。"

那母亲愕然，不明白陶行知的意思。

陶行知笑着解释道："孩子拆手表的行为正是创造力的表现。您打了孩子，就相当于是在扼杀他的创造力。您不该打他，应该鼓励他去动手，让他从小学会探索的精神。"

这母亲听了陶行知的解释后，满心懊恼："我现在孩子已经打了，您说我该怎么办？"

陶行知笑了笑道："倒也不是没有补救的方法。这样吧，您带孩子去修金表的地方，让他观看表匠是如何修表的。这样孩子就会明白金表到底是如何修好的，他的好奇心就会得到满足。对他来说，不失为一种鼓励。"

那位母亲听后，连连点头，大赞陶行知教育方法高明得当。

陶行知一生致力于教育事业，他认为"生活即教育""社会即教学""教学做合一"才是教育的核心之法。郭沫若曾盛赞他道："二千年前孔仲尼，二千年后陶行知。"

02 "杂交水稻之父"袁隆平

在中国，乃至世界，提起袁隆平，绝大多数人第一反应就是"他是厥功甚伟的'杂交水稻之父'"；若是常看新闻的，或许还会知道他是美国科学院院士中唯一的中国工程院院士，网民眼中的"人民科学家"，获得过国家特等发明奖、美国"世界粮食奖"等数十项国内外大奖。只有极少数人知道，在义无反顾扎进杂交水稻这个世界性难题后，袁隆平经历过怎样的坚持与磨难。

1930年9月，袁隆平出生在北京一个书香世家。此时的中国正经历日寇铁蹄的生猛挞伐，国家动荡，举国难安。年幼的袁隆平跟随父母四处迁徙，尝遍逃难的艰辛。即便如此，父母也从未松懈对他的教育。少年时期的袁隆平有着强烈的好奇心，总能问出无数问题来，父母虽然疲于奔命但依旧耐心解答。

1942年，袁隆平从重庆市龙门浩小学毕业，进入复兴初级中学。这个时期的袁隆平有个特点：爱思考，爱提问。

一节数学课上，老师讲了一个重要定理：同号相乘得正数。老师进一步解释道："也就是说，正数相乘得正数，负数相乘也得正数。"袁隆平听到

第二章 好奇心是智慧的萌芽

这儿，却紧紧皱起了眉头。"负数相乘得正数为什么？"这个问题困扰了他一节课，下课后他立马去询问老师。虽然没能从老师那里得到问题的答案，但袁隆平并不死心。他到图书馆翻查了大量资料，学到了许多课堂上学不到的知识，并对抽象难懂的概念产生了浓厚兴趣，逻辑思维能力也在不知不觉中得到了提高。

自小跟随父母逃难，常常无法果腹的经历让袁隆平喜欢亲近大自然。一次，学校组织所有学生去一个资本家的园艺场郊游。袁隆平到了之后，被园艺场内满目青翠、芬芳鲜艳的果实所吸引。在这里，袁隆平对农业产生了极大的兴趣，决心投身农业，立志要改变中国农村贫穷落后的面貌。

高中毕业后，尽管父亲强烈希望他报考南京的重点大学，走"学而优则仕"的道路。但19岁的袁隆平颇有自己的独立见解，一心想报考四川重庆相辉学院农学系，进"农门"。在说明了理由后，颇具民主思想的父亲见袁隆平坚持便也没再反对。

1953年，袁隆平大学毕业。父亲本来可以给他安排一个好工作，但袁隆平却服从分配，到了偏远的湘西农村做教师。在教学期间，他利用课余时间下地研究水稻，像一个普通农民一样躬耕于田间。

1960年7月，袁隆平像往常一样下课后到稻田查看。突然，他发现有一株水稻长得比其他水稻高大，而且颗粒饱满，可谓"鹤立鸡群"。他当即如获至宝，把这株水稻用布条标记好，反复观察，并采集花粉进行镜检。

1961年，袁隆平通过对标记的水稻反复研究获得灵感，可以专门培育一种雄花退化的水稻，将其和其他品种混种在一起，用竹竿将花粉赶落在雌花上，以获得大量的杂交水稻种子。接下来几年，袁隆平在田间苦苦寻觅雄花退化的水稻。终于在3年后，从安江农校实习农场的洞庭早籼稻田中，首次找到一株奇异的"天然雄性不育株"。经人工授粉，这株水稻结出了数百粒第一代雄性不育材料的种子。

1965年，袁隆平又陆续检查了14000多个稻穗，终于找到五株不同品种的"天然雄性不孕株"。经过连续两年的培育和繁殖，其中四株繁殖了两代。

1967年，经过两年的艰苦实验，袁隆平在中国科学院主编的《科学通报》半月刊上，刊登了第一篇论文《水稻雄性不孕性》。这是他关于杂交水稻的第一篇论文，一下子直击禁区，引起强烈关注。此后30年，袁隆平硕果不断，创造了众多世界杂交水稻神话。

谁也想不到，当初执意要进"农门"与国家共呼吸的少年，竟然真的凭着满腔热血和坚韧不拔的性格，解决了困扰世界已久的粮食短缺问题。据统计，袁隆平发明的杂交水稻技术，每年为世界解决7000万人口的粮食问题。他是当之无愧的功在当代，利在千秋的科学家。

写给家长的话

没有强烈入迷的兴趣，就没有科学家。

03　国际象棋大师谢军

12岁的小谢军面临一个难以抉择的问题。妈妈看她紧皱的小眉头，心里不舍，可态度没有丝毫退让。

"你很喜欢下棋，对吗？"

小谢军点点头，道："喜欢。"

"好，我现在给你两个选择。"妈妈看着小谢军，神情是从未有过的严肃，"一是退学到体校学下棋；二是放弃下棋，专心上学。"

"妈……"

"你必须选择一个。"

小谢军被妈妈严肃的态度吓到了。她不明白，为什么妈妈一定要她在上学和下棋之间做出选择。她想下棋，也喜欢上学。

妈妈清楚知道小谢军心里的想法，可是她却有更深的顾虑。她不能让自己独生女儿的未来没有保障，如今已经到了谢军人生的三岔路口，他们必须做出一个有利于谢军成长的选择。这位毕业于清华大学自控系的电子工程师，为了女儿的前途已经冥思苦想了很久。身为父母，他们既不愿意扼杀女儿在下棋方面的天赋，更不愿意看着女儿因为下棋而贻误终生。

"妈，我想下棋。"小谢军怯生生，但坚定地开了口。

妈妈紧紧盯着小谢军道："好，妈妈尊重你的选择。可是你要记住，这是你自己的选择。今后无论你遇到什么困难，你都要对自己负责。"

小谢军郑重地点头。她心里清楚，比起上学，她更舍不得离开棋盘。只要还能下棋，她就不会觉得孤单，也只有棋才能带给她永不磨灭的热情和畅快。

1984年，14岁的谢军以九战九胜的成绩获得中国少年冠军，并在广州获得中国成年女子第6名，成为中国最年轻的国家大师。

1988年，谢军在澳大利亚阿德雷德举行的世界青年锦标赛上，获得第2名，同时晋升为亚洲青年锦标赛冠军。次年，谢军连获中国青年（男女混合）冠军和全国女子冠军。

1990年，谢军涉足世界冠军赛，在7个月的时间里，连闯分区赛、区际赛、候选人循环赛、挑战者赛四关，赢得了向世界冠军苏联选手玛雅·奇布尔达尼泽的挑战资格，引起棋坛轰动。

1991年10月，21岁的谢军迎来她职业生涯最重要的一战，和世界冠军苏联特级大师玛雅·奇布尔达尼泽争夺世界冠军宝座。

现在我们已经知道，这场被称为"世纪之战"的比赛，最终以谢军四胜、二负、九和的成绩提前结束了比赛。她成为国际象棋史上第7位女子国际象棋冠军，也是登上国际象棋世界冠军宝座的第一个亚洲人，改写了国际象棋欧美选手一统天下64年的格局。她的获胜，不只改写了棋坛历史，更开创了棋坛史上一个崭新的时代！

此后，谢军的国际象棋之路几乎是一马平川。

2000年，在国际棋联推行的淘汰制世界冠军赛上，谢军以一盘未输的成绩顺利夺冠，成为唯一既在传统赛制夺冠又在淘汰赛制夺冠的棋手。国际棋联主席伊柳姆日诺夫忍不住赞扬谢军："无论在传统赛制下，还是在新赛制下，谢军都是最优秀的棋手"。

谢军的成就极大地促进了中国国际象棋的发展。1991年，谢军夺得世界冠军时，中国国际象棋棋手仅有不到3万人，如今已经超过500万人，并涌现了一批顶尖的棋手。可以说，谢军的成就对国际象棋在中国乃至亚洲的发展都起到了无可替代的作用。

回顾谢军取得的成就，最应该感激一个人是她的母亲。如果不是母亲对谢军的悉心引导和开明尊重，就不会有谢军今天的成就。

写给家长的话

在任何行业中，走向成功的第一步，是对它产生兴趣。

04 奥斯特洛夫斯基

奥斯特洛夫斯基，坚强的布尔什维克战士，也是著名的无产阶级作家。然而，这位取得伟大成就的战士一生却充满了坎坷和磨难。

他出身于一个贫困的家庭。因为家贫，年幼的奥斯特洛夫斯基只读了3年书便去做了童工。革命战争时期，奥斯特洛夫斯基参军奔赴前线，将火热的青春挥洒在枪林弹雨的战场上。

战争是残酷的，年仅16岁的他在战场上受了重伤，因为颅骨被打穿，年轻的奥斯特洛夫斯基右眼失明。命运是如此突然地在他面前竖起了一道高高的屏障。面对生命中严峻的考验，奥斯特洛夫斯基没有气馁也没有退缩。他不想就这样向命运屈服，不愿意靠着祖国和人民的资助过着碌碌无为的日子。在受伤的那段日子里，奥斯特洛夫斯基如饥似渴地学习和阅读，凭着坚强的毅力读完了函授大学的全部课程。

书籍让奥斯特洛夫斯基的生命得到了另外一种充实，通过坚持不懈的努力，他的创作能力得到了很大的提高。1930年，他以自己真实的战斗经历为题材，写了一本描述部队中英雄战士的中篇小说，但这本书在投给一家杂志社后，却惨遭退稿。奥斯特洛夫斯基并没有因为自己第一次的失败而自怨自艾，他很明白，没有什么事情是一帆风顺的，任何人的成功背后都付出了别人看不到的汗水和血泪。所以，他绝不会像那些意志力薄弱的人一样，遇到一点儿挫折就放弃，也不会因为他人的怀疑就觉得自己怀才不遇。奥斯特洛夫斯基依然坚持着自己的信仰，他忍受着常人难以忍受的疼痛，以顽强的意志创作了另一本长篇小说——《钢铁是怎样炼成的》。

在奥斯特洛夫斯基开始写这本书时，他全身瘫痪，双目失明，双手丧失了写作能力，命运就这样残酷地将他的另外一条路也堵上了。面对如此恶劣的状况，奥斯特洛夫斯基还是一如既往地坚持着自己的信念，不能拿笔，他就借助刻字板完成了小说的开篇。这时候，奥斯特洛夫斯基的病情已经很严重了，医生诊断他还可以活5年，生命的短暂让他更加争分夺秒地创作，抓住转瞬即逝的灵感，不眠不休地构思小说桥段。

1932年，《钢铁是怎样炼成的》这本享誉世界的名著终于完成，奥斯特洛夫斯基在文学领域取得了空前的成功。他说："书就是我的战士！"他手中的笔让这位坚强的战士继续着未完成的战斗，永不退缩，永不懈怠。

奥斯特洛夫斯基，这位伟大的无产阶级革命家，他用烈火般的生命和文字与入侵的强盗做斗争。离开了枪林弹雨的战场，他的文字化身枪炮，射向一切罪恶的势力。在临终前一个月，奥斯特洛夫斯基还在坚持着创作，死神就在他面前，而他却用生命最后的力量将自己脑海里的故事口述出来，由他的妻子和助手打字记录，就是在这样艰苦的条件下，奥斯特洛夫斯基完成了又一部长篇力作《暴风雨所诞生的》，而在完成了《暴风雨所诞生的》第一卷6天后，这位伟大的共产主义战士心脏停止了跳动。

奥斯特洛夫斯基勇敢与命运做斗争的精神，永远值得我们学习。

因为喜欢所以执着，因为执着所以快乐。

05　兴趣成就人生

她，5岁半开始下国际象棋，9岁进入国家队。不到半年时间，她就斩获国际象棋世界少儿锦标赛10岁组冠军。在同年举行的全国"李成智杯"少儿国际象棋冠军赛上，更是连续11战全胜，13岁成为最年轻的女子国际象棋特级大师。从此震惊世界棋坛。

她，就是被人们称为"天才少女"的国际象棋特级大师侯逸凡！

侯逸凡出身于一个普通的工薪家庭。小时候，她父母也和很多家长一样：为开发孩子的智力和培养孩子的兴趣，给她报了二胡和舞蹈培训班。经过努力练习，小逸凡很快就能把二胡和舞蹈学习得有模有样，得到了培训老师的夸奖。

5岁那年，有一回，母亲带着侯逸凡去邻居家串门，此时邻居家几个孩子正在玩跳棋。年纪还很小的侯逸凡并不知道这些孩子在玩什么，只是觉得十分有趣。于是，小逸凡就请求邻居家的孩子教她下棋，一开始，那些大孩子都只当她是凑数的，也就随手教了一下。可没想到侯逸凡却认真下了起来，棋艺也在很短的时间内突飞猛进，不久将所有人杀得片甲不留。以至于后来，邻居家的孩子都不愿意跟她下棋了，因为她的棋艺实在是太高了，就算是再追，也只能是望尘莫及。

侯逸凡对跳棋的痴迷被父亲察觉到，父亲不仅没有遏制她对跳棋的兴趣，还鼓励她去学习围棋。

侯逸凡开始学围棋的时候，当时兴化市内出了一个国际象棋特级大师——谢军。谢军的出现掀起了兴化市学习国际象棋的热潮，小逸凡就是在这个时候喜欢上了国际象棋。

于是，侯逸凡就去报了国际象棋班，启蒙教练认为这个孩子的棋感很好，思路敏捷，是很值得培养的好料子。在教练的指导下，侯逸凡很用心地学习国际象棋，在坚持不懈的努力下，侯逸凡的棋艺进步很快，令启蒙教练觉得很不可思议。而在侯逸凡学习国际象棋的同时，二胡和舞蹈的练习也没落下，并且都取得了很优秀的成绩。但是，侯逸凡的教练告诉她的父母，如果想让她在国际象棋上取得最好的发展，就必须放弃二胡和舞蹈，把全部精力用在学习国际象棋上，这样才能做到专心致志。

是专心学习国际象棋，还是像别的孩子一样学习二胡和舞蹈？摆在侯逸凡父母面前的是一个艰难的抉择。两人对结果有很大的分歧：母亲认为女孩子应该往人文艺术方面发展；父亲则觉得国际象棋有助于拓展孩子的智力，无论男女都可以学。父母争执许久，都没能说服对方，最后两人决定让侯逸凡自己做决定。

结果，只有7岁的侯逸凡毫不犹豫地选择了国际象棋。

侯逸凡说，她选择国际象棋的理由只有一个，就是兴趣。因为她对国际象棋的喜爱，促使她坚持不懈地学习，用心地钻研棋术，在国际象棋的领域取得了辉煌的成就。

2010年12月24日，在土耳其安塔基亚举行的2010年女子国际象棋世锦赛上，1994年出生的侯逸凡一路过关斩将，加冕新科国际象棋世界冠军，成为中国继谢军、诸宸、许昱华之后，获此殊荣的第四人，成为国际象棋历史上最年轻的棋后。

从对国际象棋最初的兴趣到热爱，侯逸凡选择了兴趣，也成就了她的人生。

写给家长的话

一个人想要成就一番事业，强烈的兴趣是不可或缺的起点。

查尔斯·罗伯特·达尔文是英国著名的生物学家、进化论的奠基人。受到喜欢栽培花卉的母亲影响，他从小就对周围的生命世界产生了浓浓的兴趣。

春季的一天，父亲带着小达尔文在花园里玩耍。小达尔文看着花园里五彩缤纷的花卉，突然问道："爸爸，如果报春花能有蓝的、红的、紫的，各种各样的颜色该多好啊！"原来是他突然想起父亲曾说过的报春花只有黄、白两种颜色，所以有感而发。

面对勤思好问的小达尔文，父亲不忍心打击他，就拍拍他的头道："我相信你总有一天会想出办法的。"

小达尔文得到父亲的鼓励，便开始冥思苦想起来。几天后，小达尔文突然兴高采烈地跑到父亲面前，大声宣布："爸爸，我可以让报春花变颜色了！我要变出一朵红色的报春花！"父亲不以为然，只以为是小孩子的幻想。

第二天，父亲正准备修理花草，却见小达尔文神秘兮兮地朝他走来。等到了父亲跟前，他突然拿出一朵红色的报春花。父亲很是吃惊，问道："你是怎么做到的？！"小达尔文得意地说："您说过的，花是用根来吸水的，然后把水传给到身体的每个部分。我就想，如果让白色的报春花多喝些红色的水，那么花不就能变成红色了吗？所以，昨天我就折了一束白色的报春花，插在了红墨水瓶里。今天它就真的变成红艳艳的了！"

父亲惊讶地看了看小达尔文，由衷地称赞道："这可是我们英国第一朵红色报春花！"

还有一次，小达尔文自认为找到了动物化石，到处向人炫耀。可是所有看到的人都说那些只是普通的石头。小达尔文固执己见，坚持认为自己找到的是动物化石。看小达尔文"执迷不悟"，周围的人便劝达尔文的父亲好好管管。可是达尔文的父亲却说："他只是因为对这方面感兴趣而已。他越坚持，越说明他在思考，并且渴望成功。我相信，总有一天他会找到自己的专长所在，并将所有的热情投入其中。"就这样，父亲不但没有责备达尔文，而且不断对他进行悉心引导，给予必要的支持和鼓励。

长大后的达尔文，虽然学习成绩不理想，但是他有一颗对大自然坚定探索的心，面对老师的指责和其他人的不认可，达尔文依然坚定探求大自然奥秘的志向。虽然达尔文的志向超出了父亲的预想，但他从未打算对自己的未来做出任何让步。正是这样的决心，让父亲最终选择支持儿子。"我不同意你的职业，但我愿意尊重你的兴趣和选择。"

之后的五年，在父亲的鼓励下，达尔文开始了他的环球探险之旅。他不仅考察了美洲数以万计的动物和植物，还收集了多达17000多种标本。1859年11月，达尔文经过20多年的研究，终于写成科学巨著《物种起源》，揭示了自然界"物竞天择、优胜劣汰"的规律。

正是达尔文对大自然孜孜不倦的兴趣，加上父亲的宽容教导，奠定了他日后的成就，最终使他成为享誉世界的生物学巨匠。恩格斯给予他高度评价："达尔文的进化论，足以与能量守恒和转换定律、细胞学说并称为19世纪自然科学界的三大发现。"

写给家长的话

兴趣，是生活与学习的强大动力。

07 雄蛾是怎么找到雌蛾的

让·亨利·卡西米尔·法布尔，20世纪著名的法国昆虫学家，被人称为"昆虫界的荷马"，一生致力于对大自然的研究。

法布尔出生在法国南部一个叫圣雷昂的小镇，父母都是农民，生活颇为贫穷艰难。为了打发时光，法布尔经常在与小镇挨着的森林里玩耍。有一次，他逮到了一只很大的蛹，出于好奇，他将这只蛹带回了家，不久蛹就孵化成了一只雌蛾。

一次夜里，风雨交加，他突然听到窗户上传来"啪啪啪"的撞击声，转头一看，只见成群的雄蛾穿过风雨从森林里飞出来，撞击在玻璃上。再看纱罩里的雌蛾，正在不停地打转，准备交尾。

雄蛾是来找雌蛾的吗？

可是这里距离森林有几千米的距离，他们怎么能准确找到这里来呢？

法布尔看着雌蛾想了想，推测出一个结论：一定是雌蛾主动发出了某种信号，引诱雄蛾过来的。可是，雌蛾又是怎么向雄蛾传递信息的呢？为了解除这一困惑，法布尔决定做一些实验。

他先是用纸将雌蛾封起来，隔绝雄蛾和雌蛾的视线，让它们看不到对方。可是不久之后，雄蛾依旧找到了雌蛾。这说明，雄蛾和雌蛾之间并不是靠视线发现对方的。

他又用玻璃罩将雌蛾关起来，来阻止雌蛾和雄蛾进行声音的传递。这一次，雄蛾虽然能看到雌蛾，但是有些茫然，好像不知道雌蛾具体在哪里一样。

最后，法布尔拿出干净的棉花擦拭雌蛾的身体，然后藏起雌蛾，将棉花放到雄蛾可以触碰到的地方——这次，他想试的是气味。不久之后，只见雄蛾纷纷落到棉花上，就好像棉花是那只雌蛾一样。

通过三次的观察实验，法布尔终于得出结论：雌蛾通过散发气味来引诱雄蛾，这种气味正是昆虫传递出来的性信息。第二天，法布尔为了进一步测试这种信息的强度，故意在雌蛾周围撒满樟脑丸和汽油，可是雄蛾依旧能准确无误地找到雌蛾。由此可见，昆虫感受性信息素的能力很强。

后来，根据法布尔的这一发现，科学家们进行持续性的深入研究，取得了不少令人瞩目的成果。现今，科学家已经能通过合成雌昆虫性信息素，来诱杀雄虫，达到有效消灭害虫的目的。

法布尔将自己的一生无怨无悔地投入探索生命世界的兴趣中，为人类做出了无可替代的贡献！

写给家长的话

兴趣能把精力集中到一点，其力量好比炸药，立即把障碍物炸得干干净净。

08　爱奇思妙想的爱迪生

如果说失败是成功之母，那么好奇必定是通往科学之路的基石。许多科学家都是在好奇心的驱动下，打开了科学之门。爱迪生就是这样一个例子。

爱迪生从小好问，一直到去世，他都保持着对周边事物的强烈好奇，凡是都要问一个为什么。比如"马蜂为什么要把窝建筑成独特的形状"，"2加2为什么等于4"，"板凳为什么四条腿"，等等。

一次课堂上，爱迪生又提出了一些老师回答不上来的问题，因此被老师怒斥为"糊涂虫""低能儿"。又有一次，爱迪生想了解教具的构造，但拆完却未能拼回原样，让老师非常头痛，便对他的母亲说："你的儿子太笨了，留下来只会妨碍别的孩子；另外，他太爱拆东西了，你要让他改掉这个坏毛病。"但是他的母亲南希，对此不以为然。她认为，好奇是打开神秘知识宝库的一把万能钥匙，没有好奇心的孩子成不了大器，而爱迪生打破砂锅问到底的精神以及勤于动手的能力一定会对他有所帮助。从此，爱迪生结束了一生仅有的3个月的学校生活，开始在母亲的指导下学习。

在爱迪生幼年时期，有一回看到母鸡孵卵生出小鸡，觉得非常奇妙，但并不满足。事后，他也悄悄攒些鸡蛋放在仓库里，自己伏在上面，亲自试一试能不能孵出小鸡来，弄得全家人一阵子好找。当母亲看到他认真孵蛋的神情时，不禁笑了，于是耐心地给他讲解。而爱迪生呢，直到母亲告诉他，仅靠人体的体温不能孵出小鸡，必须选用受精的蛋、温度保持在42摄氏度左右，20多天后才能孵出小鸡，他才作罢。

这样的荒唐行为，不仅没有遭到母亲的批评，还受到了母亲鼓励。母亲的认同，让爱迪生在发明道路上屡败屡战，越挫越勇。事实证明，爱迪生这种探索和钻研精神，在他以后的科学道路上发挥了极为重要的作用。

1877年秋天的一个早晨，已经因为大大小小的发明而声名鹊起的爱迪生，小心地捧着一个奇怪的东西：上面是一根长长的金属杠，一端有一个大点的轮子，另一端是个小把手。大家都在好奇这又是他的什么最新"武器"，只见爱迪生转起了摇手，把一小张锡纸裹上圆筒，再装上一根小针，然后对着圆筒唱了一句婴儿催眠歌。接下来奇迹发生了，机器一字不漏地把催眠歌重新唱了出来！

这样的发明使爱迪生又一次名声大振。人们互相大声传告，说爱迪生带来了一架会说话的怪物。在短时间内，各家报馆的新闻记者如潮水般涌来，都争着要看一看这个世界上最新奇的机器。

这就是世界上第一台留声机。这一发明激起了当时社会急速而巨大的狂热达数月之久。而这样的成功，更是激发爱迪生把好奇心用在"留住眼睛和耳朵"的发明上，从而发明了有声电影。

爱迪生的成功始于他那颗充满好奇的童心，正是这种勤思好问的精神，引导着他去发明创造在别人看来不可能的世界。从10岁到84岁，他一生专注发明，即便是到了生命的最后阶段，也仍然保持着发明家的精神，紧张地进行着发明创造活动。他一生共取得2000多项发明专利，如电灯、发报机、打字机、蓄电池、水泥等，被誉为"发明大王"，其中最著名的一项发明就是在1879年发明了白炽电灯，为人类带来了光明，为世界的文明和进步做出了巨大贡献。在他去世的时候，美国全国停电一天，以示悼念。

写给家长的话

如果说失败是成功之母，那么好奇必定是通往科学之路的基石。

09 对军事情有独钟的丘吉尔

温斯顿·丘吉尔是世界现代史上赫赫有名的人物，也是一个富有传奇色彩的政治家、军事家。在二次世界大战期间，他领导英国人民顽强抵抗德国法西斯的侵略，为世界反法西斯战争的胜利立下了不朽的功劳。他那具有象征意义的"V"形手势，曾风靡全球，并流传至今。

但是，谁又能想到，这个厥功甚伟的杰出领导人曾经是老师和同学眼中的"笨孩子""差生"。

丘吉尔出身于英国牛津一个贵族家庭。年幼时，由于保姆溺爱，他长成了一个非常顽皮的孩子。两年后，他跟随全家迁到爱尔兰。在那里，他经常充当小头目，组织周围的小伙伴一起玩耍。因为没惹出什么事，所以父母对他的行为从不担心。

7岁那年，丘吉尔被送进贵族子弟学校学习。这是一所以严格著称的学校，学生一旦违反纪律，就会受到严惩。丘吉尔不喜欢这所学校，因为他没有耐心学习拉丁语和自然学科的公式、定理，他觉得这些枯燥至极。因为成绩差又调皮，他没少受到体罚，父母也跟着收到学校的多次警告。但丘吉尔的父母认为，自己的孩子智力优良，分数并不能说明什么。假如有一日他拥有了自己的特长，一定会变得优秀起来。

13岁的时候，丘吉尔勉强从小学毕业进入哈罗中学——一所专门培养英国贵族子弟的学校。由于考试经常包含大量的拉丁文和数学，丘吉尔颇受折磨。学校的校长甚至明确跟他说，如果不是看在他当大官的父亲面子上，是绝对不会录取丘吉尔的。丘吉尔在这所学校里被当成最差的学生，但也就是在这个时候，他确定了自己对军事的热爱。只要有时间，他就会阅读大量军事历史书。为了更加深切理解这些书中描绘的内容，他甚至去借阅和研究社会科学类书籍，英语写作和演讲能力也跟着突飞猛进。毕业的时候，因为学校格外重视英文写作，才允许他勉强毕业。

中学毕业后，丘吉尔决定报考桑德赫斯特皇家军事学院。这是一所极为普通的士官学校，有身份的人一般是不会把孩子送进这种学校的。当时，英国贵族的理想专业是神学和法律，军事则为人所不齿。但丘吉尔的父母始终鼓励和支持丘吉尔，将他送进了桑德赫斯特皇家军事学院，当了一名骑兵士官。在这里，丘吉尔如鱼得水，军校毕业时，他的各项成绩名列前茅。

1895年，21岁的丘吉尔从军校毕业，被分配到第4骠骑兵团担任中尉。同年，他利用假期时间和朋友一起到古巴体验西班牙和古巴当地人民的起义战争。因为其父亲，他被英国情报局看中，负责收集西班牙军队使用枪弹的情报。此外，也有报纸聘请他作为随军记者，为报社发稿。在经历战火洗礼后，丘吉尔爱上了写作和记者生活。因为综合素质优秀，回国后不久他又被派去印度服役。在此期间，他根据自己的所见所闻连续出版了几本书，一时间声名鹊起，成了英国人心中的英雄。

1899年，丘吉尔从印度退役回国，到南非一家报社当记者。在听闻战争的消息后，他立刻赶赴战场。可是半途却被当成俘虏关押起来，之后他用自己所学，成功逃出布尔人岗哨林立的战俘营。为了捉拿他，布尔人悬赏25英镑。为此，丘吉尔又一次声名鹊起，成了南非德班的英雄。同年，丘吉尔开始投身向往已久的政治生活。

1905年，丘吉尔被任命为殖民地事务次官，先后担任商务大臣、内政大臣、海军大臣、兰开斯特公爵大臣、军需大臣、陆军和空军大臣、殖民地总务大臣等职。这些职务，让他积攒了丰富的从政经验，也展现了非凡的军事和政治才能。

1939年9月，第二次世界大战爆发，丘吉尔第二次出任海军大臣。1940年，张伯伦下台，丘吉尔临危受命，出任英国首相，出色地领导英国人民取得反法西斯战争的胜利，为世界的和平做出了不朽的贡献。

从丘吉尔的经历可以看出，没有任何孩子是天生的"笨孩子"，只要善加引导，掌握科学的教育方法，孩子一定会有所作为！

写给家长的话

只要喜欢，就会爆出惊人的能量。

10 爱提问题的爱因斯坦

"江山代有才人出，各领风骚数百年。"近两三个世纪以来，科学界人才辈出，先后诞生了牛顿、爱迪生、法布尔、富兰克林等让人耳熟能详的人物。科学界之所以能如此长盛不衰，百花齐放，归根结底是因为这些人能始终忠于天性发展，思想不拘一格。20世纪最伟大的科学巨人爱因斯坦，便很好地诠释了这一点。

1879年，爱因斯坦出生在德国一个犹太人家庭，少年时期的他对自然现象怀有浓厚的兴趣：风和雨的形成，月亮高悬空中竟然不会掉下来……这些无不令他感到惊奇。他常常一个人独自坐在客厅里，歪着脑袋，边听母亲弹奏钢琴边思考。因为脑海里有太多的疑问，又少言寡语，并且常常问一些稀奇古怪的问题，所以大人和小孩都怀疑他的智商有问题。但是他的父母一点都不着急，因为在他们看来，爱因斯坦只是比别人更好思考而已。

四五岁的时候，有一次，爱因斯坦生病躺在床上。父亲为了不让爱因斯坦无聊，也为了分散他对病痛的注意力，给了他一个指南针。爱因斯坦拿到指南针后，当即爱不释手。他发现，无论他怎么摆弄指南针——往左、往右、往上、往下，那枚红色的指针总会指向北方。这个发现让爱因斯坦好奇不已，他认为，一定是有什么无形的力量拉着那枚指针。

可这力量究竟是什么呢？

病好之后，爱因斯坦翻来覆去地用尽办法研究指南针，想找出令指针始终指向北方的神秘力量。但令他大失所望的是，无论他怎么寻找，都没有找到答案。从此，这个谜题就深埋在了他的脑海里，挥之不去。为此，他整天神情恍惚，越来越沉默寡言，父母以为他得了病，甚至要带他去医院看看。成名后，爱因斯坦每每回想起这段经历，还觉得十分有趣。

上中学后，爱因斯坦喜欢上了数学。刚好他的叔叔是一位工程师，也很喜欢数学。有一次，叔叔在纸上画了一个直角三角形，写了一个定理，满脸神秘地对爱因斯坦说："这就是大名鼎鼎的毕达哥拉斯定理，两千多年前人们就会证明它了，你也试试。"12岁的爱因斯坦此时还不懂得什么是几何，可是凭着对数学的痴迷，他决心试试。他一连思索了几个星期，到第三个星期最后一天时，他竟然凭借着自己的知识证明了出来！这是他第一次体会到创造的快乐，让他铭记于心。

从此，爱因斯坦在数学的世界里徜徉，对其他学科完全失去了兴趣。为此有不少老师责备他，甚至对他的父母说，爱因斯坦未来将一事无成。因为老师对爱因斯坦的成见太深，爱因斯坦在15岁那年被学校勒令退学。

退学后，爱因斯坦并没有削弱对科学的热爱，他时常带着小笔记本出门，不断给自己设置新的难题和挑战。正因为他一生孜孜不倦，不断对科学堡垒发起进攻，最终研究出了举世闻名的相对论、光电效应和统一场理论，并于1921年获得诺贝尔物理学奖，成为20世纪最伟大的物理学家，现代物理学的开创者和奠基人。

爱因斯坦一生的辉煌成就与他的家庭分不开，父母给了他十分宽容的成长环境。在他功课不好，被学校退学的时候，他们没有责打他，而是给他自由选择的权利；在他的"天才"基因还没有发挥出来的时候，他的父母不仅不着急，还根据他的喜好循循善诱，帮助他成长与发展。可以说，是爱因斯坦父母的悉心指导，才给物理学界带来了一位科学巨匠！

写给家长的话

只有用心好之奇之，才会有所发现，有所收获。

第二章 好奇心是智慧的萌芽

孔子："知之者不如好之者，好之者不如乐之者。"

鲁迅："孩子是可以敬服的，他常常想到星月以上的境界，想到地面以下的情形，想到花卉的用处，想到昆虫的语言，他想飞上天空，他想潜入蚁穴……这种无处不在、无所不能的好奇心，是儿童特殊思维的直接体现。"

林语堂："人生快事莫如趣，而且凡在学问上有成就的，都由趣而来。……"

柳斌："我们需要塑造孩子，但不能以牺牲孩子的天真、不能以一代人的刻板为代价。因为被这种呆板所钝化的，恰恰是人类活跃的思维，被磨损的恰恰是灵感与悟性。""童趣、童真、童心必须予以精心保护，使之不受践踏，不受破坏，因为这是形成健全人格的最为重要的基础。"

奥斯勒："在任何行业中，走向成功的第一步，是对它产生兴趣。"

第三章　好孩子是夸出来的

没有赏识就没有教育。赏识是打开孩子潜能之门的金钥匙，赏识是孩子求知上进的源泉，它能激发孩子的自信心，使孩子生出无穷的力量和勇气，创造让你想象不到的奇迹。欣赏孩子，是培养优秀孩子的必要前提。鼓励和赞美，是中外教育家常用的法宝。

父母或老师的一句赞美可能激励孩子走上成功之路，影响孩子的一生；哪怕父母一个爱抚的眼神或一个鼓励的手势就可能为孩子带来神奇魔力。而父母一句愚蠢的讽刺或挖苦则可能毁掉孩子的自信，甚至葬送孩子的前程。据专家调查，经常受父母激励的孩子要比很少受父母激励的孩子的成才率高5倍。

每个成功人士的背后，都有一个善于激励的艺术大师：他善于发现孩子的长处并且善于赞美孩子的长处，即使是对待不听话的孩子和"问题孩子"，也能发现他们的"闪光点"。很多伟人回忆成功的原因时大都有一个共同点：在他们小的时候，经常被家长称赞或被老师表扬。"你真棒！""你很聪明！""你将来一定很有出息！"这类鼓励、赞扬的话，正是打开孩子心灵宝藏的金钥匙！

作为老师或父母，如果看不到学生或孩子的优点，就不是一个称职的老师或父母！

陶行知先生说："你的教鞭下有瓦特，你的冷眼里有牛顿，你的讥笑中有爱迪生，你别忙着把他们赶跑。你不要等到坐火轮、关电灯、学微积分时，才认识到他们是你当年的小学生。"爱因斯坦说："孩子生来就是天才，但往往在他们求知的岁月中，错误的教育方法扼杀了他们的天赋。"每个正常的婴儿在出生的时候都具有莎士比亚、莫扎特、爱迪生、爱因斯坦等天才的潜能，关键是后天能否把这种潜能开发出来。即使是禀赋一般的孩子，只要教育得法，也能成为非凡的人。

每个孩子身上都蕴藏着巨大的、不可估量的潜力，缺少的只是欣赏的目光；缺少赏识的孩子往往有个性缺陷。

有一副讽刺官僚主义者的对联：上联是"说你行，你就行，不行也行"；下联是"说不行，就不行，行也不行"；横批是"不服不行"。这副对联若用在教育孩子上是"放之四海而皆准的真理"，父母对孩子的评价往往决定孩子的成败。

作为父母或老师，对孩子不要吝啬你的赞美之词，赞美永远是不会过时的艺术。苏联著名教育家马卡连科说："教育儿童最好的方法就是鼓励他们的好行为。"美国著名儿童教育家戴森费里曼说："赏识是孩子健康成长的条件，孩子需要赏识，就像植物生长需要水分。"布鲁姆说："教育的艺术不在于传授本领，而在于激励、唤醒和鼓舞。""一味地挖苦、贬低，会导致孩子的反抗，反对父母、反对社会，甚至反对整个世界。"

好孩子是夸出来的。孩子能否成才，关键在于激励！对孩子要少一些挑剔，多一些赞美；少一些责备，多一些勉励！切忌说"你真笨！""没出息！"，要多说"你真行！""你真棒！"；不要"哪壶不开提哪壶"，要"哪壶开提哪壶"。要用欣赏的目光看孩子、用赞美的口吻评价孩子。如果你学会了欣赏与赞美，就会创造奇迹！

01　　　　四块糖果

王友是一个普通的小男孩，像许多小男孩一样，他经常做让大人头疼的事。这一日，他拿着泥巴扔向同班的同学，突然听到了一声严厉的呵斥。王友顿时一惊，连忙停手，发现说话的竟然是新上任的校长陶行知先生。

他害怕极了，认为自己一定会被严厉处罚，甚至开除出校。可是陶行知并没有说什么，只是让他放学后去校长办公室。

王友一放学便忐忑不安地来到了校长办公室门口,心里做好了准备被大骂一通。然而,他看到的却是陶行知微笑的脸以及掌心的一块糖果。

陶行知说道:"这是给你的奖励,因为你按时来到学校,而我却没有按时。"

王友心中更加惴惴不安,瞪大眼睛看了陶行知一眼,怯生生地接过了那块糖果。本以为接下来该被责骂了,却看到陶行知又一次从口袋里掏出一块糖果,郑重地放到他手中。

"这第二块糖果也是奖励你的,因为当我不让你再打人的时候,你立即就停手了,这说明你很尊重我,应该得到奖励。"

王友握着那两块糖果有些发蒙,看着微笑着的校长,更加不清楚他的意图了。接着,他看到陶行知又从口袋里掏出一块糖果,依旧是微笑着放在了自己的手心里。

陶行知微笑道:"我调查过了,你用泥块砸那些男生,是因为他们不守游戏规则,欺负女生。你砸他们,说明你很有正义感,而且有跟坏人做斗争的勇气,应该奖励你啊!"

王友不知道自己该说些什么,只是紧紧地握着那三块糖果,心里很不是滋味。他有些自责,有些后悔,但更多的是感动。看着依旧微笑着望着自己的陶行知,他"哇"的一声哭了起来:"陶……陶校长,你打我两下吧!我错了,我砸的不是坏人,而是自己的同学啊。虽然他们欺负同学不对,但是我也不应该用泥块砸他们!"

泪眼蒙眬中,王友看到陶行知从口袋里掏出了第四块糖果,放到自己的手中,温和且慰藉地笑道:"为你能正确地认识错误,我再奖励你一块糖果,只可惜我只有这一块糖果了。好了,我们今天的谈话结束了,你可以回去了。"

王友永远都无法忘记这位新到任的、可亲可敬的校长,他的举止给王友产生了受用一生的影响。

作为一名教育学家,陶行知做出了无数辉煌的贡献。他用四块糖果,四次承载着爱的力量的夸赞,在一个顽劣小男孩的成长道路上点燃了指路明灯。

写给家长的话

善于发现孩子的闪光点，满腔热情地去唤醒孩子、启迪孩子。

02　一封信改变了王刚的命运

王刚，国家一级演员，原中央电视台播音指导，著名节目主持人，表演艺术家。电视屏幕上的他家喻户晓，但是只有他自己知道，他曾经是一个"坏孩子"。

王刚很"坏"，他4岁上幼儿园时就经常干"坏"事。别的小朋友用积木垒很高的城堡，他会跑过去推倒，然后坏笑着看着小朋友被砸得鼻青脸肿、哇哇大哭。

上小学时，老师上课，他会拿着自己用纸糊的写着"令"字的三角旗，趁老师转身，指挥前排的小伙伴两人一起配合"啊"的怪叫。老师转过头来，他立即一本正经；老师转过头去，他立刻又开始搞怪模仿，龇牙咧嘴。明明是班上最矮的男生，因为太过嘚瑟，王刚被老师从前排调到了最后一排。

四年级时，王刚考试交完卷因为太过得意，钻到教室木地板下点蜡烛，不小心点着废纸，害得整个教室浓烟滚滚，考场鸡飞狗跳。

这类事情屡见不鲜。因为太过顽劣，老师甚至委婉地向王刚的父母提出让他换一所学校。同学们孤立他，家长们防备他，严控他带坏了新鲜的"小幼苗们"。去开家长会成为王妈妈最害怕的事情。王刚也因为这些事情没少挨爸爸的暴打。

本来呼风唤雨、一呼百应的威风少年，如今"众叛亲离"，王刚感觉很失落，他开始逃学，到处晃悠，觉得自己就像是一个流浪者；没有玩伴，心中之事因为害怕被打未能向父母倾诉。逃学的日子就这样持续了一个学期，孤独、寂寞、痛苦折磨着这个小少年。终于在某天晚上，王刚突发奇想，给毛主席写了一封信。

"敬爱的毛主席，我是长春北安路小学的王刚，我们要学习您老人家在大风大浪中锻炼，勇敢地畅游长江，在雨中跑步，在闹市读书……"王刚在信中如是说。看似幼稚的语句，却满是一个孩子对毛主席的拳拳赤诚之心。在信的最后，王刚附上了两幅水彩画和一张照片。水彩画一幅是小白兔吃萝卜，另一幅是扛枪解放军"解放台湾"；照片是他和妹妹王静1岁时的合影。第二天，王刚将信投入了邮筒，直到邮递员将全部信件取走，他才安心离去。

此后，王刚依旧逃学，依旧顽皮，依旧是父母、邻里眼中让人头疼的"坏孩子"。

王刚没想到，自己这封看似幼稚的信，竟然真的到了那位伟大领袖的手中，也没想到，这封信改变了他的一生。

1959年7月6日，在王刚生命中是一个重要的日子，他会永远记得。

在这天，他收到了一个来自中共中央办公室的牛皮纸信封袋。老师通知他去学校一趟，在校长和老师殷切的目光中，他打开了那封信。

信中写道："王刚小朋友：你6月24日写给毛主席的信还有图画和照片都收到了，谢谢你，今寄去毛主席照片一张，请留作纪念。希望你努力学习，注意锻炼身体，准备将来为祖国服务。1959年7月3日。"

虽然只是短短的几行字，但是王刚永远忘不了。他忘不了校长因为激动而哆嗦的双手，忘不了广播室里自己的第一次播音，忘不了自己得到的第一次表扬。接踵而来的荣誉，教育局领导的关注，使王刚从一个"坏孩子"变成了全校、全区乃至全市的光荣。他甚至出演了自己人生中以自己为原型的第一部话剧《他转变了》。王刚也自此改头换面，从让大人头疼、同学疏远的坏小子，变成了一个像英雄一样被传颂的好学生。

只是一封信，却让一个"坏孩子"的人生发生了翻天覆地的大逆转；只是一封信，让一个孩子褪去顽劣，慢慢成长为一位卓越的艺术家；只是一封信，让孤独痛苦的王刚感受到了温暖的鼓舞人心的力量。

撇去那封来自中共中央办公室的信，我们看到的是，一个孩子对于来自他人认可的期待与渴望。孩子的世界其实很简单，你的一句夸奖，一个赞许的大拇指，或许就可以让他感受到快乐与自信，向正确的方向坚定地继续下去。

就像后来王刚说的："谁不想学好？一个从未被人夸奖过的人，怎么可能有自信？"

写给家长的话

一句真诚的赞美就能让一个孩子充满自信、发生惊人的变化。

03　不要轻易说放弃

幼儿园时，家长会上，老师对母亲说："你的儿子有多动症，在板凳上连3分钟都坐不住，你最好带他去医院看一看。"儿子问到老师对他的评价，母亲鼻子发酸，却还是微笑着编造了一个善意的谎言："老师表扬你了，说宝宝原来在板凳上坐不了1分钟，现在能坐3分钟了。其他小朋友的妈妈都非常羡慕你的妈妈，因为全班只有宝宝进步了。"

那天晚上，儿子自己一个人吃了两碗米饭，拒绝了她喂饭的要求。

小学时，家长会上，老师对她说："全班50名同学，这次数学考试，你儿子排在第49名，我们怀疑他智力上有些障碍，你最好能带他去医院查一查。"一路伤悲，满眼都是泪，回家看到惊惶无比的儿子，她打起精神，微笑着说："老师对你充满了信心。他说了，你并不是个笨孩子，只要能细心些，你会超过你的同桌，这次你的同桌排在第21名。"

本来沮丧的儿子眼睛开始发光，振作起来。那次以后，儿子温顺了许多，长大了许多，每天坚持早起上学，一反以前的拖拉与不耐烦。

初中时，家长会上，总是名字在差生行列被点到的儿子，这次名字却未被老师提起。会后，老师告诉她："按你儿子现在的成绩，考重点高中有点危险。"即使如此，她还是为儿子的小小进步感到惊喜，她告诉儿子："班主任老师对你非常满意，他说了，只要你努力，将来很有希望考上重点高中。"

后来，她的儿子更加努力，破天荒地考上了重点高中。

高中时，报考大学，她对儿子说："我相信你能考取重点大学。"

毕业时，儿子终于等来了那封印有清华大学招生办公室的特快专递。将快递交到她手上后，儿子却突然把自己关在房间里大哭了起来。

"妈妈，我一直都知道我不是个聪明的孩子，在这个世界上只有您能欣赏我——尽管那都是骗我的话。我知道那些话只是一层纸，一捅就破，但我还是喜欢听，这层纸让我不停地努力、不停地进取，它是我学习的动力。"儿子哭着说。

门外的她心里很不是滋味，喜悦混着酸涩，在心里揉成一团。心中凝聚了多年、隐忍了多年的泪水，终是缓缓流下，打湿了那封沉重的、珍贵的让他们为之奋斗了多年的信封。

原来，他很早便知道自己不是一个聪明的孩子，老师的失望、同学的嘲讽，他全看在眼里。可是，母亲却总是微笑着告诉他，他很棒，他会慢慢强大起来。即使知道这一切都是母亲的谎言，即使知道这一切都是一捅就破的窗户纸，他还是将它放在了心上。

全世界只有妈妈欣赏他，凭着这欣赏，他不断地努力着，不停地前进着，即使老师放弃了他，众人也不看好他，他也从未止步。这编织的澄澈的谎言，一路支撑着他将汗水与泪水洒下，最后造就了这封来自清华大学的录取通知书。

写给家长的话

你让孩子看到希望，孩子就不会让你看到失望。

04 关于举手的"君子协定"

那个小孩子不算优秀，上课却总是特别踊跃，小手举得高高，两只眼睛亮晶晶的，抢着回答她的问题。有时候她的问题还未说完，小孩便将小手高高举起。她心里也是欣喜的，有孩子这样捧场，教师总是开心的。可是，很多时候把他叫起来时，他又不会。这时，下面的同学就会偷偷笑起来，他也面红耳赤。

她微微有些头疼，很想告诉他，不会就不要举手了，可是在看到孩子亮晶晶的眼，站着举得高高的双手时，她又开始于心不忍。思虑了许久，她把他叫到了办公室里。

"你不会回答，为什么要举手呀？"她微笑地看着他亮晶晶的眼睛，轻声问他。

小孩噘起了嘴，垂下眼睛，怯怯地说："同学总笑我成绩不好，说我笨，我不服气，所以老师提问时我总举手，我想让大家看看我不笨，可实际上我不会。"

纯粹幼稚透彻的想法，让她有些忍俊不禁，然而更多的是心疼。她笑了笑，摸了摸他的脑袋，称赞道："你不服输、爱举手，这是不甘落后、有上进心的表现！"

小孩抬起头，看着她的眼睛，表情有些难以置信，大大的眼睛里满是惊喜。

她表扬了他的积极性，偷偷地跟他订了一个只有他们两人知道的"君子协定"，"以后你记住了，老师再提问的时候，如果真会回答，你就举左手；如果不会，你就举右手"。

小孩认真地点点头，眼睛亮亮的。

从此以后，只要上课，她便会偷偷观察小孩举的是哪只手。小孩如果举的是左手，她就会点他起来回答问题；如果举的是右手，她就假装没有看见，让其他的小孩子起来回答问题。每次小孩回答正确的时候，她会很赞赏地向他竖起大拇指，表扬他，鼓励他。小孩受到鼓舞，学习更加努力，更加自信，举起左手的次数也越发多了起来。

如果，只是说如果，当时她只是将他叫过去指责一顿，批评一顿，就不会有这样的结果。她心里略微有些庆幸，还好当时与他订下了这个小小的"君子协定"。

其实，很多时候，孩子需要的只是一声称赞，一句鼓舞而已。

写给家长的话

欣赏可以培养自信，有了自信才能敲开成功的大门。

05 聋哑女孩叩开哈佛大学之门

1岁时，她便因为注射庆大霉素过量，再也听不到来自这个世界的声音。她看到了许多人的眼睛，或是怜悯，或是可惜，但是她的父亲从来没有放弃她，总是固执地相信她是一个小天才。

她课桌上的玻璃板下压着一张"天才儿童行为表"，只是父亲为了让她相信，她是天才，虽然在某些人看起来，这有些好笑。

她喜欢看书，每每看书忘记了时间，父亲便会跑过来，指着行为表上第一条说："看起书来废寝忘食，你不是天才，谁是天才？"然后得意扬扬地对她竖起大拇指，似乎自己的女儿是世界上最伟大的天才。

她的父亲是不同的，在所有人都觉得她的人生因为听不见而没有希望时，他却总是对她充满了信心与希望。他总是会看到她自己都未曾意识到的优点，可以敏锐觉察到她的一点点进步，然后欣喜地告诉她，他是如何自豪。他总是以欣赏的目光看着她成长。

"别人家的孩子"这个讨厌的称呼，从来没有在父亲口中出现过。她听到最多的，就是"今天的你""昨天的你""未来的你"。因此，她总是努力着，让今天的自己比昨天好一点，让未来的自己比今天好一点。哪怕只是一点点的进步，父亲都会很欣喜地表扬她。

每每她感到挫败时，父亲便会鼓励她，告诉她勇敢地面对失败。

每每她陷入困境时，父亲便会激励她，用自己的力量去克服、去战胜这困境，却从不对她施以援手，即使有几次她开始对他撒娇。

父亲对自己的相信，让她从来不觉得自己比谁差，也从来不觉得自己的耳朵会影响自己的生活。她在静谧的世界中看书、写作、研究、思考，生活得充实惬意且快乐。在父亲赞赏的目光中，她以超越正常人的速度成长着，书写着正常人都无法书写的卓越篇章，在人生之路上留下一串又一串闪光的脚印：

6岁时，她就能认识很多汉字；

8岁时，她就打破了吉尼斯纪录，能背下圆周率小数点后1000位数字；

10岁时，她就出版了6万字的科幻童话；

11岁时，她成为"全国十佳少先队员"；

先后3次跳级，她仅用9年时间便学完了中小学12年的全部课程；

16岁时，她以优异的成绩考取辽宁师范大学，成为中国第一位聋哑少年大学生；

17岁时，她被评为全国自强模范；

22岁时，她荣膺《中国妇女》时代人物；

23岁时，她被美国最好的聋人大学加劳德特大学录取，获硕士学位；

24岁时，她被美国哈佛大学录取为博士生。

在让人为之惊叹的荣誉与成就面前，她总会想起儿时自己书桌下那张"天才儿童行为表"，因为父亲毫无理由、持续不断、从未消失的相信，她真的成了人们眼中的天才。也只有她知道，这天才背后的汗水与辛酸。在所有人都放弃她的时候，只有父亲相信着她；在所有人都觉得她不可能做到一些事情的时候，只有父亲相信着她；在所有人都觉得她过不了一些坎的时候，只有父亲相信着她。她的微小进步，她的一点点成绩，总是会赢得父亲无与伦比的赞美与鼓舞。

因为这赞美与鼓舞，她一直前进着；也因为这赞美与鼓舞，她站到了很高的地方。

她叫周婷婷，她的父亲，是赏识教育专家周弘。

聪明的父母总是两眼盯着孩子的优点，哪怕天下所有人都看不起自己的孩子，做父母的也应该欣赏他、赞美他，为自己创造的小生命而自豪。一旦孩子取得好成绩，做了一件让他自己感到自豪的事情，家长就应当像开新闻发布会一样，向亲友炫耀他的"成功"，就像拿着放大镜一样去放大他的优点。

写给家长的话

教育孩子的奥秘就在于父母心灵深处坚信自己的孩子"行"！

06 被评为"进步生"之后

孩子成绩一直不怎么好，在一次期末考试中，她终于取得了明显进步的成绩，得到了"进步学生"的称号。孩子很高兴，她捧着奖状，就像捧着一件珍宝一般小跑回家，只为了让父母看到自己的珍宝。可是，迎接她的却是父母的冷眼与不屑。

父亲接过奖状，只是冷冷地看了一眼。母亲嘟囔道："看把你高兴的，评个'进步学生'有什么了不起？你有本事捧回个'三好学生'奖状让我看看……"

自己的珍宝就这样被父母忽视了，孩子觉得很伤心。苦闷、悲伤一直笼罩在孩子的心头，让孩子郁郁寡欢。父母对她的不满也因此加剧，她得到了更多的斥责与埋怨。没有人知道，她希望得到的只是那一个赞许的眼神、一声欣慰的夸奖、一句关怀的抚慰。

终于，孩子选择了离家出走，只留下了一张字条：

"不要找我！我再也不愿回到这个家……"

这是一个孩子的故事。

这里，还有另一个孩子，她很幸运，同样是被评为"进步学生"，她的父母却很开心。

父母接过奖状翻来覆去地看个不停，父亲甚至立刻将奖状贴到了客厅最显眼的位置。父亲开心地说："以后这面墙就留给女儿贴奖状喽……"她得到了父母的称赞与表扬，得到了一套自己喜欢的书作为奖励，书的扉页上被父母写下了许多贴心、激励的话。因为父母的认可与赞许，孩子对学习的兴趣与日俱增，也变得越来越开朗懂事，她成为真正的优秀生。

这两个孩子住在同一栋楼里，在同一所学校，甚至同一个班级上学，同样是"进步学生"的称号，却因为父母对她们的进步表现出来的截然相反的态度，使生活迥然不同起来。因为那一声夸奖、一声鼓舞，激起孩子内心的信心与力量，让孩子更加有动力去面对接下来的学习生活乃至人生。而一个冷漠的眼神，一声斥责，使孩子内心笼罩上了深重的阴霾，对接下来的生活充满了失望。

他们的内心其实很幼嫩，一声斥责或许便会伤害到他们。他们的要求其实很简单，只要你在他进步时给予他一声赞赏，一个赞许的微笑，他们的心便会遍地都是阳光。

写给家长的话

赞赏与鼓励是教育孩子行之有效的法宝。

07　夸出来的"名人"

（一）

他从上小学便不安分、不听话。但是母亲认为，他永远是一个好孩子，总是给予他欣赏的目光。在这温暖的目光中，他一点点成长，成为一个优秀的人。他给母亲写了一封信，信中说："我爱你妈妈！你从来没说过我比别的孩子差！"

他就是世界首富、慈善家、美国电脑奇才比尔·盖茨。

（二）

儿时，祖母将他抱在怀中，总是微笑着说："你将来会成为一个了不起的人物，你不久就会明白。"

成年后，他成了一名小学老师，偶尔唱唱歌，父亲不断地鼓励他："你唱歌很有潜力！"

后来，他真的成名了，祖母与父亲的肯定他从来没有忘记，他说："如果没有祖母与父亲的激励，我就永远不会站在舞台上。是老师培训了我，但是祖母的那句话让我有勇气和信心走向成功。"

他就是世界三大男高音歌唱家之一的帕瓦罗蒂。

（三）

他睿智、亲和、大度且平易近人。在做客一家网站时，有网民调侃他的长相让人不敢恭维。他笑道："我妈妈从来不这样认为！"在妈妈心中，他永远是最好的儿子。

他就是我国外交部前部长李肇（zhào）星，他是一位优秀的外交家。

（四）

儿时，母亲请人给他看相，预测他将来会成为一个了不起的人物。母亲也经常告诉他："你将来一定会是一个了不起的人。"或许正是因为这毫无来由的赞赏与相信，他真的成了一个了不起的人。

他就是世界著名的日本围棋高手林海峰。

23岁，他成为日本最年轻的围棋冠军。

1994年，他获得"棋圣"的称号。

（五）

他来自非洲，家境贫寒，母亲也目不识丁。

母亲经常告诉他，她从小最佩服的便是识字的人。他上了二年级后，母亲便经常向他请教一些或大或小的事。他每取得一点成绩，母亲都无比高兴，到处说"儿子特棒"……

他非常优秀，毕业后成为美国的高科技人才。他的成功来自哪里？或许便是母亲的崇拜与赏识。

写给家长的话

美妙的语言给予人行动的动力，这正如海上航行的风帆，风越大，则行得越远。

08 纽约第一位黑人州长

所有人都认为大头沙这个充斥着暴力、肮脏、污秽的地方成就不了伟大的人。在贫民窟里，偷渡者和流浪汉，将这里的孩子都染上了污秽的颜色。斗殴、逃学，甚至于偷窃、吸毒……"愚昧""狂躁""叛逆"或许便是这群孩子的代名词。一代代人沦陷在这种贫穷、紊乱的生活中，成年后的人群依旧继续着这种缭乱与不堪，很少有人能摆脱这种命运。

砸烂的教室黑板，无所事事、吊儿郎当的学生，总会空旷的教室，小巷里狂躁的脏话与斗殴声。这里就是"腐朽""糜烂"的代名词。许多校长来了又走。他们是没有希望的孩子。

他作为这群几乎被放弃的孩子中的一员，跟着这种迷惘、无所事事的狂流一起漂流着，从未想过要挣脱这束缚。他心里有一个很小的愿望，即使他知道这愿望实现的可能性几乎为零——他奶奶说，他长大后会成为一名5吨重的小船的船长。虽然只有奶奶说过这句话，而且被人嘲笑了很久。

直到有一年，大沙头诺必塔小学来了一位新的董事兼校长——皮尔·保罗。这位新校长的到来给他们的生活带来了希望。

校长做了很多事情，都没有什么成效，直到有一天，校长说要为他们看手相。

他一直坚信着命运这东西，就像其他孩子一样。所以，他好奇地凑了过去。轮到他时，他略微有些忐忑，从窗台跳下，郑重地将手伸向校长。校长微笑着看着他，展开他的小手，仔细端详着。终于，校长郑重无比地说："我一看你这细长的小拇指就知道，你将来一定很有出息，你长大后是纽约州的州长！"

他一听，吓了一跳，作为被放弃的孩子中的一员，他从未想过自己可以成为一名州长，他想过的最伟大的事情，也只是成为一名小船的船长。校长的话像是一块巨大的磐石，在他的心中落下，震得他整颗心都开始动荡不已。就像是发生了一场大爆炸，爆炸过后，内心仍是久久的震撼与激动，难以平息。这句话，深深地镌刻在了他的脑子里。他也不知道为什么，就那样相信了校长的话。

"纽约州州长"这5个字，就像是一面神圣的旗帜，在他暗黑的天空缓缓升起，也让他抬起头，看到了希望与光明。跟随着这面旗帜，他开始严格要求自己，让自己衣服干净整齐，让自己的语言礼貌得体，让自己更加努力学习，让自己仪态更加端庄……不久，他便通过竞选成为班长。

不管是1年，还是10年，抑或是40年，他始终以州长的标准要求着自己，那5个字像是一棵小苗，在心里生了根，发了芽。他也变得越发优秀起来。在51岁那年，他真的成了纽约州第53任州长。

众人惊叹，他们从未想过，这样污秽的地方，竟然真的成就了一位纽约州州长。

在就职记者招待会上，当记者问到他成功的秘诀时，不知道为什么，他想起了儿时给自己看手相的校长，他笑了笑，说道："他是我上小学时的校长，在他的激励下，才使我走向成功之路。""皮尔·保罗"，一个对很多人来说相当陌生的名字，伴随着"纽约州州长"5个字，一起绽放着神圣的光辉，出现在众人面前。

他又道："信念值多少钱？信念是不用钱买的，它有时甚至只是一个善意的谎言。然而，你一旦坚持下去，它就会迅速升值。在这个世界上，信念这种东西任何人都可以免费获得，所有成功者最初都是从一个小小的信念开始的。"

正是因为校长的那一句"纽约州州长"预言，让他燃起了成为纽约州州长的信念，凭着这股信念，他严格要求着自己，努力前进着，这股信念的火苗慢慢燃起，终是锻造出纽约州州长这个光辉的形象。

他就是罗杰·罗尔斯，纽约州历史上第一位黑人州长。在被众人放弃的腐朽中凭借着"纽约州州长"这个预言拔地而起，成为一个散发光芒的人。

就像老话所说的，"如果一个人总是想着成功，就有可能成功；如果一个人总是想着失败，就可能导致失败。因此，成功是属于那些有成功意识的人"。他的故事，便是证明这段话的最好例子。

写给家长的话

所有成功者最初都是从一个小小的信念开始的。

09 罗森塔尔效应

你有没有想过，只是一个小小的心理暗示，或许可以让你真正成长为你自己从没想过的，能够成为的，强大的人？

他一直都不是什么优秀的学生，读中学也是，考试成绩总是班上倒数，老师都放弃了他。他觉得，自己这辈子估计也就这样完蛋了，他的人生无药可救了。沮丧、自卑，深深笼罩他的心头。

1968年的一天，班里来了一群人，据说是哈佛大学的某个心理学专家，研究出了一种仪器能够预测未来谁能获得成功。老师和同学都沉浸在兴奋中，只有他觉得兴致缺缺。也是，这些关于成功的事情，从来都轮不到他头上，他的这一辈子，就这样了吧。面对那些被看好的尖子生激动的窃窃私语，他选择了无视，继续懒散地玩耍。

教授很和善，是个长着大胡子的中年人，进到教室，也只是转了几圈便走了，连人都没认全。接下来便是教授的助手为他们做一些体检的常规项目，问一些莫名其妙的问题，譬如家庭住址、父母的职业、将来的理想。

他一直觉得人才这件事情与自己无关，直到后来，他从老师口中听到了自己的名字。在一起被点名的5个人中，有1个还是班里数一数二的尖子生，而他，却在这五个人之中。他有些紧张，以为自己又要被批评了，可是看到杰比，他又疑惑起来。不安、惊疑在心中盘旋交错，五人面面相觑，最后跟着进了办公室。

办公室里坐满了老师，那位教授和他的助手也在其中。

"孩子们！"那位教授如是说，"我用仪器仔细研究了你们的档案和家庭以及现在的学习情况，我的仪器告诉我：你们5个人将来必成大器！好好努力吧！"

他瞪大了眼睛，看着众人不像是在开玩笑的表情，他的心里涌出一阵惊喜。他，竟然能够成大器！他感觉头上的阴霾全部散开了，心里再次充满了阳光与希望。对！他还有希望，并非像老师说的那样无药可救，那位专家那么厉害，他的预测肯定也很准确，他以后一定要好好努力。这样的信念萦绕在他心头，让他一下子抬起了头，他看到同行的4个人，觉得新的生活要重新开始，他其实与他们一样。

他总是默念着这句话，失落时，沮丧时，失败时，凭着这个信念，他一直默默地努力着。他总是觉得，自己将来会成为很伟大的人，也因此一直不懈努力着，他从来没有这么认真刻苦过，也从来没有这样相信过自己。满涨的信心与一路的汗水，让他的学习成绩飞速提高，很快便遥遥领先众人。同行的四个孩子也是如此，这让他越发坚定了自己会成功的这个信念。

15年，他日复一日，年复一年地努力着，最终从哈佛大学取得了博士学位。在毕业典礼上，他遇到了当年的那位教授——著名的学者、心理学专家、哈佛大学教授罗森塔尔先生。

教授一眼便认出了他，笑着向他祝贺，他心中满是感激，回以微笑。他问出了自己15年来心中的疑问，为什么那个仪器能够确认他一定能成功，即

第三章 好孩子是夸出来的

243

使当时他对自己已经绝望?

罗森塔尔教授回答了他心中的疑问。

原来这一切只是一个实验，叫作"语言激励作用对人的影响"。当时，他们对班上的孩子全无了解，只是从班级名单中随意勾选了5个孩子。在那次测试后，他和研究组对这5个小孩进行了跟踪监测，实验也很是成功。除去因车祸而死亡的丽达外，竟然无一例外都取得了卓越的成果。杰比成了人类学家，努克成了著名的建筑设计师……

这次实验带来的效果，又称"罗森塔尔效应"。

他叫罗尔德，只是实验的5个孩子中的1个。1个再普通不过的孩子只是因为罗森塔尔的那句心理暗示，便唤起了自信与自尊，一点点激发出潜能，让他坚持不懈地在自己的人生之路上留下闪光的脚印。看到他今日的成就，从来没有人会想到，他曾经只是一个自暴自弃、无可救药的孩子。

语言激励带来的影响力不可小觑，它真的可以改变一个孩子的一生。

写给家长的话

自信会创造出意想不到的奇迹!

10 谁成就了卡耐基

他是美国当代大名鼎鼎的心理学家、人际关系学家、作家和欣赏教育大师。他被誉为美国现代"成人教育之父"。

他的代表作《沟通的艺术》《人性的弱点》《人性的优点》《美好的人生》《快乐的人生》《伟大的人物》《人性的光辉》等享誉世界。

他创造了成功的28项黄金法则，帮助千千万万的普通人走上了成功和致富之路。这些法则被世界传媒大王默多克评价为"如魔术般地令人震惊，改变了几亿人的生活"。

他，就是戴尔·卡耐基，20世纪最伟大的成功学大师。

在这些光环与荣誉的背后，是什么支持他由一个淘气、顽劣的孩子成长为现在享誉中外的"成人教育之父"；这其中又经历了怎样不为人知的往事？

19世纪末，他只是美国密苏里一个小镇上一个淘气、劣迹斑斑的男孩子，因此，许多孩子对他敬而远之。

9岁时，他有了一个新的母亲。对于这位新母亲，他本能地抱有敌意。

父亲说他是全镇最坏的孩子，总是让他头疼，拿他没有办法，让新母亲提防着他。他觉得不以为意，只是冷淡地看着这对夫妻，仿佛一切与他无关。

新母亲听到这些警告，不怒反笑，只是微笑着走到他面前，温和地捧起他的脸，凝视片刻，摸了摸他的脑袋，责备丈夫道："你怎么这么说呢？我看他不是全镇最坏的孩子，而是全镇最聪明、最有创造力的孩子，只不过，他还没有找到释放热情的地方。"

他愣住了，只是呆呆地望着自己的新母亲，心里莫名地开始变暖，鼻尖开始发酸。在这个世界上，从来没有人这样评价过他，他一直都被冠上"坏孩子"的名字，也因为大人的不理解与责备，他继续在坏孩子的道路上前行。只是新母亲的一番话，就让他再次感觉到了某种暖意，这种来自内心的暖，一点点，在心里融成一团，让他莫名地低下了头，也第一次开始反思从前的自己。

这位新母亲待他很好，还为他买了1台二手打字机。他手足无措地看着它，也不知该说什么。

她笑着说："我相信你将来会成为一个作家。"

他看着她满是欣赏与鼓舞的双眸，暗地里默默地握紧了拳头。

凭着这句话，他严格要求着自己，努力着，前进着，也开始相信自己会变成她眼中最聪明、最有创造力的孩子。这短短的一句话，让他一生铭记，也因为这动力，他度过了无数个漫长难熬的瞬间，度过了无数个孤独无助的夜晚。他也不知是哪里来的无尽的勇气与自信。

也许，正是新母亲对他的相信与爱，让他重新认识了自己，找到了前进的方向。他唯一可以确定的是，在这欣赏的、鼓舞的、温暖的目光中，他更有勇气与力量走下去。

写给家长的话

欣赏与夸奖是一种积极的暗示，能诱导孩子向你夸奖的方向发展。

铃木镇一："在每个孩子身上都蕴藏着巨大的、不可估量的潜力，每个孩子都是天才，宇宙的潜能隐藏在每个孩子心中。"

苏霍姆林斯基："教育孩子的全部诀窍就在于抓住孩子的上进心，这是道德上的自勉。如果孩子自己不求上进，不知自勉，任何教育者都不能从他的身上培养出好的品质。只有在家长和教师能发掘发现孩子优点时，才能促使孩子产生上进心。"

威廉·詹姆斯："一个没有受过激励的人，仅能发挥自身能力的20%～30%；而当受到激励时，其能力可发挥到80%～90%。"

斯宾塞："鼓励和赞美孩子的优良表现，不但可以帮助孩子发展健全的人格，还能激发其创意而使其变得更聪明。"

第四章　理想激发强大动力

理想对一个人的成长至关重要！它就像发动机、灯塔，能给孩子带来力量和希望，推动着他去学习、去拼搏，走出辉煌的人生。贫不足羞，可羞的是贫而无志。志向愈远大，愈有拼搏的动力。

拿破仑说："不想当将军的士兵不是好士兵！"培根说："你想要成为怎样的人，就能够成为怎样的人。"列夫·托尔斯泰说："理想是指路明灯。没有理想，就没有坚定的方向；没有方向，就没有生活。"富兰克林说："希望是生命的源泉，失去它生命就会枯萎。"布朗宁说："宁可追求崇高的目标而失败，胜似那只求卑下的目标而成功。"苏霍姆林斯基说："如果一个人的头上缺少一盏指路明灯——理想，那么他的生活将是醉生梦死。"高尔基说："不知道明天该做何事的人，是很不幸的。""生活的意义在于美好，在于向往目标的力量。应当使生活的每一个瞬间都具有崇高的目的。""一个人追求的目标越高，他的才智就发展得越快，对社会就越有益；我确信这也是一个真理。"歌德说："希望是生命的灵魂，心灵的灯塔，成功的向导。""幻想是诗人的翅膀，假设是科学家的天梯。"……

一言以蔽之，如果没有理想，就没有追求的目标，也就没有奋进的动力。有无远大理想，是孩子能否成才的重要因素，也是衡量一个人能否成功的标志之一。

许多人的成功在于他们自幼就怀有远大理想，并且为实现自己的理想而奋斗终生；反之，许多人平庸，原因就在于没有明确的、高尚的人生目标，一辈子只是昏头昏脑地活着，不知道追求什么。

童年是多梦的季节，对未来充满美好的梦想。梦想是理想的自然形式，孩子的梦想有可能变成一生追求的理想。梦想是飞向明天的翅膀，多彩的梦想是人生的宝贵财富。人生有梦才美，有梦才有希望，有希望才会有拼搏的激情，才能最大限度地激发潜能、创造生命的奇迹。不相信奇迹的人，奇迹也永远不会降临到他的身上。梦想成就人生，成功者多出于梦想家之中！

01 立志当翻译家的陈浩然

他遭遇了太多命运的不公。

初中毕业，他立下要成为翻译家的鸿鹄之志，却遭遇始料未及的"文化大革命"；升学之路受阻，他决心自学成才，却大病突至；大病初愈，他立足重新开始，却被迫下乡务农……

他彷徨、压抑，却始终无法忘却自己的理想。在内心欲望的驱使下，他咬牙坚持，抓紧一切时间读书。在十几年的时间里，他读完了所有能借到的书，一步一步朝着理想迈进。

终于，上天总算开了眼。

十年动乱结束，华东政法学院贴出公告，决定面向社会招聘外语翻译人才。

他认定这是一个绝无仅有的良机，当即请假去报名参加考试。可是负责报名的工作人员在看过他的材料后，摇头道："以你的经历，机会不大。从我们登报以来，报名的人已经超过500个，其中不乏留学归国的学员，还有定期居住在国外的人士，而我们只要2个人。你的条件不符合我们的要求，你回去再看看吧。"

面对拒绝，他并未罢休。他道："虽然我做日语翻译的时间不长，但翻译过的相关技术资料也有五六十万字。我的日语水平可能比不上他们，但是我从未放弃过努力，让我试一试吧！"

工作人员见他坚持，又觉得他着实不易，便道："这样吧，如果有多出来的试卷，你就进去考试。"

考试那天，他早早地等候在考场外面。在考试开始半小时后，因为有人没有到场考试，他终于获得了考试的机会。

一个月后，华东政法学院通知他：因为他出类拔萃的翻译水准，他被学校录取了。

他收到通知书后，几乎喜极而泣，多年来的不懈努力，终于有了回报！

一年过去，他在华东政法学院已经完成了近百万字的资料翻译。因为他杰出的表现，学校让他担任接待日本法律专家的翻译工作。不久，他成了《侦探研究》的主编。

这就是我国著名翻译家——陈浩然，树立理想、追逐理想、实现理想的人生旅程！

"海阔凭鱼跃，天高任鸟飞。"只要坚守理想，不断努力，即使有再多的"不公"，也无法阻挡翱翔天际的心！

写给家长的话

生命如蜡，理想如芯，只有将理想融入生命，一生才会发出永恒的光亮。

02　播下作家的种子

著名作家丛维熙曾讲过自己少年时代的一个故事。

在他读小学的时候，他的语文老师第一堂课这样向同学们自我介绍："我姓田，名秀峰。"接着就在黑板上大笔一挥，写下了"田秀峰"三个大字。可是，让人想不到的是他又写下了这样一句话："胡风、（冯）雪峰、田秀峰，此乃中国三杰也。"

当时同学们看了之后，都禁不住嘿嘿地笑了起来！胡风、冯雪峰是中国当代大名鼎鼎的作家和文艺理论家，谁不知道！你一个小学老师竟敢与他们相提并论，岂不是太不自量力、太可笑了吗？

下课后，爱提问题的丛维熙鼓起勇气尾随着老师走进了办公室，他胆怯地问："老师，你也有自己写的书吗？"

老师坦然答道："有啊！"说罢，随手从书架上拿出一本薄薄的小册子让丛维熙看。丛维熙看了仍然感到好笑，心里暗想：嘿！你只写了这么一点点东西，这怎么能与胡风、冯雪峰相比呢？……

老师知道他心里想的是什么，便继续说："名人也不是天生的，他们也是一步一步走过来的！正像一棵参天大树，也是从一棵小幼苗长起来的，有小就不愁大！只要树立远大理想并且为实现自己的理想不懈地努力拼搏下去，总有一天会成功的！有志者事竟成！……"

这件事对少年时代的丛维熙影响很大，老师的一席话为丛维熙插上了理想的翅膀，就是从那个时候起，他在老师的激励下树立了长大后要当作家的理想；崇高的理想给他带来了无穷的动力，最后他终于成为一位著名的作家，写出了《大墙下的红玉兰》《第十个弹孔》等许多优秀作品。

写给家长的话

理想，是灵魂生活的寄托。

03 "照片"的秘密

班会一开始，班主任老师对全班同学说："我搜集了古今中外一些名人的生活照片，其中有政治家、军事家、科学家，也有作家和诗人……今天我要让同学们大饱眼福，来看看这些照片。"

只见讲桌上面围着一圈约30厘米高的隔板，老师说："照片就在隔板后面。"接着老师又说，"要求同学们按次序一个挨一个地到讲台上来看，看过之后再回到自己的座位上。我相信同学们看过之后，一定会大开眼界、深受启发……"最后他又特别强调，"要求同学们看的时候一定要安静！不准说话！不准议论！等到都看完之后再一块儿谈自己的感受"。

老师讲过之后，同学们便从第一排起，一个挨一个地拉开距离、按部就班地走上讲台，个个兴致勃勃。

每个同学走上讲台看到"照片"之后都开始惊奇，继而发笑。可是老师有言在先："一定要安静！"所以，谁也不敢笑出声来。当时，同学们的表情可以说是"千姿百态"：有的捂着嘴咪咪地笑，有的强忍着闭着嘴笑，有的捂着肚皮笑得浑身抖动……而站在一旁的老师却一脸严肃，无一丝笑容，还不停地大声叮嘱同学们："一定要仔细地看看！一定要看仔细！"每个同学都按老师的要求注目观看了一番。

待全部看完之后，老师问："都看见了吗？"

同学们齐声回答："看见了。"

老师又问："看到什么了？"

同学们忍不住笑了起来，不好意思地说："嘿嘿，看到了镜子。"原来隔板后面平放着的是一面镜子，哪里有什么名人照片啊？

这时，老师也禁不住开怀大笑，全班同学这才放声大笑！

老师继续问："镜子里面有名人吗？"

同学们又笑："没有。"

"看到谁了？"

"看到了自己。"

这时，老师收敛起脸上的笑容，非常严肃地说："大家都感到可笑，其实并不可笑！因为，古今中外那些名人，也不是天生的伟人，他们也没有三头六臂，他们也和我们一样，都是普普通通的人。甚至他们当中有的人，像爱因斯坦、爱迪生、毕加索……在上学时还曾被老师称为'笨蛋''废物''低能儿''饭桶'，他们都是通过后天努力才成为举世闻名的大科学家、发明家和画家的。试问：难道你们当中就没有未来的科学家、发明家吗？难道清华、北大的教室里将来就没有你们的一席之地吗？！"

同学们听了，个个精神振奋、踌躇满志，似乎自己真的已经成了了不起的名人。

最后，老师语重心长地说："'生当作人杰，死亦为鬼雄'，来到世界上决不能庸庸碌碌虚度一生！……有志者事竟成！一切事在人为！我相信在若干年以后，你们之中一定会有为祖国、为人类做出杰出贡献的名人，我一定会在报纸上看到你们的名字。同学们，努力啊！我期待着那一天早日到来！"

老师的话音刚落，同学们便报以热烈的掌声。老师笑了，全班同学也都开心地笑了！

这次特殊的班会，就像给同学们插上了理想的翅膀，激发了同学们的宏伟理想，为同学们带来了巨大的学习动力。

写给家长的话

有理想才会有拼搏的激情，才能最大限度地激发潜能、创造生命的奇迹。

04 美丽的谎言

"塌方了！"

轰隆一阵巨响，地动山摇，眼前瞬间一片黑暗。我脑袋蒙了，清醒过来后，脑海中仅剩一个念头：我死定了。

这里距离地面将近300米，没有任何希望可以爬出去。我死定了，我的生命将在19岁的今天截止。我再也忍不住，放声大叫了起来。

"小黄，莫怕！"

一只手突然拉住我，在一声轻微的响动后，周围渐渐亮了起来。我看清楚了王叔的脸，他两眼紧盯着我，宽慰道："我年轻的时候当过兵，比这更危险的场面都见过。有我在，不会有事！莫怕！"

整个工地，我最信任的人就是王叔。他是我老乡，平时很是照顾我。听了王叔的话，我点点头。他将矿灯递给我，让我举着，然后自己一把拿过铁镐开始刨坑。

"王叔，你在干啥？"我的声音依旧有点儿抖。

王叔用力地刨着，答我道："我们现在没吃的，不能再没喝的。这些水虽然脏，但是好歹能保咱的命。"

这么脏的煤水，现在居然要喝？！我想到自己的处境，年纪轻轻，临死前还要受这样的罪……我干脆死了算了！我一咬牙，猛地向旁边的井壁用力撞了过去。可是预料中的剧痛没有来，王叔及时抱住了我。我心中悲伤更剧，一把推开他，还要继续撞，他抬手一巴掌扇了过来……

"孬种！"王叔大声呵斥，"亏你还天天抱怨没媳妇，就你这样能有媳妇吗？！你听好了，要是这几天你能听我的话，出去后，我就把我女儿豆花许给你！"

"你……你没骗我？"

"你王叔我说话算数！"

我相信王叔的话，他一直是说到做到的人。有了他这句话，我心中就跟有了生命的希望一样，一点儿也不想寻死了，只想着活着出去好娶王叔的女儿做媳妇。

"王叔，你女儿漂亮不？"

"哼，我女儿今年才18岁，俊得十里八乡都知道，今天算是便宜你小子了！"

我听王叔这么说，心里真美，眼前几乎已经看到一个俊姑娘在朝我招手……

接下来几天，我和王叔学习挖洞蓄水。一想到他已经是我的老丈人，我就格外殷勤。好几次我想让他休息，可是他坚持要轮着挖。我想着这是刚结的亲家，不能太着急，也就作罢。

时间过去了四天四夜，虽然水没断，但是整整四天的时间，我们没进半点粮食。我和王叔躺在地上，饿得已经虚脱。我年轻，尚且能撑得住，可是王叔……我艰难地爬到王叔身边，只听他虚弱地嘱咐："你出……出去后，别……别忘了……娶我女儿……"

听到这句，我眼泪不争气地流下来。绝望中，是王叔的女儿支撑着我，让我千万不要放弃。

六天了，我已经能听到死神的召唤。王叔已经彻底没有了声音，我躺着，迷迷糊糊看到一张俊姑娘的脸，她在朝我一直挥手，让我活下去……

第七天，我隐隐好像看到头顶人头攒动，还有些声音在喊叫。我和王叔被营救人员抬出了矿井，我的眼睛被黑布蒙上，感觉身体如浮萍一般跟随担架晃动。

等我再醒来时，人已经在医院里。医生告诉我，王叔因为年老体弱，没能抢救过来，问我他有没有留下什么遗言。我想起王叔的交代，在医院待了两天后就回了矿上。听矿上人说，王叔的家人过来处理身后事，我的心忍不住一阵猛跳。

我敲门的时候，整个人格外紧张。王叔虽然生前把豆花许给我了，可是她却不知道，我该怎么跟她说这件事呢？就算她知道了，肯不肯跟我走呢？我深吸口气，用力地多敲了几下门。

门打开，却是一个三十八九岁的黑瘦庄稼汉。

我愣愣道："您是……"

"我是王叔的女婿刘体发，你叫我刘哥就行。"

女……女婿？！

他一指屋内床沿上坐着的一个三十五六岁，看起来黝黑有些驼背的女人道："这是王叔的女儿王豆花，我婆娘。"

我彻底瞪大了眼睛，无论如何都无法相信，眼前这个眼神呆滞、牙齿发黄、正朝我傻笑的女人就是王叔口中那个18岁的俊姑娘！我气得双腿发颤，当场夺门就走！

我怨恨，咒骂王叔，对他所有的感激都消失不见！更觉得他是罪有应得，死有余辜，居然这么骗我！可是，不久之后我逐渐明白王叔的用心良苦。他深知，在生死存亡的一瞬间，没有希望就意味着死亡。希望就像一盏明灯，它能带给人无穷的力量，指引人顽强地活下去，永不轻言放弃！

写给家长的话

生命可能从善意的语言中开出灿烂的鲜花！

05 荣耀源于梦想

孙云晓，我国现代知名教育学家，《少年儿童研究》杂志总编辑，中国青少年研究中心副主任、研究员。1993年，由他撰写的《夏令营中的较量》一经发表，便引起社会关于教育问题的激烈讨论。他用独到的教育观点，推动了现代教育的改革。他用自己的经历，给所有人上了一堂人生教育课。

以下是孙云晓关于个人经历的自述。

至今我85岁的老父亲仍不敢相信，农民出身的我，居然会多次被中央电视台邀去做节目或发表演讲。用父亲的话来说："我原来以为咱们家的坟头上不长文化的苗呢。"

从老父亲的世界来看，我完全理解他。他出身于山东桓台县一户贫困人家，勉强读到三年级，便因为家境贫寒，实在无力支撑而不得不中途辍学。辍学后，14岁的父亲只身来到青岛，当了工人，而我也在不久后出生。

5岁那年，29岁的母亲因为疾病和饥饿去世。虽然后来我有了一位慈爱的继母，但贫困依旧像乌云一样笼罩着整个家庭。11岁以前，我甚至不知道什么叫读书，只知道每天要早早地上山割草、下海挖蛤蜊，练就一身生存

第四章 理想激发强大动力

本领。

11岁那年，正是"文革"最疯狂的一个年头。我糊里糊涂地成了红小兵中的一员，整日跟着红卫兵去"破四旧"，多次闯入"思想有问题"的人家里搜查，看到书画就撕就烧，跟个魔鬼没两样。

一件偶然的事情，改变了我的命运。

当时，哥哥在学校读中专。红卫兵闯进学校图书馆，准备将所有的书都烧掉。15岁的哥哥不知道哪里来的勇气，竟然利用红卫兵的职务之便，偷偷拿了一袋书回家，没日没夜地读了起来。

我和哥哥睡一个房间，看他读得津津有味，我也受到了诱惑。于是一个红卫兵和一个红小兵，在一片造反声中专心读起了"黑书"。

那是我头一次知道书是怎么回事。回想起来，那感觉就像是猛吃了一顿文学大餐。《三国演义》《水浒传》《青春之歌》《林海雪原》《烈火金钢》《红岩》《苦菜花》等，记忆中读书人该读的书好像都读了个遍。等书都读完，我也养成了读书的习惯，于是就跑到亲戚家里去借书读。他们见我这么渴望读书，便偷偷将藏好的书拿出来给我。就这样，我又读了鲁迅、曹雪芹等人的书。

这些书，对于11岁的我来说并不全然都懂。但在书的世界中，让我体会到了从未有过的美好。于是从那时起，我便痴痴做起了文学梦，立志要当一名作家！

可是我一个说话结巴，连吃饱饭都困难，祖祖辈辈都是农民，连安徒生、格林是谁都不知道的孩子，怎么可能成为一名作家呢？

但是，我的内心实在太渴望成为作家了。这种欲望强烈到让我无视了所有现实，只想一步步朝理想迈进。从15岁开始，我天天写日记，一直写到今天，已经40多年，几乎没有间断过。16岁，我开始疯狂尝试创作；19岁，我发表了第一篇作品。23岁那年，我被选派到中央团校学习。毕业后，我毅然放弃其他工作机会，选择去中国少年报社做记者，只因我从未忘记自己的文学写作梦。在中国少年报社的工作成就了我的梦想。31岁那年，我出版了第一本文学专著，相继加入作家协会并出版了几十本书。其中于1993年发表的《夏令营中的较量》引起全国教育大讨论，20多年后的今天，大家依旧记得它。

回首往事，我感受最深的是，人一定要敢于拥有梦想。我今天的一切荣耀都来自梦想。是梦想把我从无知的黑暗中拯救出来，引导我走出"文革"的荒芜空虚，使我一生有了指引方向的针。这根针指向文学，指向写作，指向积极的人生。

梦想是成长的发动机，它能唤醒沉睡的巨人。我愿以自身的体会忠告天下父母：一定要鼓励孩子拥有梦想，勇于追逐梦想。

写给家长的话

理想是成长的发动机，激人奋进。

06 安徒生童话

这个世界上，很少人不知道《安徒生童话》，绝大多数人对这些故事耳熟能详。安徒生的作品《安徒生童话》至今已被翻译成150多种语言，他本人则被誉为"世界儿童文学的太阳"。

安徒生出生在丹麦，父亲是一名鞋匠。在安徒生很小的时候，父亲因病去世，留下他和母亲二人过着贫困的日子。尽管生活不易，但是母亲依旧悉心教导安徒生，让他充分展现想象的才能。

一天，安徒生和一群小孩获邀去皇宫觐见王子，只要表现得好，讨得王子欢心，他们就能获得赏赐。安徒生满怀希望地唱歌，朗诵剧本，希望这样能得到王子的赏识。

安徒生表演完后，王子对他的表演颇感新鲜，觉得安徒生和其他孩子很不一样。他把安徒生叫过来，问他："你有什么需要我帮助吗？"

安徒生认真地回答："王子殿下，我想写剧本，我想让我的剧本在皇家剧院演出！"虽然生活贫困，但母亲从小就让他阅读所有可能借到的戏剧剧本，他脑海里甚至记下了莎士比亚的所有剧本。

"就你？"王子笑了，他又把眼前这个有着小丑般鼻子和一双忧郁眼神的男孩从头到脚看了一遍，忍不住道，"小家伙，背诵剧本是一回事，写剧本可是另一回事。我劝你啊，还是回去学门有用的手艺，不要浪费时间在剧本上了。"

安徒生不认同王子的话，他朝王子深深鞠了一躬后，回了家。回到家里，他打破自己的存钱罐，向母亲告别，打算去哥本哈根闯荡。这一年，安徒生才14岁。

在哥本哈根，他挨家挨户敲门，几乎找遍所有的贵族，也没有人赏识他。他落魄街头，食不果腹，可从未想过要放弃。

1829年，安徒生发表了第一本长篇幻想游记《阿马格岛漫游记》，这本书一经出版便销售一空。他发表的童话故事，深深吸引了世界儿童的目光，也开启了属于安徒生自己的新篇章。据统计，安徒生的童话故事出版国家之广，销量之高，仅低于《圣经》。这一年，安徒生30岁，距离他离家已经16年。

写给家长的话

梦想只要能持久，就可能变成现实。

07 坚持梦想最快乐

1943年，美国威斯康星大学的植物学教授德格正好年满70岁，他不得不面临一个痛苦的难题——大学规定：教授年满70岁便要强制退休。无论这个教授贡献有多大，都必须遵守这条规定。德格博士不愿退休，因为他尚未实现自己的梦想。他曾经发誓，一定要研制出一种特效药，拯救那些被病痛折磨的病人。

可是德格教授没有选择，他即使再不愿意，退休的日子还是来了。他失落地离开大学，却始终忘不了自己的实验室。即使家人和朋友纷纷劝他安度晚年，他还是无法割舍对研究的热爱。

不久后，在几名学生的引荐下，德格教授收到了来自雷德利化验所制药厂的聘书。就这样，作为顾问，他重新回到了实验室。一回到实验室，他就马不停蹄地工作起来。当时的人们认为，减轻和治疗传染病的药物藏匿于泥土之中。德格教授在自己的实验室里准备了6000个小抽屉，每个抽屉中盛装着来自世界各地的泥土。不论谁置身于他的实验室，都会以为是来到了世界泥土博物馆。

德格教授将每份泥土视作珍宝。他将任意两份泥土样本放在实验瓶里交互配合，在精心培育后使之长出不同的霉菌，然后再做实验，分析这些霉菌对病毒的作用。有人做过统计，德格教授的6000份泥土样本，至少需要做3600万次交互配合。

面对这样的数据，但凡有点"理智"的人都会望而却步，可是德格教授每天却乐此不疲地重复着单调的工作。因为他用全部生命热爱着自己从事的工作，并且坚信梦想一定会实现。

单调重复的工作已经过去两年，可是实验结果却毫无进展。德格教授没有放弃希望，对家人的劝阻置若罔闻。在实验室中，他完全忘了自己已经是个72岁的老人。他的专注、他的热忱，让他的生命焕发出令人瞩目的光彩。如此又过了一年。一天，他如往常一样来到实验室，却发现一个实验瓶中长出了一种金色的霉菌。这种霉菌比他见过的任何霉菌都要夺目，他激动得立即分析了起来。通过多次试验，他成功地从中分离出了一种抗生素。实验结果表明，这种抗生素可以有效对抗50多种严重病症，真正从根本上帮助病人摆脱病魔的折磨！这，就是著名的金霉素！

金霉素的诞生震惊了世界医坛，慕名而来的人络绎不绝，可德格教授没有停歇，他继续马不停蹄地投入到霉菌研究中。不久之后，他又分离出了另一种广谱抗生素——四环素，再次给世界医学界带来巨大的革命。

德格教授一直工作到84岁逝世。直到去世的前一刻，他还在自己的实验室研究霉菌。他常对那些劝他停止工作的人说："对我来说，科研就是最大的快乐。"

德格教授"救活"了无数的病人，他为人类的生命工程做出了巨大贡献。回顾其一生，除了他对科研的无尽热爱外，最值得人们学习的是：他对梦想毫不妥协的坚持！

写给家长的话

人生有梦才能活得精彩！

08 一只神秘的木箱

约翰斯、吉姆、麦克里斯和巴里4人接到一个探险任务：只要能从危险迭出的非洲茂密丛林——约旦森林中生还归来，每人将会获得丰厚的奖励。约旦森林是出了名的凶险，有无数的探险家最终葬送在这里。本来有经验丰富的队长马克洛夫带领，4人并不太害怕，可如今眼看任务快完成了，马克洛夫却病了。

马克洛夫剧烈咳嗽，将4人叫到跟前，说道："其实，这次探险的真正任务是运送一件宝物。这件宝物比金子还要珍贵，只要你们将它交到我的好朋友唐纳教授手里，就可以获得比金子还贵重的奖励。现在，我已经把它放在一只箱子里，你们扛着它，一定要把它完好地送出去。"说完，马克洛夫将一只箱子交给四人。这只箱子，是马克洛夫死前制作的，他们都看见了。

"您放心，我们一定会送到的。"4人保证。

马克洛夫见他们答应，安心地点了点头，不久之后就去世了。马克洛夫去世后，4人扛着箱子继续上路。

森林的路越来越凶险，生存环境十分恶劣。4人只觉得肩上的箱子越来越重，有许多次，他们想放弃运送这只箱子。可是一想到能获得比金子还贵重的奖励，4人就决定咬牙再坚持一段路。

夜晚，约旦森林里有许多猛兽。4人又困又累，都想倒头就睡。可是一旦睡着，就可能永远也醒不过来了。幸好，他们都担心有人会独吞箱子，所以即使再困，也会互相盯着对方，直到天亮后再次启程。

就在他们觉得再也坚持不住的时候，暗无天日的森林突然出现了亮光。那是出口的标注！4人欣喜若狂，抬着箱子冲出了森林。一出森林，他们立马就去找唐纳教授索要报酬。可是在说明了来意后，唐纳教授却坚持说自己从未托付过这种任务。

"不可能！是您的好朋友马克洛夫队长说的！"4人坚持。

唐纳教授见解释不通，想了想道："这样吧，不如我们先看看这里面到底有什么宝物。"

4人想：如果里面真有宝物的话，就算唐纳教授拿不出奖励，他们也可以将宝贝瓜分了。如此一来，4人便都同意了。

唐纳教授当着4人的面打开了木箱，打开后，所有人都傻眼了，里面除了满满的一堆木头外，一无所有！

"这个骗子！"吉姆愤怒地说。

"我早就说过，这个人根本不可信！见鬼的，害我们白白辛苦了一路！"麦克里斯怒吼。

"这个家伙死了活该！"约翰斯加了一句。

只有巴里沉默不语。他脑海中想起的是4人穿过森林时所见的场景：无数的白骨四处散落在森林中……设想，如果没有这只箱子，他们4人一定也会成为森林的牺牲者。

巴里说道："你们不要再抱怨了，难道你们没有发现，我们已经得到了比金子更宝贵的生命吗？如果没有这只箱子，我们就会葬送在约旦森林里。"

马克洛夫深知信念对生存的重要性，所以才会给他们一只"无价"的箱子。正是因为有了"一定要将箱子送出森林"的信念，4人才能披荆斩棘从约旦森林活着出来。

写给家长的话

信念是托起梦想的力量。

09 幼儿园的小"作家"

在美国，有这么一所幼儿园，里头走出了许多杰出的人物。许多人来到幼儿园参观学习，想找出这个幼儿园和其他幼儿园不一样的地方。可是他们参观了学校的设施、食堂和图书馆，结果却发现，这只是一所再普通不过的幼儿园。

那到底是什么原因，让这个幼儿园的成才率远高于其他幼儿园呢？

等幼儿园再次开学时，这个谜题才被人解开。原来这个幼儿园有个独特的传统：每个刚入学的孩子，都要到图书馆接受"特殊的一课"。以下是某次上课的情景。

图书馆老师将所有的孩子都聚集在一起，让他们席地而坐，然后转身从书架上随意拿出一本童话书给孩子们讲故事。

故事很精彩，孩子们听得津津有味。

老师讲完，将书一合，笑着道："你们喜欢书中的故事吗？"

"喜欢！"孩子们异口同声。

"你们知道吗？等你们长大之后，也可以写出这么棒的书。"老师说完，环视了一圈，道，"现在，我想请一位小朋友给大家讲个故事。有没有哪个小朋友愿意和大家分享故事呢？"

一个小女孩站了起来，她道："我有一个爸爸，一个妈妈，还有我，我们一起去……"

图书馆老师拿出笔，很认真地将小女孩支离破碎的故事记录在纸上。等小女孩讲完，老师又道："故事讲完了，有没有哪个小朋友愿意给这个故事画个插图呢？"

一个小男孩拿着笔站了起来，开始在另一张纸上画画。他的画很简单，一个"爸爸"，一个"妈妈"，还有一个"我"。画完后，老师依旧非常认真地把画收了起来，并附在刚才那页故事的后面。最后，在小朋友好奇的目光中，老师从架子上取出一张十分精美的封面纸，将它和其他两张纸装订了起来。随后，老师还拿过笔，认真地在封面上写下作者的姓名、插画者的姓名以及"出版"日期。

一切做好之后，图书馆老师把"书"高高举起，高兴地道："孩子们，这就是你们'出版'的第一本书！你们看，其实写作并不难。只是因为你们现在还太小，所以只能写这样的小书，以后等你们长大了，就可以写出像这本故事书一样的书了。只要有信心，你们每个人都是作家，每个人都可能成为伟大的人物！"

老师的话，让所有孩子的眼睛都放出别样的光芒。是这一课，教会了他们什么是理想；也是这一课，让这所幼儿园的孩子与众不同。

理想是起航的帆，它让生命有了乘风破浪的勇气，最终抵达成功的彼岸。

写给家长的话

擎着理想的灯盏，生命便以奔跑的方式前行。

第四章 理想激发强大动力

10 小罗伯特的梦想

蒙迪·罗伯特的父亲是一个没有名气的职业驯马师，为了生存，不得不到处奔波。小蒙迪跟着父亲，几乎走遍了全国各地。因为经常奔波，所以小蒙迪从未接受过完整的教育，整个中学阶段功课都是断断续续的，学习成绩自然也不好。老师多次找小蒙迪谈过话，但因为父亲的职业，他只能继续流浪，也喜欢流浪。

临初中毕业前，老师给所有学生布置了一篇作文，作文的题目是《我的梦想》，要求每个人谈一谈自己对未来的规划。

小蒙迪看着作文题目，小小的脑袋想了想，很快就找到了自己的梦想。他提笔就写，最后竟然整整写了7页纸。在作文里，他详细描绘了自己的梦想，"我长大后要成为一个农场主，然后拥有自己的一座牧马农场，学会马术，最后成为一名有名的马术师"。作文的最后，他还精心用画笔描绘了自己理想中的农场，并用心标注上马厩、跑道、牧马场……最后，在整个图画的中央，他还画了一座占地足足有400平方英尺的豪宅。直到一切都画好后，小蒙迪才满意地收起画笔，准备明天交给老师。

从作文交上去那天起，小蒙迪就一直盼着发下来。他相信，自己的作文一定可以得"A+"。两天后，作文发下来了，小蒙迪翻开作文本，却发现上头竟然是一个又红又大的"F"！旁边，老师还写了一行字，让他放学后到办公室。

放学后，在办公室里，小蒙迪不解地问老师："为什么给我不及格？"

老师听到小蒙迪问这个问题，更加生气道："蒙迪，我承认你的作业做得很认真，可是你的梦想太异想天开了！你想想你的父亲，他不过是一名驯马师，连固定的住所都无法提供给你，又怎么可能帮助你拥有大农场？！你简直是在做白日梦！你知道要建成一个农场，需要花费多少钱？我这样告诉你吧，就是把你父亲一辈子赚的钱都加起来，也远远不够。你再想想你自己，你成绩又不好，以后靠什么赚钱，凭什么能成为农场主？更别说什么牧马场了。马术是有钱人才能学的，我劝你还是尽早别做这种梦，现实点吧！"

小蒙迪不说话，他没想到自己的梦想居然遭到了这么大的否定。

老师继续道："这样吧，你再重新写一个梦想，如果能够切合实际的话，我会给你重新打分的。"

小蒙迪拿回自己的作文，郁郁寡欢地回了家。在考虑了很久后，小蒙迪还是不知道该怎么办。最后，他来到了正在给马洗澡的父亲面前，将老师的话一一说给父亲听。

父亲听完后，摸着小蒙迪的头道："孩子，无论你怎么做，这对你来说都是一个至关重要的决定。你只能自己拿主意，但是我想给你一个忠告：不要轻易放弃自己的梦想。"

父亲的话有力地鼓舞了小蒙迪。再三考虑后，小蒙迪决定不改变自己的梦想，也不打算重新写作文。他将作文一字未改交上去，说道："老师，即使您再给我一个'F'，我也不会改变自己的梦想！"

老师觉得小蒙迪简直是顽固不化，孺子不可教，从此对小蒙迪更是不理不睬。

转眼间20年过去了，有一天，这个学校的老师带着30名学生到一个农场举行为期一周的夏令营。据闻，农场的主人是一个著名的马术大师，不只拥有自己的大农场，还有牧马场和大豪宅。更重要的是，这位马术师很热情，愿意接待所有来参观的学生。

按照礼仪，老师要亲自感谢这位马术师。当他被邀请到豪宅里，见到马术师本人后，便愣在当场。

这个豪宅的主人，有名的马术师，居然就是他当年的学生小蒙迪！

临别时，那位老师羞愧地道："看到你，我才意识到这些年我根本不像一个老师，更像一个偷梦者——残忍地偷走许多孩子的梦想。幸亏你当初坚持，从未放弃自己的梦想，否则就不会有今天。"

梦想是打开新世界的钥匙，要想实现，还需要经过不懈的努力。

写给家长的话

明确目标，不懈地为之奋斗，才能到达成功的彼岸。

曹操："老骥伏枥，志在千里；烈士暮年，壮心不已。"

诸葛亮："志当存高远。"

李清照："生当作人杰，死亦为鬼雄；至今思项羽，不肯过江东。"

冯梦龙："男儿不展风云志，空负天生八尺躯。"

冰心："没有梦想的孩子是没有未来的，是不可能有所作为的。"

谢德林："一个人若没有远大的目标，他一定只注意眼前个人琐事。一个仅仅注意个人琐事的人，永远达不到远大的目标。"

德莱赛："理想是人生的太阳。"

第五章　娇惯生逆子，溺爱出无能

　　中国已经进入独生子女时代，一个孩子往往有6个长辈呵护——父亲、母亲、祖父、祖母、外祖父、外祖母，另外还可能有保姆、姑妈、姨妈……孩子成了几个家庭的"宝贝疙瘩儿"与"核心"，就像"小皇帝""小公主"一样被周围的人众星捧月般关爱着、娇宠着。可以说，中国父母对孩子的溺爱程度堪称"世界之最"，对孩子的娇宠简直达到了登峰造极无以复加的地步，他们永远在为孩子操心付出，而且付出不求回报，真可谓"鞠躬尽瘁，死而后已"，甚至"死而不已"。孩子就像掉进了一个温柔的陷阱而与世隔绝，被剥夺了锻炼的机会。

　　由于父母对独生子女包办代替太多，便把孩子惯出了一身毛病：懒惰、无能、自私、任性、孤僻、骄横、好逸恶劳、唯我独尊……这些几乎成了独生子女的通病，人们称为"独生子女综合征"，也可以说是"爱丢失症"。父母可能给了子女一个健康的身体，却不能给他们健康的心理和健全的人格。

　　有些孩子过惯了衣来伸手、饭来张口、衣食无忧的生活，直到成年之后，依然不能自立，还是依靠父母生活，人们把这些人称为"啃老族"。他们习惯于周围的人对自己付出、为自己服务，感觉这才是理所当然的事情，自然没有感恩之心；他们不想为别人付出，更不想为社会奉献；对父母无情无义，没有责任心，对社会更没有使命感。这样的子女为父母带来的将是伤心和失望，自己也不可能有幸福的未来，面对竞争激烈的未来世界，等待他们的只能是失败，最终成为家庭和社会的包袱。

　　法国教育家卢梭说："你知道用什么办法准能使你的孩子不幸吗？这

个方法就是：百依百顺。"因为孩子的欲望没有止境，你早晚有一天会无法满足孩子的欲望。那时，他将会感受到被拒绝带来的失望和痛苦，这对他的打击将比当初的拒绝要严重得多。陶行知早年在《自立歌》中写道："流自己的汗，吃自己的饭，自己的事自己干；靠人、靠天、靠祖上，不算是好汉！"他当时还说，"写这首诗，志在勉励青年打破依赖性，不再做那贪图享福之少爷小姐。"他还说过，"给孩子一座高山，让他自己去攀登，父母要做的就是让孩子坚持下去"。泰戈尔说："鸟翼系上了黄金，这鸟儿便永远不能再在天上翱翔了。"……这些至理名言，人们在理智上都能接受，但做起来就不是那么容易了。

在西方发达国家，从幼儿开始，父母就特别注意培养孩子的独立生活能力和自强自立精神，不容许孩子对父母存在依赖思想。只要是孩子自己力所能及、会做的事，父母决不包办代替，而是大胆放手让孩子自己去做。从很小的时候起，就让孩子自己吃饭、自己走路……如果孩子跌倒了，父母不会去扶，只会鼓励他自己爬起来。独立生活能力差的孩子会被小朋友瞧不起，孩子自己也会为此感到耻辱。如果孩子长到18岁以后仍然依靠父母生活当"啃老族"，不但自己会感到可耻，也会受到舆论的谴责和鄙视。一些亿万富翁的子女，同普通家庭的孩子一样，也会去打工挣钱，他们并不觉得难为情，反而为自己能自力更生感到自豪。美国的一些学校规定："学生不带分文钱独立谋生一周。"他们当中最流行的一句口号是："要花钱，自己挣。"日本学生在课余时间打工、勤工俭学司空见惯，学费全靠自己在饭店商场打工或做家庭教师、做老人的保姆去挣取。美国有许多富豪——像比尔·盖茨、沃伦·巴菲特、戴维·洛克菲勒……为了"造福人类"都把巨款捐赠给社会福利事业而不留给子孙，洛克菲勒说："过多的财富会给自己的子孙带来灾难。"

如今，我们的教育步入了误区，在物质上给孩子的太多，对孩子过度的保护，只会让孩子变得无能。

某些动物，譬如狐狸的幼崽长到具备觅食能力可以独立生存的时候，就不会再让它留在窝里。老狐狸会强行将幼崽赶出洞穴，逼着它们出去独立生活，早早地学习捕猎本领。那驱赶的场面非常悲壮，甚至可以说是惨烈、残忍，但正是那种残忍的手段或本能才使它们的种族得以延续。

培养孩子的自立能力是家长的重要责任之一，也是中国教育的当务之急！如果没有培养出孩子的自立能力，就是父母的失职和失败，也是教育的悲哀！有的父母怕孩子跌倒摔伤就不让孩子学骑自行车和滑冰，怕溺水就不让孩子划船和游泳，这种教育方法只能使孩子成为废人。

　　一位英国心理学博士说："这个世界上所有的爱都是以聚合为最终目的，只有一种爱是以分离为目的，那就是父母对孩子的爱。父母真正成功的爱，就是让孩子尽早作为一个独立体从你的生命中分离出去，这种分离越早，你就越成功。"做父母的如果真爱孩子，就应该松开双手，多给孩子一些锻炼的机会，从小就培养他自理自立的能力，凡是孩子自己能做的事情就不要包办代替。不要怕他摔跤，只有经过摔跤他才能学会走路；不要怕他吃苦，不能老让他们像小鸡似的躲在老母鸡的翅膀底下，那是一辈子没出息的！应该还孩子一个自由的天空，让他们在风雨中锻炼成长！

01　忤逆墓

　　自古孝道让人称赞，为人子女者应感父母之恩，首重孝道。在此，就给大家讲述一个关于孝的故事——忤逆墓。

　　忤逆墓，位于山西省南部，隶属临汾市，建于明洪武年间，因一段流传久远的民间故事而得名。

　　相传元末年间，山西曲沃有个秀才，50余岁才得一子，欣喜万分，给其子取名为王进。王进自幼专横跋扈，不学无术，平日只顾吃喝玩乐，脾气暴躁，养成一身恶习。秀才老来得子，对其也是极为放纵，不忍管教，怕其不悦。一日，秀才无奈之下惹怒王进，王进扬言杀掉其父。秀才不信，为防不测，夜里准备了一个葫芦放进被中假装熟睡。不料王进真持刀走进屋内，挥刀砍父。事后王进仓促逃走，秀才痛心道："孩子不能太溺爱啊！"

　　逃到异乡的王进无依无靠，整日以乞讨为生，受尽了欺凌，尝尽了悲苦，举目无亲，不得不为了生存而四处流浪。几经磨难后，王进顿然醒悟，感受到父母情深，后悔不迭，后立誓要重新做人，以报父母恩情。王进开始拜师求学，苦读诗书，锻炼武艺，最后成了一个文武双全的人才。从军后，王进凭借才华武艺，骁勇善战，官位升至督军。征战之中，途经家乡，本想回乡孝敬双亲，但听家乡人说双亲已下世，王进痛心疾首道："吾罪孽深重啊！"为了教育子女，王进道："我是个不孝的人，死后应无葬身之地，你们千万不要学我，我死后，挖一口井，棺木系在铁链之上，待我罪孽消散，铁链锈断，棺木落于井中，我的亡灵才得以慰藉。"不久后，王进战死，其后人遵其遗愿，挖井系棺，并立碑为"忤逆墓"。

王进的故事告诉我们，孩子不能娇宠溺爱。对于王进，少年时犯下的大错已经无法弥补，只能通过死后挖井系棺才可以慰藉其灵；对于秀才，何尝不是如此，良心的谴责是双方的，这是一笔无形的债！

写给家长的话

教育孩子成为一个善良、富有爱心的人是父母的重要责任。

02 "天才"的坠落

1991年11月，美国爱荷华大学发生了震惊中美两国的枪击事件：该校刚获得物理与天文学专业博士学位的留学生卢刚，开枪射杀了3位教授和副校长，以及1名中国留学生，其本人当场饮弹自尽。这次枪击事件，引起了一场人们关于教育弊端的激烈讨论。

究竟什么才是教育的真正目的？

卢刚出身于北京一个普通工人家庭，自幼闪耀着天才的光环，18岁考入北京大学物理系；1984年，通过李政道主持的中美物理学交流选拔计划；1985年，本科毕业后公费赴美攻读博士学位；6年后，卢刚以史无前例的优异成绩从爱荷华大学毕业，打破了这所世界名校建校以来的历届纪录，天才之名，当之无愧。

然而，在即将告别母校、荣耀回国时，卢刚却做出了令人无法相信的事情。

1991年11月1日下午3点半左右，卢刚若无其事地走进了正在进行专题研讨会的爱荷华大学凡艾·伦物理系大楼三楼309教室。在听了5分钟后，他突然从夹克里拿出一把左轮手枪，在众人毫无防备的情况下，进行疯狂扫射！

先是卢刚的博士研究生导师——47岁的戈尔咨教授被击中，看到教授倒下后，卢刚又迅速上前对其后脑补了一枪，接着又朝旁边的史密斯教授身上开了两枪！

众人还没有反应过来，甚至有人认为是卢刚的恶作剧，当两位教授伤口上流出大量的鲜血时，众人才明白发生了血案，1名中国留学生被吓得晕倒，还有1名中国同学夺路而逃去报警求救。

连开数枪的卢刚又将枪口对准他的"竞争对手"山林华博士（中国科技大学的高才生，与卢刚同时赴美，博士资格考试时两人的成绩并列第一），毫无迟缓地扣动扳机，山林华博士头部和胸部中弹，当场毙命。

连杀3人后，卢刚离开第一现场，一路跑到二楼，打开208室系主任办公室，一枪又射杀了44岁的系主任尼柯森。确认尼柯森死亡后，卢刚又跑回了三楼第一现场，确认一下刚刚枪杀的3人是否死亡，现场的人被卢刚的突然返回吓得目瞪口呆。

史密斯教授虽然中了两枪，但没有被击中要害，正在桌子下面痛苦地呻吟着。1名研究生和2名同学正在小心地将史密斯教授抬出来，打算送到附近的医院进行抢救，卢刚看到后，挥舞着手枪，让里面的人都出去，不顾其他人的阻拦，举起手枪，对准重伤的史密斯教授，补上了致命的一枪。

确认3人都死亡后，卢刚直接离开物理系大楼跑到邻近的生物学大楼，从一楼直接奔向四楼，甚至冲进女厕所也没有找到想要找的人。随后他又转身冲进大学行政大楼，直接推开副校长安妮·克黎利办公室的门，向着安妮·克黎利的太阳穴和胸口连开两枪，使其立刻毙命。确认安妮·克黎利死亡后，卢刚又向办公室内的学生秘书茜尔森开了一枪，使其重伤。

离开安妮·克黎利的办公室后，卢刚去了二楼203室，饮弹自尽！

整个枪击过程不足20分钟，其间卢刚共枪击6人，除了茜尔森全身瘫痪其他5人无一生还。

为什么会发生这样的事情？许多熟悉卢刚的留学生都说，这次枪击事件看上去很让人吃惊，但也在意料之中。卢刚的人品不好，为人刚愎自用，不把别人放在眼里，动辄出口伤人，不给别人留尊严。这样的人，性格扭曲，做什么都不觉得奇怪。也有人讲述了卢刚生活的一些细节，不愿意收拾屋子，因为天气热而开一宿的冰箱，不考虑别人的感受，对待一些善意的忠告也丝毫听不下去，而且目光凶狠，一旦得罪他，他就会伺机报复，所以没有人愿意与卢刚交往。以致最后他在找不到工作，无法得到"优秀毕业"的压力下，选择了残忍报复社会。

一位熟悉卢刚的教授说："卢刚是一个典型的自恋型人，优异的成绩让他变得十分傲慢自大，对周围的一些环境和事物无法做出正确的判断，容易偏激，常常怨恨别人。"

卢刚的事件虽然已经过去30多年，但仍值得我们每个人深思。教育，不应该只教予知识，更重要的是要教导心灵。

写给家长的话

良好的道德习惯，是孩子走向成功之路的第一张人生通行证。

03　一封特别的家书

2004年，江苏南京大学贴出的一封家书引起全国强烈反响。一封署名为

"心酸的父亲"的家书讲出了身为现代大学生父母的心酸。这封家书内容大致如下。

亲爱的儿子：

孩子，知道吗？从你考上大学的那一刻起，我和你妈妈是多么的骄傲。我们那代人，想考进大学凭的不仅仅是本事，还要看手上的茧子和出身成分，还有人用人格、尊严去换。你了却了我和你妈妈几十年的心愿，我们以你为荣。但你的骄傲让我不能理解。

从你进入大学的第一天起，我就分不清咱俩谁是谁老子了。从扛着行李陪你去报到，给你铺床，挂蚊帐，缝被子到买饭票，整理你的起居……在你看来，这一切似乎都是理所当然的。你甚至还感觉你这个不成器的老爸，能够身前身后地照顾你这个大学生是一件特有面子、特别荣耀的事情，这让我不能理解。

尽管你现在已经伤透了我的心，但你毕竟是我儿子，是家里几代唯一走出的大学生。回想起来，你读大学的第一学期，我们刚收到你的信时是多么欣喜，虽然篇幅加起来比一篇电报长不了多少，但主题很鲜明——"钱"，这个字在整篇潦草的字迹中，显得特别工整清晰。你总说你学习很忙，要做的事情很多，没有时间写信。可我和你妈总是能看到同院里你高中时代的女同学收到你洋洋洒洒几十页的信，还是每周一封。每次我和你妈从门口收发室经过，看到那熟悉的字体，却不能够认领的时候，你知道那是一种怎样的痛苦吗？

接着，你读了大二，我和你妈的这种"痛苦"才得以稍转。据你高中的同学说，你恋爱了！这是好事，我和你妈也为你高兴，可其实他不说，我们也是知道的。因为你给家里写的催款信越来越多了，从字里行间我们能感受到你的急迫。信上的语调之恳切，后果之严重，让我们觉得你毕业后完全可以去当一个优秀的讨债人。

可你却不知道，那时候你妈已经下岗，而我的那份微薄的工资根本不足以支持你去酒吧、KTV、高级餐厅……尽管如此，家里依旧尽最大的努力给你支持！让我无法相信的是，对此，你不但没有半句感激，还破天荒地寄来一封长信，谴责爱你和养你的爸妈！信中大谈别人的父母是如何如何的大方，你简直是活生生在我和你妈心上捅了重重的一刀！最让我伤心的是今年暑假，你竟然用你偷改后的学费单来欺骗一直深爱你、相信你的父亲和母亲。我之前在报纸上也看过类似报道，可是怎么也想不到，有一天会发生在自己身上。生你，养你，爱你，信你，难道就只换回你如此吗？知道真相后我没有发作，我不知道该怎么处理这个问题。如今你开学两个月了，这两个月里，我每天都在为这事头疼，一头疼就失眠，而这归根结底是因为你——我那亲手抚养长大却又倍感陌生的大学生儿子。我不知道你在大学学的是什么知识，只是希望你能在学习知识和提高阅历的时候，也能长出一点儿善良的心！

心酸的父亲

　　中国人常说"养儿防老"，足以看出父母对孩子倾注了多少希望。可如今"啃老族"层出不穷，这固然有社会问题的存在，但孩子自身也需要反省。别过度透支了父母的爱，否则终有一日它会干枯，而你面临的将是一无所有。

写给家长的话

　　爱需要回音，它是一本收支平衡的账本。

04　令人警醒的一组事例

（一）

　　如今的父母总是对孩子呵护备至，从穿衣服到系鞋带都亲力亲为，生怕孩子会伤到自己，有时候孩子自己做些小家务，父母总是以孩子还太小为由阻止孩子。

有一个小女孩，在一次体育课跑步的时候，鞋带甩开了，长长的鞋带随着女孩的步伐左右乱晃着。女孩一个不小心，踩到了自己的鞋带，摔倒在地，双手擦破，膝盖受伤，老师急忙过去帮忙清洗伤口，其间问道："鞋带开了怎么不系一下？"女孩回答道："我妈说不让我自己系！"

过度的保护不是真正的保护，反而让孩子更容易受伤。

（二）

有一个人事业有成，他的孩子每次都和小伙伴说，自己是这个世界上最不幸的孩子，虽然他们家有世界上最好的游戏机，也有小型的游乐场，想吃什么都能吃到。但爸妈为了做生意经常不在家，也不让他出家门……

很多事实证明，金钱无法给予亲情，无论多好的游戏机，多漂亮的游乐场也替代不了亲情。财富虽然多了，可孩子童年的欢乐却少了，财富不能让一个孩子拥有健康快乐的童年，物质上的贫瘠可以弥补，精神上的贫瘠却无法还原！

请给孩子应有的快乐，自由的童年。

（三）

每一位母亲都会清楚地记得自己孩子的生日，无论多忙、经济再多窘迫，都会给孩子做一顿丰盛的饭菜，陪在孩子身边。而今，又有多少人记得自己母亲的生日？有一个儿子接到父亲的电话："今天是你妈的生日，和你妈说一句'生日快乐'！"

儿子却不耐烦地挂断了电话，说道："我妈过生日和我有什么关系！"

（四）

幼儿园来了一位新老师，老师要对所有孩子有个大概的了解和评估。老师给每个孩子发了一根棒棒糖和一块巧克力，看着孩子们吃着棒棒糖，老师问道："孩子们，老师现在很饿，快没有力气领你们玩了，怎么办？"

满场的孩子看着这个老师，其中一个小男孩直接把巧克力吃掉，然后躲到很多小男孩的后面。有了这个小男孩的动作，其他孩子也急忙先吃起了巧克力。

老师故作虚弱地接着说："我如果饿倒了，没人领你们玩了呀！"

小男孩们你看我我看你，没有一个回答。

老师着急，点到一个小男孩问道："老师饿倒了，没人陪你们玩，没有关系吗？"

"老师饿了，我们也没有办法呀！"小男孩想了想，回答道。

"可是刚刚你们手里不是都有巧克力吗？"老师直接说道。

小男孩摊开双手，说："现在没有了呀！"

老师无语，又点向另外一个男孩问："老师很饿，能把棒棒糖给我吗？"

小男孩听完，一脸的惊恐，道："妈妈说，别人吃过的东西是不卫生的，不能给你！"老师又转头看向其他小男孩，男孩们都摇头，有的还退后了几步。

小男孩们的回答让老师心寒，老师从身后叫出自己的孩子，问道："如果妈妈饿了，你手里有棒棒糖和巧克力，你会怎么做？"

小女孩直接答道："先吃掉巧克力，然后舔舔棒棒糖！"

（五）

很多孩子觉得上了大学，身份就不一样了，可以脱掉劳动人民的外衣进入知识分子行列中了。现在的大学生不如以前那般纯朴，从最初拼学习、拼成绩、拼坚持、拼精神到现在的拼奢侈、拼品牌、拼享受。更有甚者，见惯了同学家的阔绰，不好意思说起自己的家庭，甚至双亲千里而来都不让其进宿舍，更不会介绍给同学，就算被同学撞见，也会称呼为"老乡"。

写给家长的话

爱的天空，需要父母与子女共同营造。

不做"三陪"父母

陪吃

一位爸爸领着11岁的儿子走进肯德基，儿子点了两个汉堡包、几块鸡翅。东西做好后，儿子便直接吃了起来，先是用小手抓起鸡翅，在每块鸡翅都咬了一小口，接着又去抓汉堡包。当全部留完"印记"后，儿子才不急不躁地吃了起来。儿子时不时地用眼睛偷瞄几眼爸爸，爸爸只是笑着看着儿子。当儿子吃饱后，爸爸才吃起儿子剩下的鸡翅、汉堡包。我们称这种现象为"陪吃"！

陪读

孩子的学习是父母关注的焦点，很多父母在孩子做作业的时候要一路盯着，一则担心孩子不用功，二则是为了临时指导孩子。工作一天的父母再困再累，也要看着孩子写完作业才肯放心。我们称这种现象为"陪读"！

陪睡

孩子小的时候要哄才肯入睡，父母会不停地夸宝宝懂事、宝宝乖巧才会有效果，后来还要给他讲故事才行。很多妈妈还特意买了很多儿童故事读物来应付难缠的孩子，待孩子熟睡后她们才能得到片刻的休息。我们称这种现象为"陪睡"！

还有一件很让大家不解的事情，现在的很多大学生竟然被称作"生活白痴"。父母的骄傲、家人的希望成了"这也不行""那也不会"的"人才"。很多大学生跳出来反驳道："我们不就是不会烧个水、做个饭什么的么，但至少我还会穿衣服，怎么可能是生活白痴？"也有大学生表示："我妈说了，我只管学习就行，其他不用我操心。"

从孩子最初的学习到孩子"成才"走向大学，家长一路陪护得到的结果是不是孩子的健康成长。当今社会被一股力量引向一种"痴呆化"的景

第五章 娇惯生逆子，溺爱出无能

象，暴露出越来越多的心理问题，父母"爱"得"畸形"，孩子在铁笼中也成长得"畸形"。到底怎样才算一种"爱"，可以让孩子更好地成长？我们习惯给孩子铺好路，让孩子少受苦，我们的经验可以让孩子少走很多弯路。优胜劣汰是自然界的生存法则，我们在孩子小的时候就拿走了让孩子变强的"武器"，又逐渐剥夺孩子防御的"盔甲"，可笑的是我们认为让孩子减少战斗等于让孩子不受伤害，是一种爱。实际上，风雨不曾停歇，战斗也从未停止，孩子终究会走出去。脆弱没有丝毫战斗力的孩子将何以生存？

自然界其他动物或许可以帮我们找出一些答案。老虎是林中霸王，有着让人陶醉的美丽毛发，也有着最强的生存技能。幼虎出生后，母虎会先用爪子将猎物撕碎给幼虎吃。随着幼虎的成长，母虎渐渐把猎物的肉独自吃掉，只把骨头扔给幼虎。幼虎吃不饱，也不会被饿死。这时候母虎开始偶尔带着幼虎出去打猎，只有打猎的时候幼虎才能吃上肉，满足地依偎在母虎身旁。可渐渐地，母虎不再带着幼虎出去打猎，每次打猎回来，母虎都会把骨头扔向一边，幼虎想去吃的时候母虎会用爪子阻拦。幼虎饥饿难耐就会自己出去打猎。起初，幼虎还会一顾三回头地看着母虎，母虎都会露出长长的爪子，目露凶光地将其赶走，最后幼虎不再回头。正是这样的教育，幼虎才得以磨砺出尖锐的爪刃和锋利的牙齿，称霸山林。

写给家长的话

教育孩子懂得爱，先要教孩子爱自己的父母。

06 客人吃了最大的苹果

孔融让梨这个典故，源自东汉末年大学问家孔融。因为孔融幼时便知谦让，尊老爱幼，所以很多家庭用他来教育孩子，希望孩子可以学习这种精神。

桑迪就是一个自幼接受"孔融让梨"故事洗礼的孩子，每当家里买了新的水果，他都会第一个拿出最大的，先给奶奶。奶奶每次看到孙儿这么乖巧，都会笑着说："孙子真懂事，奶奶牙口不好啦，你吃吧！"接着桑迪又把水果送到父母的面前，父母也找了个理由让桑迪自己吃。桑迪在得到家人的夸赞后，便回到自己的椅子上津津有味地吃了起来，而父母和奶奶看到桑迪如此懂事，也觉得十分高兴。

一天，桑迪父亲的朋友突然来拜访，两人正聊得开心的时候，乖巧的桑迪从水果盘子中拿出最大的一个苹果，走到客人面前说："叔叔，请吃苹果！"

桑迪的父亲非常开心，客人也是一脸惊讶地看着桑迪，忍不住夸赞："你家的孩子真好，还这么小就这么懂事。"客人并不爱吃水果，但看桑迪一脸认真，还是笑着接了过去。

桑迪看到客人将苹果拿过去，一张小脸憋得通红，等客人咬了苹果后，桑迪彻底爆发了，大声哭了起来。

客人和桑迪的家人都被这突如其来的情况弄得不知所措，就听桑迪哭着骂道："你这人怎么这样不要脸，那是你的苹果吗？"

客人尴尬不已，原本甘甜多汁的苹果顿时变得滋味全无，口中的苹果咽也不是，不咽也不是。桑迪的父亲更是尴尬，不知道自己的儿子为什么会变成这样。桑迪气呼呼地坐在地上，他也无法明白：按照以往的记忆，苹果送出去后都会回到自己手中，为什么这次却不一样了？一想到自己心爱的大苹果被人吃了，桑迪就更加生气和委屈，又大声哭了起来。

看到孩子哭了，客人也坐不住了。家人连忙将孩子抱走，桑迪的父亲则是一脸歉意地解释道："原本想教孩子学会谦让，没想到适得其反。都怪我

第五章　娇惯生逆子，溺爱出无能

们，平时孩子叫我们吃，我们都会谦让一番，最后再把水果还给他。没想到孩子把我们的疼爱当成了理所当然，实在是抱歉！"

客人这才知道了原因，意味深长地叹了口气后，站起身来，随便找了个理由离开了。

父亲看着朋友离开的背影，久久不语。

谦让是一种美德，也是一种传统，我们要继承这种精神，而非流于形式。

写给家长的话

规范孩子的言行，从父母自身做起！

07 磨难造就英才

在中国，很多家庭都是独生子女，长辈对孩子倾注了自己所有的爱。不希望自己的孩子受到委屈，不愿意自己的孩子吃苦，给孩子最好的，成为大多数父母奋斗的唯一目标。我们可以理解父母这样的心情，但是长此以往，这样的行为会对孩子成长带来不好的影响。让孩子学会吃苦，在磨难中成长，才是家长应该坚持的做法。

在一些发达国家，磨难教育是每个小孩都必须经历的。中学生会在假期参加学工劳动，这些劳动并不轻松。有的孩子会被派去帮助涂抹和粉刷工厂外墙，以练习技巧。在炎热的夏天，这些孩子要顶着烈日连续工作好几个小时。即使他们双手酸软，疲乏得很，在没有完成工作前，也不能休息。

一个孩子参加劳动后回到家中，最大的感触是："看到厂里每天工作的人们，我学会了怎么去尊重一个劳动者。"

另一个孩子说："我记得刚刚刷完第一面墙时，几乎所有在附近的工人都为我鼓掌，这一天的记忆会一直珍藏在我心里，我由此领悟到，劳动之后所结的果实是最甜蜜的。"

"在这个夏天，我掌握了新的技巧和价值观。我曾经抗议他们把选举的大传单贴在我们车上，厂长听到后立刻撕走了传单。我懂得为自己争取权利，也知道怎么去公平地对待劳动者。"

"我体会到，我的双手是我最好的朋友。他们可以创造一切我需要的东西，包括尊重和成就感。"

这些孩子的收获还有许多，而这些收获将伴随他们成长，影响他们一生。在一些发达国家家庭中，父母很重视独立生存能力培养，有些学校甚至规定，必须不带一分钱独立谋生一周才可以毕业。

磨难造就人才，正如古代圣贤孟子所说："天将降大任于斯人也，必先苦其心志，劳其筋骨，饿其体肤，空乏其身，行拂乱其所为，所以动心忍性，增益其所不能。"没有经历过艰苦环境的磨难，又怎么能担当大任呢？

只有能吃下粗茶淡饭的人，才能品尝到山珍海味；只有能混合在闹市喧嚣里的人，才能游览名山胜水；只有能忍受苦难折磨的人，才能成为栋梁。一个人越是禁受磨难，越有可能摘取成功的桂冠；一个习惯于享受安逸生活的人，不可能获得成功的喜悦。明智的父母应该知道让孩子禁受磨难的重要性，以及宠爱、纵容的危害性。

写给家长的话

搏击过风浪、禁受过磨炼的孩子才能潇洒地翱翔于蓝天。

08　卢梭的教子智慧

现在有很多孩子让家人头疼，脾气大，乱摔东西，父母以为是孩子小，还不懂事的缘故，因而放任不管，最终孩子成为家里的"破坏魔王"。

18世纪法国儿童启蒙思想家、教育家卢梭教子的故事告诉了我们如何去教育这种孩子。

一天，卢梭和妻子领着6岁的儿子上街，儿子可爱的双眼四处看着。当走到一家商场的时候，儿子被里面琳琅满目的玩具深深吸引了，有形状各异的积木，也有憨态可掬的小马，还有精致的小马车。

儿子看了许久，抬起头看了看妈妈，又看了看爸爸，最后拉着卢梭的手，恳求道："爸爸，我能买这些玩具吗？"

看着儿子那满怀希冀的眼神，卢梭笑着道："嗯，买是可以，但你得答应我一个条件。"

儿子眼睛一亮，非常开心道："嗯，这还不简单吗？什么条件我都会答应的。"

卢梭低头看着儿子，又问道："你真的能做到吗？"

儿子眼中全是小马车，不假思索地回答："嗯，什么条件都能做到。"

"嗯，乖儿子，玩具是伙伴，是帮助你快乐成长的朋友，我的条件是你要爱惜这个小马车，不能故意破坏和丢弃，一旦你违反了这个约定，我就再也不给你买玩具了。"卢梭说出了自己的条件。

儿子点头道："没问题。"

卢梭和儿子拉拉手指头。买完玩具，卢梭夫妇就带着孩子回家了。

最初几天，儿子天天把玩着小马车，爱不释手，经常拿着小马车在屋子里跑来跑去，开心极了。可几天之后，儿子厌烦了，把小马车随便扔在一个角落里，后来更是将所有的玩具都摔得支离破碎。当卢梭看到破碎的玩具时，非常痛惜，但他并没有责怪儿子，也没有和儿子讨论这个问题。

几天之后，儿子又缠着母亲要新玩具，卢梭夫人没有答应，儿子便天天缠着母亲哭闹。卢梭夫人不忍看到孩子整日如此，便心软了，和卢梭商议道："给孩子再买一些吧！"卢梭看着妻子，道："买玩具是小事情，但孩子的习惯是惯纵不得的，这是影响孩子一生的事情。"卢梭夫人觉得丈夫说得很对，拒绝了儿子的恳求，从此也没再给儿子买任何玩具。

经过这件事情，儿子知道了父亲的厉害，再也不敢随便乱摔东西了。卢梭也从这件事情上得到了启发，孩子做错事，不能惯纵，要让孩子自己承担后果。这也是教育界著名的卢梭教育法则——"自然后果惩戒法"。

孩子做错事不可怕，但要让孩子知道自己做错了，并且不能放任和姑息，最好的方法就是让孩子自己承担这种后果。例如，随意撕破衣服就不再给他买衣服，摔坏玩具就不再给他买玩具，上课迟到就让他去接受老师的批评，不包庇孩子的过失，让孩子受到自然式惩罚。时间长了，孩子就不会随便破坏东西了。

写给家长的话

要教育孩子明白：聪明人不是不犯错误，而是不在同一点上犯错误。

09　欠父亲 12.5 美元

罗纳德·威尔逊·里根（1911—2004），美国的传奇人物，曾连任两届（1981—1989）总统。

里根出身于一个贫困家庭，父亲是一个普通的售货员，他是靠着一边读书一边打工才读完大学的。1980年，里根当选美国总统。他曾被誉为"最伟大的美国人"。他的一生充满传奇色彩，到底是什么让这样一个贫苦人家的孩子成为传奇？

里根的回忆录揭示了这位伟人成功的秘诀。他年少时十分好动，11岁时，曾用特殊手段得到了一些禁止燃放的爆竹。在7月4日也就是美国国庆节前夕，里根到洛克河大桥旁摔响了一个掼雷（一种很响的爆竹，威力很大），一声巨响，耳朵传来"轰轰轰"的震动声。正当里根享受他造成的轰动场面，满意地闻着爆炸后硫黄的味道时，一辆汽车突然停在他身前，命令他上车。

里根不认识那辆车子，所以拒绝了。随后司机拿出了警章，他这才不得不上车。坐在车上，他并不服气，开口道："你算个什么东西！"

到了警察局，看到警长是父亲经常打牌的朋友，里根希望可以凭借关系得到宽大处理，但警长黑着脸给父亲打了电话，最后还以违法禁放爆竹对他处以12.5美元的罚款。当时这是一笔不小的财富，必须父亲交完款，里根才能离开。

父亲把里根带回了家，他沉着脸没有说话，母亲在一旁也在责怪着里根。最后，父亲冷冰冰地说："你虽然小，但是要承担做错事情的责任，家里有钱那是家里的钱，不是给你承担责任的钱，这12.5美元算是家里借你的，这笔钱你要还！"

为了还清这笔钱，里根开始打零工，包括递报纸、擦皮鞋、刷盘子等，因为年龄太小，无法做重活。就这样，里根开始一边上学，一边打工还钱，足足半年，才挣到了12.5美元。当里根兴奋地把钱交到父亲手中时，父亲满意地说："一个能为自己行为负责的男人，将来一定是大有作为的人！"

半年的打工经历让里根深深地明白了什么是责任。

里根的成功，和父亲在其少年时的教育是分不开的。正确的教育能引导孩子逐步强大和完善自己。在成功的路上，里根正是凭借对责任的感悟，才登上了总统的宝座。

教育是伴随孩子成长的秘诀，是孩子能否走向成功的重要因素。

孩子每次犯错误，每次承担责任，都会自我完善一步，更成熟一步。

10 "石油大王"的孩子

洛克菲勒家族是近2个世纪以来对世界最有影响力的家族之一。

约翰·洛克菲勒是世界公认的"石油大王"，也是世界著名大学——芝加哥大学的创办者。这样一个经济帝国，其家族孩子从出生的那一刻起，就手握"金钥匙"，一生无忧。传承了2个世纪，这个家族不仅不曾没落，反而更加昌盛，家族内的孩子也是各界精英，到底是什么样的教育能让这样的经济帝国如此强大？

戴维·洛克菲勒是这个经济帝国的第三代，他带着洛克菲勒家族走向世界巅峰，家族财力甚至可以和世界首富比尔·盖茨相抗衡。他对子女的教育极为严格。他不允许孩子肆意挥霍浪费，要求他们自立自强，凡事靠自己，从不放纵娇惯，这也是洛克菲勒家族教育孩子的传统。

一天，戴维·洛克菲勒让4岁的小儿子自己跳下圆桌，用亲身体验告诉儿子，凡事靠自己，不要想着指望别人。小儿子似懂非懂地点点头。

戴维·洛克菲勒无时无刻不在鼓励家族的孩子自立。对于培养孩子的自立，戴维·洛克菲勒有自己的方法。首先是家族的孩子都会被没收"金钥匙"，所有孩子都要以正常人的方法去赚得金钱，孩子的父母只会给予孩子维持生活的零花钱，想要享受更好的生活，就要靠着自己的双手去挣钱。家族里的孩子开始在家里当起了"零工"。擦皮鞋、挤牛奶、刷碗、扫地等零活都会以特定的计算予以金钱奖励。例如，在二儿子纳尔逊9岁、三儿子劳伦斯7岁时，戴维·洛克菲勒将全家的皮鞋都交给两个儿子，每双皮鞋1角钱，每天清晨，两个孩子早早就起床开始擦皮鞋。

有一年，孩子们开辟了一个蔬菜园子，里面种植着各种蔬菜瓜果，辛勤的照看换来的是大丰收。戴维·洛克菲勒会到园子里把自己孩子种植的瓜果买下来，剩下的则由其他孩子装在儿童推车上，到市场上卖掉。

辛勤劳动换来的果实让家族的孩子倍感充实，对于这样的劳动他们不仅不会喊累，也不会觉得乏味。孩子们觉得有趣，就会更加认真和积极地去做。

戴维·洛克菲勒要求孩子节省，不仅要记录每一笔花销，还要有存款、做慈善，每周都会检查一次，记录无误的会有奖励，少记、漏记的则会被处罚。戴维·洛克菲勒说："我要让孩子懂得金钱的价值，明白每一分钱都来之不易。"

戴维·洛克菲勒还要求孩子力所能及的事情自己做，如缝补、烹饪等生活技能，孩子自幼就要学习这些"基本功"，让孩子能自己解决生活上遇到的小问题。家族孩子上学一律住校，毕业要自己找工作，在积累工作经验和提高人生阅历后，上一辈人才会逐步将家族产业交给孩子去经营。家族大部分产业都用来做公益事业和慈善事业。戴维·洛克菲勒说："过多的财富会让自己的子孙停滞不前，会给子孙后代带来灾难。"戴维·洛克菲勒一生都秉承着洛克菲勒家族的宗旨——在全世界造福人类！

这就是一个经济帝国始终保持繁荣昌盛的原因，自幼受到的教育让孩子知道自立、自强、勤劳、节约。

写给家长的话

爱孩子，更要懂孩子。

邹韬奋："凡是孩子自己可以干得来的事情，总是让他们自己去干，看护或教师至多在旁边指导或看着，决不越俎代庖，这是要从小就养成他们自立的精神。"

马卡连柯："过分的溺爱虽然是一种伟大的情感，却会使孩子遭到毁灭。"

俄国谚语："放纵对子女的教育，将来就会追悔莫及。"

苏霍姆林斯基："如果成年人百依百顺地满足孩子的一切愿望，孩子就会长成一个随心所欲的人，一个充满刁钻古怪念头的角色，一个骑在亲人头上的小霸王。""在一个家庭里，若把孩子的愿望逐渐发展成任性，那么这些孩子是不会有真正的幸福的。""只有从小参加劳动的人，才能获得真正的幸福。"

06　一只流着泪的小鸭子

北京市和平里四小是一个十分注重培养孩子创造力的学校。学校里经常会组织各种活动，来拓展学生的想象力。

有一天，一个日本教育代表团来到学校参观，打算观摩学生上课的情况。正好四年级学生正在进行美术课，代表团认为美术最能反映学生的想象力和创造力，便决定选这一堂课作为观摩对象。

美术老师随手画了一只流泪的小鸭子，随后道："现在请同学们以这只鸭子为主题，当场创作一幅画。30分钟后，把画交上来。"

听完老师的话，学生当即铺开画纸，开始画了起来。30分钟后，全班36名同学，交出了37幅画。

日本代表团将这些画作拿在手中，一一看过去。

这幅是《失去自由》——小鸭子被关在笼子里，望着高飞的大雁默默流泪。

这幅是《不准动》——戴着假面具的人正用枪口对着一只流泪的小鸭子，威胁恐吓。

这幅是《水污染》——小鸭子从被污染的河里叼起一条小鱼，而小鱼却只剩骨头架子，小鸭子伤心地哭了。

…………

其中最精彩的一幅是《触景生情》——一只小鸭子正呆呆地站在烤鸭店门前，看着被烤熟挂起来的爸爸妈妈，伤心地流泪……

日本代表团完全没想到，这些学生的想象力这么丰富，不禁连声称赞。

后来才了解到，这个学校经常用画画的方式，培养学生的创造力和想象力。这种自由发挥的美术课，对于四小的学生来说，实属平常。

想象有多远，世界就有多大。

07 向和尚推销木梳

有一家待遇很好的单位招聘销售经理，参加面试的人蜂拥而至，远远超出面试官的预定范围。总经理见此，想出了一个公开的面试题目：让所有参加面试的人用3天时间，去向和尚推销梳子，以卖出去多少作为招聘条件。

很多人当场就放弃了这次机会，只有甲、乙、丙3个人在3天后回来。

甲卖出了1把，总经理问他是怎么推销出去的。

甲讲述了自己如何千辛万苦，才成功游说和尚买梳子。游说的时候不只效果不大，甚至还遭到了和尚的责骂和驱赶。下山的时候，正巧看到有小和尚在边晒太阳边挠头，这才灵机一动，卖出了1把。

总经理又问乙卖了多少？乙说："10把。"

总经理照旧问是怎么卖出去的。乙说他去了一座名山古寺，因为山上风大，所以来进香的香客头发都被吹乱了。他注意到这一点后，就去找了主持。"主持大师，香客们蓬头垢面对佛祖是不敬的，应该在每座庙的香案前放把木梳，供善男信女使用，整理头发。"主持觉得他说的有理，便为10座寺庙买了10把木梳。

丙也跟着回来了，总经理问他多少，他答道："1000把。"

所有人都惊讶了，包括那个总经理，他问道："你是怎么卖的？"

丙说："我去了一个香火极盛的深山宝刹。那里的朝圣者、祈福者络绎不绝。我对主持说：'凡是来这里上香的，必定都怀着一颗虔诚的佛心。对于这些香客，宝刹应该有所馈赠，以做布施纪念，保佑其平安吉祥，也鼓励其多做善事。'说完这些后，主持已经认同我的观点，于是我又说，'我这里有一批木梳，正好您书法超群，可在上面刻上"积善梳"三个字，作为赠品。'主持大喜，当即买了1000把木梳。"

毫无疑问，最后当然是丙胜出，获得了销售经理的位置。这个故事告诉我们，市场是创造出来的。在解决问题的时候，应该根据问题的需要去解决问题，而不是为了解决问题而解决问题。

写给家长的话

有时看似不可能的事，只要肯动脑筋、改变一下思路，就会发现，原来成功就隐藏在"不可能"的背后。

08 立在桌子上的鸡蛋

哥伦布是世界上最著名的航海家之一。1492年，哥伦布发现美洲新大陆后，从海上回来，成了西班牙人民心目中的英雄。国王和王后也把他当作国家英雄，封他做了海上将军。哥伦布从此扬名天下，但遭到了西班牙上流社会一些贵族的妒忌和诋毁。

一次，哥伦布应邀参加一个贵族为他举办的宴会。宴会上，有人在大庭广众下讥笑哥伦布："哼，上帝创造世界的时候，就已经创造了海西边的那块陆地，现在你只是发现而已，哼，又算得了什么！"

傲慢自负又刻薄刁钻的贵族们迫不及待地要给哥伦布一个难堪。

其中一人对哥伦布道："你不过是发现了一个奇怪的大陆而已，我们不明白为什么大家要对这件事大谈特谈，有什么值得谈论的地方？任何人只要拥有和你一样的一艘大船，都能穿过海洋航行，发现新大陆。说白了，这不过是世界上最简单的事情！"

哥伦布沉默不语，只是从盘子里拿出1枚鸡蛋，对那些贵族说："女士们，先生们，你们当中有谁能把这个鸡蛋立起来呢？"

贵族们面面相觑，觉得这个问题着实古怪，但是又不想让哥伦布占了便宜，便一个一个都上前试验，可结果却是谁也没能把鸡蛋立起来。

"这根本是不可能的事！"一个贵族又发起了牢骚。

哥伦布不以为意，道："我就能把鸡蛋立起来。"

听到这句，满屋子的人顿时鸦雀无声，大家都用嘲弄的眼神看着哥伦布，看他怎么把鸡蛋立起来。

哥伦布拿起鸡蛋，看了眼这群毫无见识的贵族，低头把鸡蛋的一头轻轻地往桌子上一磕。鸡蛋皮被磕破了，鸡蛋便直直地立在了桌上。

"这……这……这鸡蛋都破了，那还算什么！"贵族们继续强词夺理。

哥伦布冷嘲道："我在刚才定条件的时候，有说过不许把鸡蛋敲破吗？"

"如果能把鸡蛋敲破的话，那谁也能做到，这太简单了！"贵族们更加不服气。

哥伦布道："立鸡蛋的确是最简单的事，可是你们如果没看过我的方法，会想到吗？我能想到你们想不到的，这就是我胜过你们的地方！"

宾客们一时哑口无言。

写给家长的话

创新的行为往往产生于"奇思妙想"。

09 日本书法神童的陨落

日本最著名的书法家小田村夫参观了日本青少年书法展后，对其中一位

9岁的书法天才称赞不已。他预言，未来日本书坛必将出现一颗璀璨的明星。没有人怀疑这个预言，因为这位天才的小书法家，在参加完日本青少年书法展后，4幅作品就被人以总价值1400万日元全部收藏。当时日本民众纷纷奔走相告，认为国家未来将出现一个惊才绝艳的书法大师。

转眼20年过去，一些原本默默无闻的书法家脱颖而出，可那位被所有人看好的书法神童却销声匿迹。2002年，九州岛樱花节，小田村夫专门拜访了这位小时候名震四岛的天才，并看了他现在的书法作品。看完后，日本书法界的泰斗小田村夫失声痛惜道："王右军（王羲之）啊，你毁了多少个书法天才啊！"

原来这位曾经的神童，临王羲之的字帖像吸毒一样上了瘾。二十年如一日地苦练临摹王羲之的字，现在他的字已经和王羲之没什么两样，几乎能够以假乱真，可就是在作品中唯独找不到属于他自己的东西。这在书法鉴赏家眼里，不过是平庸的仿制品而已。

一个天才因模仿另一个天才而成了庸才，这在书法界并不稀奇，其他人类社会的各行各业也均有此现象出现。现在政治、经济、文化等领域，大师级的人物之所以寥若晨星，绝不是因为在这些领域中天生的庸才太多，而是有太多的天才因模仿成了庸才。

切记，千万不要丢失自己的个性，因为那是一个人唯一真正有价值的地方。纵观古今，凡是成就了一番事业的人，都是坚持自己的个性和特色，敢于从流俗和惯例中出列的人。

写给家长的话

个性是人性中极有价值的东西。

10 潘基文与 4 千克垃圾的故事

潘基文，世界知名的华裔韩籍外交官，第二位来自亚洲的联合国秘书长。2006年，由联合国安理会投票通过潘基文成为联合国秘书长，并在2011年成功获得连任。潘基文任职以敏捷机智、细致入微出名，他总能一下子抓住事情的关键，摆脱媒体和对手为他设置的陷阱，并给对方致命的一击。

对此，汉城大学的校长讲了这么一个故事。

1970年，汉城大学刚刚成立，原本美丽整洁的校园，却因为周边成堆的垃圾而弄得脏乱不堪。更让人无法忍受的是，夏天一来，蚊蝇满天，各种病菌防不胜防。

学校从外面请来清洁工，并组织学生清扫，有关部门也明令禁止周围的居民再乱扔垃圾，可是过不了多久，居民又将垃圾丢弃在汉城大学门口，问题根本没有得到解决。虽然学校采取长期雇用清洁工的方式应对，但因为每日工作强度太大，清洁工纷纷辞职。这让学校苦不堪言，后来走访了解之下才知道，原来汉城大学原址是一个垃圾场，附近的居民长年累月已经习惯了在这里丢弃垃圾，不愿意舍近求远。学校无奈，只能再组织专业的人员站岗放哨，可依旧收效甚微。

眼看着好好的汉城大学居然变成了一个垃圾堆砌场，校长愁眉不展，不知如何是好。

"校长，有个学生说他有办法对付学校垃圾成堆的难题。"秘书有一日突然对校长说道。

校长以死马当作活马医的态度，答应面见这个学生。当天下午，这位自告奋勇的学生敲开了校长办公室的门。

校长看着眼前干劲十足的年轻人，道："你有办法对付学校的垃圾？"

"是！我能阻止垃圾乱放的问题，如果我成功了，我希望校长能够请我吃饭、喝酒。"

这倒是新鲜，办法还没说，就要他请吃饭、喝酒，而且好像是第一次有

什么，心里总想哭。

五元钱，对他家来说，是一笔很大的钱。他们家吃了肉，买了白面，还吃上了鱼，过了一个愉快富足的年。

那两只羊，也在第二年春天的时候，生下了一窝小羊，总共5只。他靠着卖羊的钱，上了学，家里的日子也慢慢好转。

后来，他考上了名牌大学，生活富裕了，但是他总会想起当年那位帮助他的人。他告诉好友，如果没有那个人，没有那些羊，他可能还只是小山村里一个贫穷的农民，艰难地讨生活。

几十年里，他一直在找那个人。或许那个人早已忘记了那件事，又或许对于那个人来说，那只是他的一次举手之劳，但是对于8岁时的他来说，却是黑暗里的一团温暖火光。用"恩重如山"这个词来形容这五元钱和一支钢笔，一点也不为过。

如今，他已远赴国外，却从未忘记这段往事，每每来人，他都会将这件事，一点点慢慢讲述。或许，他再也见不到那人，但是可以像那位穿制服的汉子一样给予绝望中的人一丝温暖和希望。

写给家长的话

哪怕是小小的资助，也能汇成一股爱的洪流，为身处困境的人点燃希望之火。

03　一张老借条

她整理书籍的时候，发现一张借条，借条有些泛黄，上面的日期告诉她，这张借条来自20年前。200元的借款金额，在现在看来很少，但是在当时来说不是一笔小数目，他们至少要省吃俭用1年多才能拿到这200元钱。让人惊讶的是，借款人竟然是在他们这里很有名的富人张大可。

她看着这张借条，回忆了许久，终于想起，20多年前，似乎有个叫作张大可的人从乡下进城，借住在他们家隔壁。他们家与他仅仅是一面之交，非亲非故，竟然就借钱给他。

彼时，家里日子仍不算宽裕，她和丈夫所在的工厂也倒闭了。年近50岁的丈夫不得不去给深圳的一家合资工厂当门卫。1000元的月薪，要掰成三份来花，一份自己留作生活费，一份寄回去给儿子做学费，一份留作家用。而张大可这么多年靠着开出租车公司挣了不少钱，在"龙香阁"也有了自己的房子。

她拿着这张泛黄的借条，犹豫了许久。已经过了这么多年，对方可能早就忘记这笔借款了吧，即使记得，也不见得会认账吧。最终，她咬了咬牙，还是决定去试试看。

几经辗转，她终于找到了张大可，可是张大可已经不记得她了。

看到借条时，张大可似乎有些吃惊，道："你是嫂子？"

她点头，"嫂子"这个称呼，是张大可20年前对她的称呼，对她自己来说，都有些陌生，她没想到，对方竟然还会记得。

张大可乐呵呵地笑了起来，询问了最近他们家里的情况，最后不知道为什么，他呜呜地哭了起来："嫂子，这么多年了，我没去问过你们，没去看过你们，我以为你们的日子过得比我还好。我对不住你们，我这个乡下人有了钱是不是忘本了？"

她一怔，似乎没想到对方会说出这番话。看着男人红了的眼眶，她连忙安慰道："这也不怪你，大家都忙着过日子不是？"

张大可立刻拿出2000元钱，毕恭毕敬地递给她，脸上满是郑重与严肃。

"不用这么多，我只能要200元。"她变得有些无措起来，她来这里的目的，只是要回本钱，也没想到对方会这么爽快地认了账，而且一下子拿出了这么多钱。

两人相互推脱了好久，最后，张大可还是没拗过她。她也只拿走了200元钱。

日子一天天过去，某天，她给丈夫打电话，告诉丈夫这个月不用给家里寄生活费，张大可已经还了借条上的200元钱。

丈夫一愣，回忆了许久，猛然道："大可不是第二年就将钱还给我了吗？"原来，张大可借的钱第二年就还了，只是那时他一时没找到借条，所以没能撕这张借条，没想到这借条躲了20年又出来了。"你呀，真是，赶紧把钱还给人家，给人家道个歉。"

她心里一慌，万万没想到会是这样的情况，连忙拿着钱，匆匆忙忙地去找张大可。可是对方却连声说自己没还这钱。她说："还了的，孩子他爸不会记错。"

本来，她以为这件事情就这样告一段落，却没料到，上大学的儿子开始每个月都收到一张500元的汇款单。虽然汇款单上并未写明汇款人姓名，但是她猜到了那人是张大可。每收到一张汇款单，他们都会写一张借条给张大可。白白接受对方的钱财，总是会让人有些羞愧。

可是，张大可却把这些借条撕掉了。他只是收着20年前他写给他们的那张借条。

"是这张借条才使我现在有钱的，我不会忘记20年前在我最困难的时候曾经帮助过我的人！"张大可这样说。

她和丈夫默默无语，看着那些汇款单，湿了眼眶。

写给家长的话

知恩图报者，贤者也。

04　7年后报恩

那个时候，他的生活很潦倒，潦倒到吃上一块蛋糕便是一种奢侈。母亲再嫁，继父对他似乎也怎么看怎么不顺眼。他很饿，总是感觉整个肠子都拧成了一团。也不知为什么，那天在超市里，他看着那蛋糕，鬼使神差地伸了手。也因为这块蛋糕，他遭受了应有的报应。

他被3名保安按倒在地，脑袋也因此撞到了柜台上。额头处传来一阵温热，他觉得眼前有些发红。手里的蛋糕让他这迟来的辩驳看起来格外苍白无力，"我不是小偷，我不是小偷……"，但证据就摆在那里，他抵赖不了。

过路的人都望向这里，他觉得有些丢人，只好嘴里喊着反驳的话。大家都停驻着却没有人上前制止保安。他觉得自己像是陷入了一座孤岛，格外无助。

"这是我孙子，我选了蛋糕，让他在这儿等我的。"一个苍老的声音传来。

他微微睁开眼，瞥见一个老太太迈着小碎步匆匆地跑过来，拉开了按住他的保安。"真是，你们这些人，怎么能这么对小孩子。"老人将他从地上扶了起来，嗔怪地看着保安们。

不知是流血过多还是怎样，他觉得有些晕晕乎乎的，他不记得自己什么时候多了这样一位奶奶，只是任由老人牵着，在保安们半信半疑的目光中，走出了超市。

"你呀，真是……"她只是感叹着，来到路边用清水和创可贴细心地为他清理了伤口。他看着老人慈爱的略带焦急的双眼，默默地垂下了头。

"孩子，我不知道你有什么难处，但如果一不小心做错了事，你会后悔一辈子的。不管怎样，别丧失做人最基本的自尊啊！"老人叹息道。

他觉得有些鼻子发酸，多日来的疲惫让他向这位老人吐露了自己的遭遇。他觉得自己这样或许有些像骗子。也许，她根本不会相信他吧。他抬起头看着老人的眼睛，那目光里有怜悯，也有心疼。

老人从口袋里掏出自己所有的钱，放到他手里，也没多说什么话。

他觉得心口有些发烫，鼻子更加发酸了，他觉得，自己的眼泪都快要流出来了。他捧着那钱，有些手足无措，看着老人微笑的样子，扑通一下跪了下来。他不知自己该怎样感谢这位老人："总有一天，我会十倍、百倍、千倍地还给你这笔钱的……"他有些哽咽，发誓道。

老人摇了摇手，示意不用这样，可他硬是让她留下了姓名与地址。

老人写下了一张小纸条，笑着递给他，说："如果你以后遇到什么困难，可以再来找我。不要再做这样的事情了。"

他攥着小纸条，像捧着世界上最珍贵的宝物，扭头便跑掉了。他怕自己会一瞬间哭出来，心中被一股股暖流一阵阵地塞满，他流着泪跑了好久，最后缩在一条巷子里放声哭了起来。

后来，他数了数老人递给他的钱，一共285元。他靠着那钱，去了四川，去做小工，去打杂……日子艰难的时候，他会想起那位慈爱的老人，于是一切困难都变得不再那么让他难受。不知何时，想要报恩的种子在他心中生了根，发了芽，那用心浇灌的小苗一天天成长，越发苗壮，竟然成了他前进的动力之一。

他开始变得越来越强大，他渐渐有了钱，有了房子，有了车子……他彻底从以前连蛋糕都吃不上的日子挣脱，变得富裕而殷实。那张小纸条被放在他最贴身的位置。7年后，他按照纸条上的地址给老人汇了30万元，希望能报答老人的恩情。

几天后，他接到了老人儿子的电话，告诉他老人已经去世了。

他只觉得心口一阵发空，终于"哇"的一声哭了起来。或许，他应该早点打钱过去，这样她也许还可以用到这笔钱……后悔与悲伤，让他在听到这个消息后的第二天便匆匆赶到了老人生前的居住地。

见到他的时候，老人的亲属都很惊讶，似乎没想到他会来。

他看着老人的黑白遗像，跪了下来，就像多年前一样，不过情况已大不相同了。老人的亲属问他是谁，他很有礼貌地说："我叫黄海滨。"

所有人都一愣，似乎真的不认识他一般。

他困惑地问："难道奶奶没有向你们说起过我吗？"

一屋子人依旧疑惑。

"7年前，我认识了奶奶，是她挽救了我的一生。"他皱了皱眉，眼光四处寻找，"当年，有一个小女孩一直跟在奶奶身边，她应该知道的。"

他撩起了自己额头的头发，老人孙女最终认出了他。

老人的亲属并不愿意接受这笔钱，老人的孙女如是说："其实，外婆根本不记得她当时给了你多少钱，而且，她只希望你过得好，并不指望你还钱啊！"

"是285元钱。我用这些钱到了四川，从当小工做起……今天，我是回来报恩的，奶奶不在了，钱可得给你们。"他将汇款单又塞回她手中。

可是，这家人终究是没有收下这笔钱。"如果我们拿了这笔钱，就违背了母亲当初的意愿了，她只是帮你，而不是投资。"顿了一下，老人的儿媳妇如是说，"如果你愿意，就去帮助那些需要帮助的人吧，这才是真正的报恩。"

他捧着那张汇款单，最终没有说话。

第二天，他回了成都，到成都的第一件事，便是将那30万元捐给了当地的福利院。

或许，老人的灵魂正在天上看着他，她应该会很高兴吧。他看着天，嘴角浮起一丝笑意。

写给家长的话

爱，是不能忘记的。

05 丘吉尔的救命恩人

弗莱明是一个贫苦的农夫。就像19世纪末英国所有的农民一样，他善良本分，也很乐于助人。

一天，他带着妻子和7岁的儿子在田里干活，突然，听到附近沼泽地有孩子在哭着呼救。

他一愣，立刻放下手中的活带着妻子跑向了沼泽地。

一个小孩子在泥潭里挣扎着，淤泥已经淹到了他的胸口。孩子挣扎的样子让他十分不忍，他迅速跳进泥潭，将孩子抱了出来。他的妻子也利索地提来了清水给孩子清洗身体。

孩子说自己跟着家人一起路过这里，没想到只是随意走走，就掉进了沼泽地里。

他笑了笑，看着孩子安安稳稳地走向了父母所在的方向，终于放心地去继续自己手中的劳动。他没想到，自己的无意之举竟然会带来一个巨大的惊喜。

第二天，他劳作的时候，田边停下了一辆豪华马车。

他眯起眼睛看着一位绅士和他的太太从车上走了下来。

绅士介绍自己说："我是被您救起的男孩的父亲，今天特地前来向您致谢……"他的太太也从马车上拿下了许多名贵的礼品，想要感谢他救了自己的孩子。甚至，他们还准备用很大一笔礼金来表达谢意。

弗莱明坚决地拒绝了他们，"我不能因为这件小事就接受您的报酬，我们这里的任何一个人遇到了这样的事都会提供帮助的，谁也不会见死不救"。他救小孩子只是举手之劳，换作任何人，他都会施以援手。

推让过程中，绅士看到了他的儿子，看了看他，问道："这是您的儿子吗？"

他点点头，看着自己的儿子。

"那好，您既然救了我的儿子，那就也让我为您的儿子尽点力，我建议，请允许我把您的儿子带走，我要给他提供最好的教育。如果他也像他的父亲一样善良，将来他一定能成为一位令您感到骄傲的人。"绅士眼中闪过一丝惊喜，提出了这个建议。

弗莱明犹豫了，看着绅士如此诚恳，终于还是答应了他的建议。

他的儿子被送到了最好的学校，一直到自己的儿子从圣玛丽医学院毕业，都是由那位绅士资助。他的孩子成为一个伟大的人，就是享誉世界的著名细菌学家、青霉素的发明者——亚历山大·弗莱明教授。

作为被公认是第二次世界大战中与原子弹和雷达相并列的第三大发明——青霉素能治疗很多种疾病，挽救了亿万人的生命。弗莱明因此获得了诺贝尔医学奖，成为历史上最具影响力的100名名人之一。

当年那位绅士叫伦道夫·丘吉尔，是当时英国上议院的议员。他的儿子，也就是被农夫救起的小男孩，在多年后，成了在第二次世界大战期间英国的首相、世界反法西斯战争中的盟军领袖、卓越的领导人之一，他就是温斯顿·丘吉尔。

也许是冥冥之中上天的安排，绅士的儿子与农夫的儿子在二战期间又一次相遇。

已是英国首相的温斯顿·丘吉尔在出访非洲时，身患肺炎，生命垂危，众多医师束手无策。弗莱明闻讯从英国赶来，使用自己刚刚发明的青霉素，治好了他的肺炎。

肺炎痊愈后的丘吉尔很感谢弗莱明，他紧紧握住弗莱明的手说："谢谢您！您给了我两次生命！"

弗莱明笑道："不用客气，第一次是我的父亲救了您，但这一次是您的父亲救了您。因为，如果没有您的父亲，就没有我的今天！"

写给家长的话

感恩，是一个人与生俱来的本性，是一个人不可泯灭的良知。

06 首任希尔顿大酒店经理的传奇

伯特是一家旅馆的小小服务生，就像平常一样，在那个暴雨交加的夜晚，他正在值班。

一对老年夫妇走了进来，似乎有些焦急："我们想要订一个房间。"

他看了看客房状况，有些遗憾地告诉老人，今晚旅馆已经客满了。

老人眼色暗淡了下来，眼里满是焦急、无助，他们有些疲惫地拖着箱子，准备再去找下一家旅馆。

他有些不忍心，于是开了口："您别急，让我来想想办法……"思虑片刻，他将老人领到了自己的休息室，"这是我的休息间，虽不豪华，却十分干净。如果你们不嫌弃的话，就在这里迁就一宿吧，现在我只能做到这样了。"

老人看着他的休息间，笑了，接受了他的好意，愉快地住了下来。

他于是便在前台熬了一个通宵，一夜未眠。

第二天，老夫妇来前台付账。

他一愣，连忙拒绝道："不用了，因为我只不过是把自己的房子借给你们住了一晚——祝你们旅途愉快！"

两位老人知道他熬了一个通宵，十分感动。临走时，老人温和地告诉伯特："孩子，你是我见到过的最好的旅馆经营人，你会得到报答的。"

他笑了笑，没将老人的话放在心上，只当是对方的一声祝福。送走两位老人后，他依旧忙碌，丝毫没有想到，一个惊喜在等待着他。

几个月后的一天，他意外地接到一封信函，打开一看，里面有一张去纽约的单程机票并有简单附言，说是聘请他去纽约做一家豪华酒店的总经理。

他有些难以置信地将这封信看了又看，如果不是这张机票是真的，他会觉得这一切是一场骗局。这简直就是天上掉馅饼！！带着满心的惊喜与不安，他兴冲冲地飞往了纽约。

按照信中标明的路线，他来到了曼哈顿第五大道34街的一所建筑前。

那是一家金碧辉煌的大酒店，他站在门口，望着那栋豪华的建筑，陷入深深的震惊中。

那天的那位老先生看着惊讶的伯特，微笑着说："我的名字叫威廉·渥道夫·爱斯特。这就是我为你买下的大酒店，我深信，你一定能管理好！"

他终于知道，这一切原来都不是梦，那天夜晚，他接待了一位亿万富翁和他的妻子……

他从一家小旅馆的服务生，一跃成为这家大酒店的第一任经理。他不负厚望，在短短的几年里，把酒店管理得井井有条，驰名全美。

他就是乔治·伯特，是如今全球赫赫有名的希尔顿大酒店的首任经理。

写给家长的话

付出爱心，如同沐浴阳光，既温暖他人，也温暖自己。

最珍贵的圣诞礼物

他，17岁便在1958年第六届世界足球锦标赛上独进21球，立下了汗马功劳，为巴西第一次捧回金杯。

他，凭着精湛的球技，在一次次比赛中表现优异，名字传遍世界，家喻户晓。

10岁时，他住在巴西里约热内卢的一个贫民窟里。

他很喜欢踢足球，贫困的家庭条件让他买不起足球。于是，塑料盒、汽水瓶、椰子壳……一切能踢的废品都成了他的"足球"。在一只大袜子里塞满破布、旧报纸，用绳子扎好，团成球形。他有了一个"布足球"。

没有人能阻止他的快乐，他踢着自己的"足球"，在贫民窟的大街上、小巷里，光着脚兴奋地奔跑着。他很快乐，觉得踢球是这个世界上最美妙的事情。

一天，他正在一个干涸的水塘里踢着一只猪膀胱玩耍。一个男人看着他的动作，惊叹道："踢得很不错呀，你！"

他红了脸。男人笑着说自己是一位著名的足球教练，并送给他一个足球。男人笑着对他说："你真的很不错，要继续努力哟！"

他抱着足球，愣愣地看着男人，用力地点点头。也许是对男人那句鼓励上了心，他踢球更加努力起来，球技也得到了很大的提高。让他很得意的是，现在，无论水桶放在哪里，他都可以将足球准确地踢进那个水桶。

又是一年的圣诞节，他抱着足球，想要送给男人一份礼物。他对母亲说："妈妈，教练送给我这么珍贵的礼物，我也想送给他一件珍贵的礼物，我送给恩人什么礼物呢？"

母亲似乎有点发愁，家里一直很穷，平常生活都有些困难，哪里有钱买什么礼物？不过她还是微笑着说："你的想法很好，可我们没有钱买圣诞礼物送给我们的恩人，就让我们为我们的恩人祈祷吧。"

他和母亲一起虔诚地为那位先生进行了祷告，他向母亲要了铲子，兴冲冲地跑到教练别墅前的花园里，开始认真地挖起坑来。

工作进行得很顺利，就在他快要挖完的时候，教练刚好从别墅里走出来。

看着满头大汗的小孩子拿着铲子认真的样子，他忍俊不禁道："你这是在做什么？"

他一愣，抬头，老老实实道："圣诞节到了，我没钱买礼物送给您，我想给您的圣诞树挖一个树坑。"

男人觉得心里发暖，将小孩从树坑里拉了出来，"孩子，谢谢你，这是我一生中得到的最珍贵的圣诞礼物！作为报答，我也送你一份圣诞礼物——明天你就到我的训练场去吧"。

他永远都忘记不了那一天，从一个贫民窟的小孩，到如今家喻户晓的球星，他永远都会记得那天教练对他说的话。

因为那感恩，他被接纳，拿到了进入一个辉煌世界的钥匙。

他就是巴西球王——贝利！

写给家长的话

感恩不一定用贵重的礼物，只要有一颗真诚的心而已。

08 普京冒死救恩师

普京对他的老师很好。那位教授叫作安纳托利·索布恰克。

1991年12月25日，苏联正式解体。叶利钦作为俄罗斯总统，正式执政，索布恰克因为与他是政治上的宿敌，遭到报复，被送入了监狱。

彼时的普京很受叶利钦赏识，还被总统提升为俄罗斯联邦安全委员会秘书。该职务在国安会及相关活动中拥有广泛的权力，在某种程度上相当于总理，总理只管政府，而国安会决策的范围却超过政府，可以说是位高权重。

可是普京从来没有忘记过牢狱中的老师。他做了很多次努力，谋划了很多次，还特意用职权从芬兰租来一架飞机，终于在1997年国庆节深夜将自己的老师救了出去。他已经做好了冠上叛国罪、处以极刑的准备。他将这件事情告诉了总统。

叶利钦听完他的坦白，笑了："知道我为什么器重你吗？因为你身上有两个优点：一是具备军人的气质与果敢，二是对于自己恩师的态度。我仔细观察过，虽然我和索布恰克政见不合，多次在你面前故意说他的坏话，却从未见你附和过一次，这非常难能可贵和令我尊敬。好了，这件事就当没发生过，以后会有更重要的担子让你挑呢。"

或许是因为这种坦诚，从那一刻起，叶利钦就在脑海中认定普京就是自己最合适的继任者。

虽然冒死救恩师的事情被炒得沸沸扬扬，但普京的态度很是平淡。

"我宁愿因忠诚被绞死，也比背叛偷生好。"他如是说。

2000年1月19日，他的恩师去世，不是总统的普京用飞机接回了恩师的遗体，公开前去吊唁。

只有他知道，索布恰克教授对他的教导之恩有多重大。

1970年，普京还只是一个桀骜不驯有点个性的矮个子男孩，那时的他刚考入彼得格勒大学（现在的圣彼得堡大学）法律系。大三的时候，主讲经济学的教授安纳托利·索布恰克对他格外赏识。虽然班里学生甚多，教授却偏偏喜欢他，还经常给他开小灶，同学对此都嫉妒不已。毕业时，普京以一篇《论国际法中的最惠国原则》论文，赢得了索布恰克的赞誉，并让这篇论文得了"优"。

临近毕业，索布恰克特意找来普京，与他进行了一次关于职业生涯的长谈。他希望普京能去做律师或者检察官，但是普京想加入克格勃。对于学生的理想，教授笑了笑，也没多说什么，只是告诉他："以后不管在哪里，都不要忘了5年的师生情谊。"普京用力点点头，将这句话深深记在了脑子里。

"请老师放心，如果老师有难，即使我粉身碎骨，也在所不辞！"普京说。

普京如愿进入了克格勃，后来又在彼得格勒大学工作。教授弃教从政，成为圣彼得堡市市长。他将普京调到身边做自己的助理。即使不少人对此颇有微词，他还是笑着告诉他们："他只是我的学生，仅此而已。"

恩师对于自己的精心栽培，普京都一一看在眼里。他很快便升任第一副市长，并兼任市政府对外关系委员会主席。

普京的这位恩师，是他政治之路上的领路人。对他的恩情，普京可以用生命来偿还。

正是因为普京的敢作敢为、坦诚感恩深深打动了俄罗斯民众和叶利钦，为他今后登上总统宝座奠定了坚实的基础。

对待恩师表现出的大男人、大丈夫一面，卓越的政治品格与德行，使普京站在了国家的最高位置。

这就是心诚、真诚和忠诚产生的力量！

写给家长的话

懂得感恩受人尊敬，忘恩负义遭人唾骂。

09 一杯牛奶

他家里很穷，为了贴补家用、攒学费，暑期的时候，他找了一份零工，每日早出晚归、挨家挨户地推销报纸、杂志。他看了很多家人的白眼，也碰了很多钉子。他觉得很沮丧，但是想到未来的艰辛，他还是认真地进行着这份工作。

一天，夕阳西下，奔波了一天的他早已饥肠辘辘，疲惫无比。他犹豫了许久，怀揣着一点点希望，看着最后一家的门，轻轻敲了敲。

开门的是位漂亮的女孩子，看到他，似乎有些诧异。

他嗫嚅了许久，还是没好意思开口讨吃的，只是轻轻地说："可以给我口水喝吗……"

女孩听到他肚子传来的叫声，微微一笑，走进屋里，端出一大杯热牛奶递给他。

他一愣，看着那牛奶，怯怯地问："我应该付多少钱？"

"一分钱也不用付。妈妈教导我，施以爱心，不图回报。"女孩开朗地摆摆手，笑着说。

他感激地接过牛奶，一口咽下，觉得鼻子有些发酸。多日来遭受的白眼，似乎也在一瞬间消失了。他将空杯子递给女孩，认真地说："那么，你就接受我衷心的感谢吧！"接着，便匆匆离开了。

多年后，他成了一位大名鼎鼎的医生，在参与一种罕见疾病医疗方案制定的过程中，看到了病人的来历。他看着照片上的女人，猛然跑向那间病房。病床上躺着的那位女士，正是他寻找多年的恩人。那杯在他饥寒交迫时刻给予的热牛奶，他一辈子都记得。

女孩是被转到这家医院的，彼时，她的病如果不能得到及时治疗，就会有生命危险。

看着病床上女人憔悴的样子，他下决心治好她的病。暗地里，他做了很多努力。给她找最好的医生，给她用最好的药……因为这些特别的关心，女人的手术很成功，不久就能病愈出院了。他在医药费的通知单上签了字，承担了一切医疗费。

女人正在为医药费担心。她知道，这场病，将花去她的全部家当。想到这些，在收到医药费通知单的时候，她都不敢去看它。她翻开通知单，看到通知单旁边写着一行小字，微微一愣。

"医药费＝一满杯牛奶。霍华德·凯利医生。"

记忆里那个找自己讨水喝的男孩子形象也开始和那位慷慨帮助她的医生一点点重合。

很早以前，她便忘了那杯牛奶，也从未想过，命运竟然让她和那个男孩子在这种场合再次相逢。

昨天的一杯牛奶，今天竟得到这样的报答！

写给家长的话

如果时时、事事与人为善，就等于为自己积累了幸福的一生。

10　中国人，我们不会忘记你们的恩！

犹太民族，作为一个被赋予了优越才能的种族，从来便生活在灾难中。

二战期间，惨遭德国纳粹分子残害的犹太民族，为了种族的存亡，被迫逃出欧洲。面对他们的是世界各国的冷漠。因为惧怕希特勒的威慑，很多国家都将他们拒之门外。唯有中国上海接受了他们。那年，总共有5万多名犹太人前往中国上海避难。

日寇侵华，上海沦陷，也曾策划要捕杀这些避难的犹太人，以讨好希特勒。犹太人密集居住的两条弄堂的前后出口被日本军队焊上了铁栅门，禁止犹太人出入，时间将近一年，而这2000名犹太人却因为上海居民冒着生命危险空投食物奇迹般地存活了下来。

战后，犹太人归国，大部分人成了以色列国的开国元勋。他们将在中国上海避难的经历载入了学生的教科书，写入了族谱家史。在以色列的一座纪念碑上，甚至铭刻着这样一句话："中国人，我们不会忘记你们的恩！"在利顺市独立广场上火炬的石柱周围，雕刻着"CHINA"，火炬下书："没有他们的帮助就没有今天！"

半个多世纪过去，这个民族从来没有忘记当时中国给予他们的帮助，也从各个方面表达了自己对于这个民族的感激之恩。

以色列是中东地区第一个承认中华人民共和国的国家。

以色列在唐山大地震时，第一时间宣布，向我国捐赠1亿美元。

以色列帮助我国造出了具有世界先进水平的歼-10战机以及一批具有世界

级先进水平的武器，帮助我国治理沙漠、发展农业，为我国的发展做出了巨大贡献。

冷战时期，西方"巴黎统筹"，严禁一些敏感技术对我国出口。裂缝之一便是以色列，从我军的战机和潜艇同以色列的相似程度便可以看出。从以色列军率先发明的纺织纤维防弹衣到我国"自行"研究出，也可以看出端倪。

因为美国国内反华势力的阻挠，我国与以色列的4架预警飞机合同被迫取消，以色列派人赔偿了3.5亿元的违约金，足足比原定金高出了1亿元。不久后，我国还"自行"研制出了预警飞机。

上海虹口唐上路，每年都可以看到从世界各地前来探访的犹太人身影。

有一位中国的资深记者到以色列去采访，当一些人听说他是来自中国时，都热情地向他走来，满怀感激地说："你们在我们最危难的时候帮助了我们，我们永远不会忘记！"

如果你去以色列旅游，站在特拉维夫街头，只要你说自己是中国上海人，就会发现，一些萍水相逢的以色列人民，会成群地为你提供帮助，邀请你去他们家做客吃饭喝茶。

5万人的收容，换来了半个多世纪以色列人民的尊敬与以色列政府政治军事上的帮助和支持。作为中国人的朋友，他们从未骗过我们一分钱，反而无私地给予了我们很多帮助。

这种感恩深深地根植在了这个民族的骨血之中，这是我们需要学习的地方。

写给家长的话

感恩，不仅是一种心态，还是一种美德，更是一种民族之魂。

滴水之恩当涌泉相报，是中华民族的美德，是每个人的责任、义务、道德底线。假设连这一点也做不到，那他（她）就是异类。

感恩无处不在，回报不论大小。感恩每一位父母，用我们的爱回报他们无私的奉献，用我们的心抚平他们心中的痛楚；感恩每一位老师，用我们的情报答他们无量的教诲，用我们的成绩来博取他们欣然一笑；感恩给予我们关爱的人；感恩美丽的大自然；感恩美好的全世界……我们只有学会感恩，才能以平等的眼光看待每一个生命，尊重每一份平凡的劳动，在未来的生活中少一些怨天尤人的抱怨，而多一份发自内心的满足与快乐。只要我们心怀感恩，我们便会发现，生活原来是如此的和谐、美丽、幸福。

人的一生，无论成败，都会得到太多人的帮助。父母的善育、老师的教诲、配偶的关爱、朋友的帮助、大自然的恩赐、时代的赋予。我们成长的每一步，都有人指点；我们生活的每一天，都有人相助。正因为这样，我们才渡过一个个难关，一步步走向成功，创造并寻觅着美好生活。感恩，天经地义！

第八章　培养爱心是家庭教育的重要课题

爱，可以说是人类永恒的主题。有爱心，是一种美德。

只有怀着一颗爱心，才能发现生活中的真、善、美；只有有爱心的孩子，才能感受生活的美好，才能走出精彩的人生，才能活得幸福。要想得到别人的爱，首先要对别人有爱心。一个自私自利、无情无义、缺乏爱心的孩子，是极其危险的，他不可能有幸福的人生。

苏霍姆林斯基说："没有爱就没有教育。"

但丁说："爱是美德的种子。"

冰心说："有了爱就有了一切！""没有爱就没有世界。"

陶行知说："我们要教小孩子仁慈，知道爱惜生物，这点很要紧；杀害动物容易增长儿童残酷的心理，是要不得的。"

爱心需要培育，父母有责任为孩子播撒爱的种子，这比什么都重要。要让孩子爱真、善、美，爱亲人也爱他人，爱祖国、爱生活，爱大自然中的山山水水、一草一木，也爱小动物……

培养子女的爱心，是家庭教育的重要课题。尤其是当今独生子女时代，很多孩子习惯于被爱，而对别人却缺少爱心，因此，更有必要进行爱心教育。

要想培养出有爱心的孩子，首先家长要有爱心。孩子的眼睛是摄像机，父母的一言一行都会被拍摄下来、刻录在大脑皮层上，对孩子起着潜移默化的作用。如果家庭成了夫妻打骂的战场、充满仇恨，就很难培养出有爱心的孩子。

爱是世界上最强大的"武器"，暴力可以征服一个人的肉体，而爱则可以征服一个人的心灵。

只要人人都献出一点爱，世界就会变成美好的人间。

01 烛光爱心

她简直讨厌死了隔壁的那家住户。每次身上穿的衣服都有补丁，吃的东西看得让人难以下咽。

只要对面那家的门开着，她就会急急忙忙进入自己屋子锁好门。她的新居明亮又宽敞，家具还都是新的，要是丢点什么可就闹心了。不是她不相信对面那家住户的为人，而是他们就一个寡妇和两个孩子，生活又那么穷，谁知道会干出什么事来！

啪！

突然屋子一下子全部暗了下来。停电了！这屋里黑漆漆的就她一个人，她心里禁不住一阵害怕。她凭着记忆摸索着，想要找到蜡烛和火柴。刚摸到这两样东西，门铃就毫无征兆地响了起来。

"什么人！？"

"阿姨，是我，妈妈让我来的。"

听到小男孩的声音，她心里松了口气，但是转念又是一丝厌恶，肯定是他们没有蜡烛来找她借。有一个穷鬼做邻居，真是让人厌恶。

她打开门，果不其然见小男孩羞涩地仰头问她："阿姨，你家有蜡烛吗？"

"没有！"她毫不掩饰脸上的鄙夷和厌恶，在黑暗中冷冷地说道，"真是不巧，阿姨也是今天刚搬过来的，没有准备蜡烛这种东西。"这次拒绝个彻底，免得下次他们还来借。

正当她准备关上门的时候，小男孩突然双眸弯起，脸上洋溢着天使般的笑容道："阿姨，我就知道你会来不及准备。你看，这是妈妈让我送过来的。"

说完，小男孩从身后拿出两支蜡烛，高高举起，放到她面前。"妈妈说，停电了，到处都是黑的，阿姨一个人有了蜡烛才不会害怕。"

她怔怔地愣在当场，心中的内疚、羞愧、自责和难堪将她淹没，最后她蹲下身子，紧紧地抱住小男孩。

"谢谢你。"是这支蜡烛，解开了她一直冷漠冰封的心。

02 秘密约定

他们13人从乡下来，在矿上认识，彼此称为"兄弟"，约好了同甘共苦、患难与共。可是这约定还没来得及敬告天地，其中1人就出事了。

那天，他一铲子铲在了哑炮上，当场被炸得粉身碎骨，连遗言都没来得及给家里的婆娘留下一句。等婆娘听到消息赶过来时，人已经草草下葬了，她只能带着几岁的孩子哭个昏天黑地，骂他没良心。

矿上的矿主见多了这种场面，又因为他只是临时工，勉强施舍了婆娘点儿安抚费，还不够将孩子拉扯大。她一个女人啥本事也没有，举目无亲下，只好收拾行李，带着娃回山里过活。

"嫂子，你会做早饭不？"临走前，矿工队长突然问了一句。

婆娘人老实，回答道："其他的不懂，馄饨还能做两个。"

"那太好了！"矿工队长道，"嫂子，我们矿上一直没有做早餐的，大伙每天都是随便将就着，您不如支个早点摊，既可以维持生计，也可以帮我们改改伙食。"

婆娘一想，这主意成，便欣喜地带着孩子留了下来。

开张第一天，生意就很不错，前前后后来了12人。虽然一碗才8角，但除去花费，也足够两人过活。之后生意越来越好，即便是下雨天，人也没少过12个。她一人忙不过来的时候，还会雇个小工。生意一好，她整个人也爱笑了，不再是那个孤苦无依、哭哭啼啼的婆娘。

又过了段时间，不只是男人来摊上吃早点，连男人家里的婆娘也都陆陆续续来了，有时候还会和她说两句话，问问家里。

"大妹子，家里没做早点啊？"她端上馄饨，顺口问了一句矿工队长老婆。

"哦，没有，偶尔懒得做，就过来吃吃看。"矿工队长老婆笑着说，却吃得漫不经心。

其实，她是特地过来看这女人的。她每天都在家里做了早餐，可那男人也不知道咋回事，在家里吃完，还要再来馄饨摊吃一顿。起初她以为是自己做得不好吃，可是后来使劲加了料，家里男人还是雷打不动地要来吃一碗馄饨。她心中狐疑，是这个女人和家里男人有问题？

可不经意聊起这事，却发现矿上谁家男人都一样。这些女人都不懂咋回事，但见家里男人没做出啥事，便也都不说啥。

后来矿工队长也被炸了，临死前只留了一句："我们12兄弟当年约好了，自己兄弟死了，就要帮忙照顾他老婆孩子。我死后，你要记得每天替我去吃一碗……"

矿工队长老婆含泪点头，从那天起，也每天去吃一碗馄饨。后来，年复一年，年轻的代替了老的，女的代替了男的，人数从未少过12人……

自然灾害无情，但人间有情，且行且珍惜。

写给家长的话

爱的传递会拉近人与人之间的距离，使人间变得温暖而美好。

　　一个雪后初晴的冬日，我在家附近的老面馆等朋友。久久不见朋友身影，我有些心烦地向窗外张望。只见原本被白雪覆盖的街道已经在环卫工的努力下，脱去白衣，露出他们本来的样子。而一旁堆起的雪堆，在太阳的照射下，显得分外刺眼。

　　眼看中午的用餐高峰已经过去，客人已散，而朋友因为堵车还迟迟未能现身，我不免有些焦躁。这时，我注意到门口走进了两位特殊的顾客：一位老人和一个小男孩。

　　老人问完一碗酸菜面的价钱，数了数手里的钱，便带着小男孩坐了下来，随后叫了一碗热气腾腾的酸菜面。待面被端上来，老人把面推到小男孩面前，笑着说："吃吧。"

　　男孩看着热气腾腾的酸菜面，又看了看老人，吞了几下口水说："奶奶你真的不吃吗？"老人点了点头说："奶奶吃过午饭了，不吃了。"于是男孩拿起筷子，眨眼工夫便把面吃了个精光。

　　我正心里感慨，却见老板走上前来，真诚地说："老太太，恭喜您！您运气真好，是今天的第100位客人，所以午餐免费。"我不由得一愣，显然刚才的那一幕，也被面馆老板看在眼中。

　　再后来的故事，便是听这位面馆老板的讲述了。

　　之后的一天，老板无意间发现那个吃面的小男孩蹲在店对面，一直画着什么，嘴里念念有词。好奇心驱使老板走出店门，原来男孩正在数石子，每看到一个客人走进面馆，便向其中加一个石子。老板恍然大悟。而此时，午餐时间已经快要过去，可是男孩的石子还只停留在70颗。

　　老板抑制住内心情绪，匆忙返回店中给自己的朋友和老顾客打电话，"忙吗？来我店里吃碗酸菜面吧，今天我请客！"没过多久，客人又多了起来。小男孩越数越快，白净的脸也因为激动而变得涨红。

　　当他终于数到"99"时，飞快地丢掉手中的石子，跑进胡同，拉着奶奶的手进了面馆。他兴奋地跟老板说："我奶奶是第100位客人，今天换我请客！"于是，老人便坐下来，让孙子招待了一碗热腾腾的酸菜面，而小男孩就像之前的奶奶一样，静静地等着。当奶奶问到要不要给他留一些时，小男孩竟然拍着他故意挺起的小肚子说："不用了，我已经吃饱了，奶奶您看……"

老板讲到这里眼睛已经有些湿润。最后他说，小男孩会是面馆永远的第100位客人。

写给家长的话

一念善心可助长一棵幼苗，棵棵幼苗可以形成一片森林。

04 从来不笑的妈妈

"今天，我演讲的主题是'从来不笑的妈妈'。"小女孩怯生生地站在台上，羞涩地看着台下。

听到这个题目，台下的家长和学生议论纷纷。今天是母亲节，学校要求孩子们都点评一下自己的母亲。其他孩子都是讲妈妈如何关心自己之类的话题，可是这个孩子却另类地点评自己的妈妈"从来不笑"。

难道她妈妈对她不好，或是太严格了？

大家都用同情的目光看着小女孩，只听她道："我的妈妈从来不笑，她对我不闻不问，我成绩好了坏了，她都不会有任何反应。"

台下顿时骚动了，都觉得这母亲未免太不近人情。

小女孩继续道："我每周只能见妈妈一次，每次见面，妈妈都不和我打招呼。"

台下窃窃私语，连老师都忍不住出声维持纪律。大家都用同情的眼神看小女孩，觉得这孩子十分可怜。

小女孩羞涩的脸上露出一点点笑意道："可是这些都不要紧，只要我还能握到妈妈的手，就足够了。爸爸说，妈妈成了植物人，她还像以前一样关心我，只是不能动而已……"

听到这儿，台下鸦雀无声，有的人眼眶发酸，大家都一句话也说不出来。

小女孩道："在我5岁那年，妈妈出了车祸，从此之后就一直躺在床上，没再看过我一眼。无论我怎么叫，她都没有回答。我亲她，她也不对我笑了；我成绩考好了，她也不会再夸我。我很想念以前那个陪我玩、给我讲故事、搂着我睡觉的妈妈。可是，再也不能了。"

台下发出了点点抽噎声，已经有人泪流不止。

"我要上学，只有星期天才能和爸爸去医院看妈妈。每次去，爸爸都会帮妈妈擦身子、按摩，告诉她我的事情……"小女孩破涕为笑道，"不过爸爸很笨，有时候说不好，还要我帮忙。妈妈住院后，爸爸就一个人照顾我，他学会了做饭、洗衣服、打扫卫生……有时候我也会帮忙，不过爸爸做的饭没有妈妈做的好吃，好在现在总算有了些进步。"

听到这，台下"扑哧"发出笑声，从字里行间，大家都能感受到小女孩的快乐。

"前几天，我看到电视上说植物人拔管的事。我担心这也会发生在妈妈身上，我问了爸爸，爸爸说，妈妈不会。我们会一直爱着妈妈。"

小女孩笑着道："今天是母亲节，我想让爸爸帮我跟妈妈说：母亲节快乐，我永远爱她。"

台下泣声不止，阵阵掌声响起。

小女孩脸微红，看向最后一排的一位男士，笑着道："爸爸，虽然我没有一个爱笑的妈妈，但因为有你，女儿觉得很幸福。爸爸，我和妈妈一样，永远爱你。"

台下所有人都看向那位男士，只见他双眸通红，羞涩地一笑。

在这对父女身上，所有人都看到了爱的力量。

育儿明言：写给孩子及父母的中外成才故事

写给家长的话

爱，会让彼此的心盛满温暖与热量。

05 "小偷"

安静的午后，在莫斯科一辆电车上，突然响起一声尖叫："抓小偷！"

此时，俄国十月革命刚结束，正是万众一心、众志成城的时候。一听老太太的声音，电车上的人都激动地站起来，抓住那个偷东西的"小偷"。

"亏你干得出来！看你穿的也算周正，居然偷一个孩子的东西！"

被抓住的"小偷"身材高大、身上穿着完好的骑兵外套，而被偷的那个少年，衣衫褴褛，身上只着一件破旧的衬衫。如果不是有老太太做人证，恐怕谁都会以为两人的身份该调过来。

"我……我没有偷东西！""小偷"竭力辩解。

可是民众根本不听他解释，按着他等警察过来处理。警察一到，就要求他出示证件。

他将手伸进口袋里，有些不安道："我的居民证没随身携带，可是我有苏联作家协会的会员证，我是个作家，不是小偷。"

老太太一把拿过那个褐色的小本，讥讽道："你这种假模假样的'作家'我们见多了，没有人相信你！"人群中紧跟着一顿嘲讽。

在这片嘲讽声中，只有那个被偷的少年满脸通红，沉默不语。

警察道："小同志，快看看你丢了什么？"

"对！快看看丢了什么，好抓他个人赃并获，看他还敢不敢狡辩！"

"快看看。"

少年紧张地攥着自己的衬衫，低头小声道："我是外地来的，刚到医学院报到。钱……钱都花光了，我身上……没什么钱。"

老太太更同情少年了，看着"小偷"嘲讽道："真是会找下手对象，偷这么一个'资本家'的钱。"

人们对"小偷"指指点点，"小偷"已经无力辩解，只能一句话不说。

警察耐心地说道："孩子，别怕，你仔细检查检查到底丢了什么。"

少年顺从地翻出自己的口袋。突然，50张被揉皱的50卢布掉在地上。少年和人们都惊呆了。

少年惊慌道："这不是我的钱！我真的一分钱没有！我最后的钱已经买车票了！"

人们诧异地看向那位"小偷"，像这样把钱往别人口袋里放的"小偷"，他们还是生平第一次见。

民警翻开那本褐色的小本，念出了上面的名字："阿尔卡奇·彼特罗维奇·盖达尔……"

"天啊，您就是盖达尔？！"少年惊叫了起来，激动道，"先生，我读过您许多书，您的书伴随我度过许多艰难的岁月……"

人们脸上纷纷露出敬佩和敬仰的表情。谁能想到，这位"小偷"居然是著名的儿童文学作家、杰出的共产主义战士盖达尔！他创作了许多文学作品，其中《铁木儿和他的队伍》影响了千千万万的无产阶级战士，支撑他们顽强地对抗敌人。

从盖达尔作品的字里行间，都能感受到他对孩子的热爱。他的爱，从不流于表面，而是用实际行动来传达；他的爱，无私地温暖了许多无产阶级战士。

1941年，为掩护同伴顺利撤退，盖达尔英勇牺牲。

写给家长的话

因为有爱，这世界才绽放出笑容，如嫣婉菊花。

06 给予的快乐

世界著名轻音乐大师保罗·莫里哀，在一次访谈中被问及"平生收到的最美好的圣诞节礼物"时，讲述了自己亲身经历的一个故事。

那一年圣诞节，保罗收到哥哥赠送的一辆高档跑车。这是他梦寐以求的礼物，连续几天，他都开着跑车到处兜风，吸引了路人羡慕的目光。

这一天，他从办公室里出来，看到一个衣着普通的小男孩正在他的新车旁走来走去，小手还时不时地触摸几下，眼神中的羡慕之意难以掩饰。

保罗这天心情不错，他饶有兴味地问小男孩："你喜欢我的车吗？"

小男孩点头道："喜欢，非常漂亮。先生，真羡慕你拥有这么一辆车。"

保罗自豪道："是我哥哥送给我的圣诞节礼物。"

"你是说，你哥哥送给了你这么漂亮的跑车做圣诞节礼物，而你根本不用花一分钱，是吗？"小男孩不敢置信。

保罗脸上的笑容更加得意，他心想：小男孩肯定也希望自己有这么一个哥哥。但是小男孩接下来说出的话，却让他大吃一惊。

"哇，太棒了！我也希望自己能成为这样的哥哥！"

保罗愣住了，看着小男孩，内心深受震撼。他俯下身，摸着小男孩的头道："你想坐着我的车兜风吗？"

"可以吗？"小男孩兴奋地问。

保罗点头，"当然可以，因为你是一个好哥哥"。

小男孩上车前，突然道："先生，我能不能对您提出一个要求？"

"什么要求？"

"能麻烦您把车开到我家门口吗？求您了。"

保罗笑着答应了，他理解男孩的想法：坐着一辆漂亮的跑车回家，在小伙伴面前炫耀一番，肯定能神气很久。

到了小男孩家门口，小男孩下车前交代道："先生，麻烦您把车停在两个台阶那里，等我一下。"

保罗有些好奇小男孩的做法，以为他要叫其他小伙伴过来，可接下来的一幕，让他终生难忘：小男孩带着另一个跛脚的小男孩从家里出来，他将他安置在台阶上，拉着他坐下来，指着保罗的车道："弟弟，你看见了吗？就是这辆漂亮的跑车。这是他哥哥送给他的，等我长大了，我也送你一辆一样的车子。到时候你也可以到喜欢的海边，到茂密的森林里……"

保罗听着小男孩的话，眼眶微湿。他弯身将那个跛脚的小男孩抱到车上，载着他们两人去兜风。

"当我看到他们脸上笑容的时候，我收到了圣诞节最美好的礼物——给予比接受更加快乐。"保罗有感而发。

07 一个小面包

20世纪，美国西部的一个小镇大闹饥荒，温饱成了小镇居民最难解决的难题。在食物匮乏的情况下，面包师成了镇上最富裕的人。其中一个面包师卡尔，为人心善，为了帮助人们渡过饥荒，他决定为镇上最穷的20个孩子提供面包。

"以后你们每天都来这里领取面包，我会在篮子里准备20个，你们每天每人一个，直到小镇渡过饥荒。"

孩子们点头，眼巴巴地看着面包，等卡尔一说完立马就哄抢一空。在狼吞虎咽之后，孩子们对面包师没有表示丝毫谢意便离开了。只有一个叫格蕾奇的小女孩，在所有人都拿完面包后才上前拿走最小的那个面包，并亲吻面包师的手，对他表示感谢。在小女孩身上，面包师只看到了谦让高贵的一面，根本注意不到她衣衫的破旧和小脸的蜡黄……

这个小女孩还引起面包师注意的一点是：每次她拿完面包，并没有立刻吃掉，而是拿回了家。面包师知道，小女孩一定是拿着面包回去和家人分享了，他再次被小女孩的懂事感动。

第二天，小女孩依旧是安静地等所有人抢完面包才上前，拿走最小的那一块。虽然面包比昨天的还小，但小女孩依旧感恩面包师的施舍，临走前不忘亲吻面包师的手，并对他表示由衷的感谢。

小女孩将面包拿回了家，可是妈妈切开后，却发现里面藏有一枚金币。

妈妈惊呆了，连忙对格蕾奇道："这一定是面包师不小心掉进去的，格蕾奇，你赶紧把它送回去。"小女孩拿着金币来到面包师家里，对他说："先生，您不小心把金币掉在面包里了。幸运的是我妈妈发现了它，现在我把它给您送回来了。"

面包师微笑着说："不，孩子，我并没有丢失它。金币是我故意放进面包里的，只有懂得感恩的孩子才能得到它。是你选择了这枚金币，现在它已经属于你了。孩子，希望你能永远保持一颗平静、感恩的心，现在回家去吧，告诉你妈妈，这枚金币是善良、高贵的女孩应得的奖励。"

写给家长的话

要想拥有幸福的生活，就要怀有一颗感恩的爱心。

08　我们要剃光头

史密斯先生发现，自己一向活泼好动的儿子，今天突然变得格外安静，低着小脑袋，什么话也不说。"韦斯利，怎么了，今天在学校被老师批评了？"

韦斯利抬起脑袋，道："爸爸，我想剃光头。"

史密斯先生愣了一下，不明白自己的儿子怎么会突然有这种想法，他关切道："你对自己的发型不满意？如果是的话，咱们可以让理发师修正一下，没必要剃光头。"

韦斯利摇头道："爸爸，我和汤姆、路易斯都约好了，大家要一起剃光头。而且，这是我的主意。"

史密斯先生皱眉道："儿子，爸爸想听听你的理由。"

韦斯利面露难过，过一会儿才道："艾丽尔生病了，得了癌症，不能来上学。老师说，她在化疗，头发都掉光了……"

史密斯先生眼中闪过一丝惊讶，抚摸着韦斯利道："所以你们也想剃光头，好安慰她，不让她难过？"

韦斯利点头，道："爸爸，你会支持我吗？"

"儿子，爸爸以你为荣。爸爸和你一起去，现在咱们先去买些水果，然后再带你去剃头发，怎么样？"

韦斯利高兴地站起来，道："太好了！这样艾丽尔就不会伤心了！"

看着儿子高兴的样子，史密斯先生感动道："儿子，明天你们去医院前，爸爸每人送你们一顶帽子吧。另外，你妈妈那里有一顶非常珍贵的帽子，是你外婆从英国买来送你妈妈的，你拿去给艾丽尔，这样她一定很开心。而你们也可以戴上帽子，一起出去游玩，怎么样？"

"爸爸，真的吗？太好了！"韦斯利兴奋地跳了起来。

史密斯先生看着儿子高兴的样子，心中的感动久久无法平息。在他带儿子去剃头发的时候，汤姆和路易斯也来了，他们脸上都洋溢着笑容。那笑容，足以温暖所有人心，理发师当场决定给他们免费剃头。

写给家长的话

给他人一份关爱，你的世界，也会春暖花开。

09　两份清单

布拉德成长在一个富裕家庭，他的父亲是当地有名的珠宝商，店铺遍及州省。可是和其他富裕家庭的孩子不一样的是，布拉德经常帮助别人，热心公益。这一切，源于他年少时的一个特殊经历。

布拉德不到10岁就经常到父亲店铺里帮忙，对于账目和交易很是熟悉。渐渐地，他认为金钱可以衡量一切。想到自己经常帮父母干活，他决定向他们索要应得的报酬。

第二天清晨，布拉德下楼吃饭，把一份清单放在母亲面前。母亲好奇地打开，随后被上面的内容惊呆了。单子里，清清楚楚地记了一笔账，账目内容如下：

"妈妈应给布拉德的报酬：去市场提菜5美元，扫地板3美元，倒垃圾2美元，小费1美元，总共11美元。"

妈妈读完后，心中久久无法平静，可是她并没有生气，而是微微一笑，同样列了一份清单。等布拉德晚上回来后，妈妈将清单和11美元一起放在了桌上。清单内容如下：

"布拉德应给妈妈的报酬：生活照顾花费零美元，生病住院花费零美元，玩具花费零美元，住宿花费零美元，讲故事花费零美元，总共零美元。"

看到这份清单，布拉德脸上的得意顿时变成了羞愧。他将11美元归还给妈妈，并十分惭愧地道："妈妈，对不起，我不该忽视您的爱。"

妈妈拍了拍布拉德的脑袋，笑着安慰他，并原谅了他。

这件事影响布拉德一生，使他知道爱是无法用金钱衡量的，只有爱能回报爱。

10 瑞恩的井

瑞恩出身于加拿大的一个普通家庭，跟所有在学校接受教育的孩子一样，6岁时，瑞恩从老师那儿听到了关于非洲贫困的事情。

那里的孩子们没有玩具，也没有足够的食物和药品，很多人喝不上洁净的水，有成千上万的人因喝了受污染的水而死去。

瑞恩的老师对他们说："我们的每分钱都可以帮助他们：1分钱可以买一支铅笔，60分就够一个孩子两个月的医药开销，2加元能买一条毯子，70加元就可以帮他们挖一口井……"

瑞恩在震惊的同时，决定要为非洲的孩子挖一口井。

瑞恩妈妈听到儿子的愿望后，没有认为这是儿子异想天开，但也没有直接就拿出钱来。妈妈夸奖了儿子的心愿，并跟儿子说："你要捐出70加元，就得通过自己的劳动得到它。"

6岁的瑞恩要如何通过劳动得到70加元？

当他的兄弟出去玩的时候，瑞恩承担了家中更多的家务事。比如，在家用吸尘器吸两小时地毯挣2加元；全家人都去看电影，他留在家里擦玻璃赚了第二个2加元；一大早爬起来帮爷爷捡松果；帮邻居捡暴风雪后的树枝……

瑞恩为这70加元辛苦了4个月，当他把这70加元送到有关国际组织的时候，工作人员却告诉他，70加元只够买一个水泵，挖一口井要2000加元。

年幼的瑞恩并没有就此放弃，终于在一年后，通过自己的努力，还有

第八章　培养爱心是家庭教育的重要课题

339

家人朋友的帮助，瑞恩筹够了钱，在乌干达的安格鲁小学附近捐助了一口水井。

然而，故事并没有就此而结束，让每个非洲人都喝上干净的水，又成了瑞恩的梦想，这个小孩为这个梦想又开始了自己的努力。

写给家长的话

爱心需要爱心去呵护，爱心需要有爱心的人去传递，只要人人付出一点爱，世界就会变得更加美好。

孟子："爱人者人恒爱之。"

洛克："杀戮（lù）动物可以使孩子对于人类的心肠变硬，失去仁爱之心。"

苏霍姆林斯基："兽性——对一切有生命的和美好的事物缺乏怜悯，对别人的精神世界根本漠不关心——这是所有杀人犯、暴行者的心理基础。""要善于创造家庭生活中极宝贵的财富——互相爱恋，这也就是说要在家庭中创造一种有利于教育子女的气氛。"

罗素："作为一个人，对父母要尊敬，对子女要慈爱，对穷亲戚要慷慨，对一切人要有礼貌。"

第九章　尊重孩子，教孩子学会尊重

尊重人是一种美德，是文明的标志，是立身之本。一个不知道尊重人的人，将很难与人相处，也很难在社会上立足。孟子说："敬人者人恒敬之。"要想让别人尊重自己，首先要学会尊重别人。只有尊重别人的人才能受到别人的尊重，所以，尊重别人就等于尊重自己。

现在的独生子女，因其在家庭中的特殊地位，被周围的众多亲人宠着，他们往往以自我为中心，不懂得关爱别人、尊重别人。所以，教育孩子懂得尊重非常重要也非常必要，教会孩子尊重，是送给孩子的最好的礼物，也是送给孩子的一笔享用不尽的宝贵财富。

尊重只能用尊重来培养，父母应为孩子做出榜样，用自己的模范言行去感染孩子、熏陶孩子，并不一定要对孩子整天进行喋喋不休的说教。可以从身边的小事做起，让孩子从父母如何待人接物中学到尊重。譬如，对待来访的亲友客人，不论来的人地位高还是低、贫穷还是富有，都要一视同仁，做到文明礼貌、平等尊重；又如，打电话时，说声"您好"、问声"请问您是谁"；再如，受到别人的帮助、哪怕是举手之劳也要诚恳地道一声"谢谢"……这些虽是小事，却能让孩子从中学到"尊重"。

父母对孩子也要尊重，只有尊重孩子才能让孩子学会尊重；不论在何种情况下，父母都不能以家长自居而伤害孩子的自尊，不要对孩子盛气凌人、指手画脚；更不能动辄（zhé）厉声呵斥、拳脚相加。哪怕孩子犯了错误，甚至犯了罪，也不可歧视他、抛弃他，不能说"你真是笨蛋""你给我滚出去"之类的话。不论孩子年龄大小，都应平等相待，把孩子当作最亲近的朋友，耐心倾听孩子的心声，经常与孩子沟通，从而了解孩子。有的父母出于对孩子的"关心"而不经过孩子许可偷看孩子的日记，还有的父母窃听孩子的电话，他们想通过这种办法走进孩子的内心世界，这是极其错误的做法。这样的"关心"，不仅是对孩子的不尊重，也侵犯了孩子的隐私权，它只会激起孩子的反感和对立情绪，更加难以教育。

01　不要偷看孩子的日记

现在的很多孩子都失去了隐私，所谓的"个人空间"也被家长们用各种"保护"所夺取。

日记，是孩子记录每天事情的随笔，也是众多家长自认为能够走进孩子心扉的钥匙。因此，孩子的日记成为众多妈妈眼中的"香饽饽"。

聪明的孩子会用各种办法来预防父母偷看自己的日记，有一个孩子写好日记后，为了测试父母会不会偷看日记，在日记中写着："妈妈您辛苦了，为了照顾我，妈妈已经好久没有出去逛街买东西了，我要开始攒钱给妈妈买件生日礼物，今天就存100元钱放在日记本里。"

妈妈感动之余也大为奇怪，平日给孩子的钱并不多，孩子哪儿来的100元？并且整个笔记本翻动了好几遍也没有找到。是不是弄丢了？妈妈心里想着。

孩子放学到家，妈妈急忙说："儿子，你那100元钱没有啦，是放在笔记本里了吗？"

儿子听完就生气地说："妈妈，你又偷看我日记了，上次不是保证说不看了吗？"

妈妈瞬间明白了，100元钱是儿子设的局，看着聪明的儿子，妈妈尴尬地笑笑并且保证不再偷看。

孩子无论多大都有自己不想让别人知道的秘密，这是人格赋予的。无论以什么名义去剥夺孩子的隐私都是不对的，会对孩子造成心理上的伤害。很多家长认为，孩子对自己不需要有秘密，我也是为了更好地保护孩子等。日记是什么？是孩子的记事本还是家长了解和沟通孩子的工具？每个孩子都有自己的人格和灵魂，孩子的智慧不就是最好的说明吗？不要侵占孩子的隐私空间，在人格上要尊重和公平对待孩子。

写给家长的话

只有尊重孩子、平等相待，才能让孩子学会尊重别人。

02 Lovechild（可爱的孩子）

Lovechild，拆开来读就是"可爱的孩子"，合在一起，就是"私生子"。重要的不是如何去定义这个单词，而是如何去读解这个单词。

夏越是一个私生子，从小就不知道父亲是谁，妈妈也因此和家里闹翻，被赶了出来。

母子两人租了一间平房相依为命，夏越小时候还不明白为什么自己的姥姥、姥爷要这么狠心对待妈妈和自己。从记事起，夏越就发现周围的孩子对自己很不友善，无论大人还是小孩都经常对自己指指点点，很少有人尊重自己。特别是周边的孩子，经常欺负夏越，甚至骂夏越是"野种"。当明白"私生子"和"野种"的意思后，夏越愤恨地握着拳头，大声地嘶吼。

夏越自幼脾气刚烈，容易暴躁，每当有孩子骂他是"野种"或者"私生子"的时候，他都会挥起拳头和对方打上一架。既然出身无法维护自己的尊严，那么就用暴力吧。

夏越的童年充满黑暗，从上小学起夏越就是孩子王，一路打到初中，认识夏越的人都无比头疼这个孩子。在学校，夏越每天都要顶撞老师，破坏课堂秩序，老师对夏越也是毫无办法，同学也都害怕夏越这个"混世魔王"。

　　夏越只有在隔壁邓姐那儿才乖得像个好孩子，因为他在邓姐那儿得到了应有的尊重。初三刚开学，学校为了提高升学率将所有的孩子重排，学习成绩好的进入"快班"，剩下的则进入"慢班"。

　　夏越对学习本来就兴趣欠佳，从来没有认真看过书，理所应当地进了"慢班"。

　　重排后的第一节课是英语课，面对本来就异常反感的英语课夏越更是觉得无聊。新来的英语老师脸上有几颗"麻子"，于是夏越就拿起笔来在纸上画了一个老师的画像，脸上被点满了"麻子"。之后夏越把画像传给其他同学看，看到的同学都忍不住哈哈笑了起来。传来传去这张画像就"传"到了老师手中，老师一看，画像虽然面目看不清是谁，但一脸的"麻子"分明就是在画自己。这才第一节课就有学生用画像侮辱她，这还得了？老师顿时火气上冲，盯着全班同学，严肃问道："这画是谁画的？"夏越晃晃悠悠地站起来，懒散地说："我画的，很像吧。"

　　英语老师被气得火冒三丈，因为这是第一节课，对所有孩子的底细还不了解。老师愤怒地说："下课别走，到我办公室去！"

　　同学们知道这次又有好戏看了，夏越是出了名的"混世魔王"，只要老师一批评，立马跟老师顶着干，甚至还气哭过一位女老师。

　　下课后，夏越大摇大摆地走进英语老师办公室，他还真不相信对方会拿他怎么样。英语老师看夏越没有丝毫悔改的态度，更是生气地说："身为一个学生，竟然在上课的时候恶作剧，打扰同学学习不说，还丑化老师，你的家人就是这么教你尊敬师长的吗？"夏越却不以为意，打了个长长的哈欠，指着老师的面庞说："至少我画的没错呀，你脸上的确有'麻子'嘛！"英语老师顿时被气得不轻，正要发作，恰巧夏越原班主任走了进来，夏越象征性地扬扬眉毛算是打过招呼了。原班主任看到是夏越，知道夏越又得罪老师了。原班主任走到英语老师身前，劝说道："别生气了，他的情况特殊，还是让我来和他谈谈吧。"新老师一听立即说道："特殊？他怎么特殊了？"原班主任也不好直接回答，直接拿起笔来在纸上写了几个单词。新老师看到后特意看了看夏越，然后就出办公室了。

　　原班主任和夏越是老"相识"了，无非是告诉夏越要好好学习，不要顶撞老师，把平时玩的劲头用到学习上之类的话语，夏越也听不进去，夏越只想弄清楚那单词到底是什么意思，不过估计不会是什么好话，否则为什么不直接说出来？写还是用英文写的。他没有心情继续听原班主任说教，原班主任也识趣地说了几句就让夏越走了。离开办公室前，夏越将那张写了单词的纸偷偷放进兜里，出了办公室。

夏越找了个没人的地方打开纸片，只见上面写着lovechild。夏越看着那两个单词，第一个love自己还认识，第二个child就不认识了。放学后，夏越直接去了邓姐家，向邓姐询问。邓姐看到单词后惊讶了一下，然后问夏越是怎么回事，夏越喃喃地说是老师写给他的。邓姐笑着摸着夏越的头，温柔道："真是个可爱的孩子呢！"夏越无比满足。邓姐说："你们老师这是夸你，说你是可爱的孩子呢，看来是很喜欢你呀，你平时是不是表现很好啊？"若说原班主任会表扬自己，夏越不相信。如今夏越"混世魔王"的名头学校哪个老师不头疼，邓姐又拿出了英文词典，查找了child这个单词，果然是孩子的意思，一起翻译，正是"可爱的孩子"。一时间夏越有些感动，再想起今天原班主任的深深教导，自己却一直在和老师作对，给原班主任添了许多麻烦，没想到原班主任竟然还夸奖我。邓姐高兴得不停追问夏越在学校的表现，夏越也是第一次愧对邓姐和原班主任，更是暗中发誓，一定要改过自新，对得起邓姐和原班主任。

这一夜夏越清醒地回想着自己的过去。第二天，夏越早早来到老师办公室，并且向新老师郑重道歉，又向原班主任道歉，两位老师都大跌眼镜。

从此，夏越就好像变了一个人一样，上课开始认真听讲，再也不顶撞老师了，开始积极地学习。

很快就迎来了中考，夏越考上了一所普通高中，这对于夏越来说已经非常不容易了，夏越底子太薄。老师和同学纷纷给夏越庆祝。

上了高中的夏越更加发愤学习，成绩一直是班里的前几名。高二那年，他们班上有个同学在市中学运动会上取得了优异的成绩，班上同学开心得不得了，更是组织了一个热烈的庆祝仪式，于是大家推荐夏越来布置板报。夏越想了想，在黑板上奋笔疾书写下一个单词lovechild，众同学不解，问道："我们让你写一个庆祝的，你怎么骂他啊？"夏越不明白，这个单词怎么是骂人了，同学这才说，这个单词是"私生子"的意思。

夏越的心被狠狠地触动了一下。这几年，夏越一直相信lovechild是"可爱男孩"的意思。一种莫名的愤怒和悲伤开始蔓延，夏越还特意去了校图书馆查询了一下，果然，lovechild合在一起，是"私生子"的意思。夏越拨通了邓姐的电话，直接说道："邓姐，你为什么要骗我？lovechild是'私生子'的意思。""傻孩子，你不用理会字典上的意思，在姐姐眼中，你就是可爱男孩，永远是可爱男孩，那是属于你的lovechild，你看看你现在，有骄人的成绩，真心的伙伴，你会尊重别人，在别人眼中，你不就是一个可爱的男孩吗？"听到邓姐的话，夏越哭了起来，那是发自内心的感激，对邓姐一直尊重自己、帮助自己的感激。如果当初邓姐直接告诉lovechild的意思是"私生子"，自己会拥有现在的一切吗？

只有正确的解读才会让自己更好地生存。

写给家长的话

每个人都应当受到尊重而不是歧视！

03　萍水相逢的旅伴

虽然事情过去很多年了，但我仍然对那位兄长深表感激，是他改变了我的一生，让我又燃起了生活的勇气。

那年我正20岁，和同乡的小伙子一样渴望外面的大世界，都说南方充满机遇，遍地黄金。所以我贸然离开了家乡。南方的霓虹色彩的确很让人陶醉，可一个月过去了，我还是没有找到工作，这和想象中的不一样。见识了社会的残酷，兜里仅存的钞票已经不允许我再逗留了。看着色彩缤纷又让我倍感痛苦的城市，我决然地买下了回家的火车票。

车票到手我已经是身无分文了。上了火车，看着这个自己没留下任何痕迹的城市，我的内心充满绝望。

夜晚的城市灯火辉煌，我流着眼泪和自己的梦想挥手告别，我闭着眼睛贴在窗户上休息，那样会减少很多体力消耗，回到家乡将近40个小时，我已经没有钱买吃的了。

睡觉似乎可以让时间过得更快，也能减少饥饿感。我尽量让自己睡着，随着车子离开城市，我不停地告诫自己："以后不会再出来了，外面已经没有我的梦想了。"

迷迷糊糊中醒来，已经是第二天早上了，10多个小时没吃东西，我已经饿得有些难受。兜里没有钱买吃的，我只好再次闭上眼睛，减少一切可能的体力消耗。

周围的人窸窸窣窣地醒来，大都是归乡的旅人，车厢也变得热闹起来，已经有不少人开始吃东西，我不愿意看他们吃东西的样子，那样只会增加我的饥饿感。我甚至不敢和他们说话，我的窘迫让我自卑。这时一个列车员推着餐车走了过来，我能清晰地闻到盒饭的香味，咽口水的声音也异常明显，肚子也打起鼓来。我闭着眼睛假装睡着，我怕列车员询问，我怕周围的人发现我是连一个盒饭都买不起的人，我的自尊也不允许我那样。还好没人注意到我，尽管饿得眼睛开始发花，但我不能流露出一丝痛苦的样子。

我对面坐着一个和我差不多大的小伙子，戴着眼镜看上去斯斯文文的，这时他问我："兄弟，会下象棋吗？"

我点头，或许下象棋是个不错的选择，感受不到时间的折磨。

小伙子拿出一副非常精致的象棋，接着说："不如我们添点彩头吧，输的人要请赢的人吃1盒饭怎么样？"我精神一振，对于食物原本我已经不敢再想，可是现在突然出现了这样的机会。对于象棋我自认为技术还是可以的，对面是个斯文的大学生，技术应该不如自己，我有自信。

我说"好"。

连战3局，不出所料都是我胜，小伙子收起象棋道："你很厉害，我不是你的对手。"说完果真给我买了3盒盒饭。

我不动声色地接过盒饭，尽管内心现在奔腾倒海恨不得一口吃掉这3盒饭，但不能表露出来。

吃着战利品没有人说闲话，在别人看来不过是两个年轻人的游戏，对我来说却不一样，内心和身体都得到了极大的满足。

我闭着眼睛继续睡，不愿意多说话，我怕别人问起我的家庭，我无法回答，一路无言。

就这样到了成都，没想到那个斯文的大学生也是在成都下车，我俩握手道别。

"希望以后还能在火车上碰到你！"对方说道。

我苦笑道："应该不会再碰到了。"

对方并没有诧异，接着说："你还这么年轻，遇到挫折那是正常的，人生嘛，不要灰心，外面的世界很精彩！"

我尴尬地笑了笑，对于他来说，可能外面是多彩的世界，但对我来说，外面已经不值得去憧憬了。

临分别前，对方突然说："对了，我是省象棋队的，有空来找我切磋啊。"之后他挥了挥手离开了。

我瞬间感动万分，我的棋艺只能说是业余水准，无论如何也不可能战胜职业棋手，对方是在车上看出了我的窘迫，用下棋这样的方式巧妙地把我带出窘境，没有伤害我的尊严。看着那列火车，虽然只是萍水相逢的一个人，却让我又燃起了生活的勇气。我相信这样的人不会少，在人生的旅途中，会有很多"相遇"，那将是多么美好幸福的事情啊！

写给家长的话

只有真正从内心深处尊重别人的人，才能为别人做美妙的事。

04 尊重，从身边做起

父母常教导孩子要学会尊重，还记得小时候经常听到的那句话吗？"请尊重劳动人民！"

著名的教育家李镇西先生就经常教导孩子要学会尊重——尊重身边的劳动人民！

李镇西认为，劳动人民是最值得尊重的。

对于教育孩子，李镇西提出，可以慢慢引导，先让孩子从尊重身边的普通人做起。

李镇西就是这样教育自己女儿的，每次李镇西骑车带着女儿上下学路上，看到附近工地的工人时，都会说："这些工人每天都用自己的双手创造财富，他们早出晚归地工作，看看附近这些高楼，就是他们不辞辛苦建造的。他们是世界上最了不起的人。"

还有每次看到擦车工人、拉车车夫等人，李镇西都会说："他们用自己的劳动创造财富，每一分钱都挣得脚踏实地、心安理得，他们是世界上最光荣的人。"女儿每次都会若有所思地点点头。

除夕前夜，李镇西和女儿回家的时候看到门卫室的李爷爷，李镇西问女儿："李爷爷每天都替我们看护小区，一年三百六十五天很辛苦，我们是不是应该做些什么？"女儿于是亲手做了一张贺卡，蹦蹦跳跳地给李爷爷送去新年的祝福，甚至为李爷爷写了一篇作文——《我夸他》。女儿渐渐知道了对普通人的尊重。

有一年，他们一家三口回老家过年，坐在三轮车上，让李镇西意外的是，女儿会主动发现他人的内在美。三轮车师傅并不漂亮也可以说有点儿丑，女儿并没有嫌弃什么。

在路上险些和一个出租车相撞，惊险万分。面对出租车师傅的斥责，三轮车师傅一直道歉，女儿有些不愤，责任又不全是三轮车师傅的。之后，三轮车师傅解释道："虽然那个大哥有些生气，语气不好，但我道个歉就好

第九章 尊重孩子，教孩子学会尊重

了，重要的是这次没有人受伤。"听了三轮车师傅的话，女儿突然发现这个三轮车师傅一点儿也不丑，相反很漂亮呢。

最后三轮车师傅不肯收钱，还道了歉，路上差点出了事故，李镇西执意给了钱，三轮车师傅又是再三感谢后才离开。女儿还特意写了一篇《美，在我们中间》的文章，其中一句如此写着："她有一颗善良的心，这就是她的美！"

拥有一颗美的心要胜过一张美的脸！

写给家长的话

尊重孩子，并教会孩子学会尊重，可以从细节做起，从身边做起。

05 一起震惊全国的杀母案

2000年，浙江金华杀母案在全国上下引起了广泛关注和强烈反响。在学校一直以"三好学生"表现的徐力竟然手弑其母，让人不敢置信。

徐力出身于一个普通家庭，父母望子成龙，对徐力寄予厚望。母亲吴凤仙对徐力可谓是"严加看管"！

吴凤仙省吃俭用，家里什么事情都包揽下来，让儿子过着"吃穿全包，一心读书"的生活。

徐力升高中时考进了校重点班，这让吴凤仙看到了孩子成龙的希望，于是对徐力的"看管"和"督促"增加了起来。

吴凤仙担心孩子因贪玩而放松学习，又怕孩子在外结交不好的朋友而走上歧路。吴凤仙觉得孩子应该完全一心学习，不考上名牌大学就不会有出息。

徐力在家没有丝毫秘密可言。吴凤仙不让徐力看电视，不准徐力踢足球，哪怕有朋友、同学来找徐力也要先通过自己。徐力每天都在学习和休息中度过，毫无乐趣。每天两点一线的生活让徐力备受压力，一次徐力考试得了全班第10名，吴凤仙便要求徐力以后考试必须进前10名，否则就打断徐力的腿。

徐力只要因为分心不学习就会被吴凤仙打一顿，徐力渴望放松和解脱，整日惶恐地学习让徐力备受煎熬。有一次考试，徐力得了第18名，吴凤仙知道后狠狠打了徐力一顿，吴凤仙认为儿子没有考好是因为分心贪玩，于是说："再让我知道你玩足球，我就打断你的腿，你是我生的，就算打死也没有关系！"足球是徐力最喜欢的运动，听到这句话，徐力的内心暗了下来。吴凤仙再次警告徐力，"下次考试如果不是前10名，也会打断你的腿"。徐力惶恐度日。一次，徐力回到家吃过午饭，吴凤仙再次提醒考不进前10名，就打断他的腿，徐力随口说："前10名根本不容易进。"母子两人再次为学习发生冲突。最后徐力看到门口有个榔头，带着绝望和憋屈，他拿起榔头奋力对着母亲后脑就是一下，于是吴凤仙被徐力活生生地打死了。

这就是震惊全国的金华17岁少年杀母案。这起案件让人不得不反思，我们整日希望望子成龙，但望子成龙的过程中我们扮演的是什么样子的角色，又该怎么去引导孩子化身成龙？固然吴凤仙的严格和暴力让徐力彻底疯狂，那么，徐力作为一个高中生，还是班级的"三好学生"，就算冲动之下，也不致用榔头打死母亲。那么，导致徐力失去理智的根源是什么？徐力长期受到吴凤仙的家庭暴力，自觉没有人格和尊严，内心抑郁扭曲，法律意识淡薄，人也极端，平时上学不会显露，一旦受到刺激就会失去理智，因此亲手弑母。

很多家长对孩子缺少平等心，认为孩子是自己生的就应该归自己所有。这是不对的，孩子拥有独立的人格和尊严，我们应该予以平等对待。

写给家长的话

没有了尊重，失去的是信任，拉开的是距离。

06 我希望得到尊重

尊重应该谁给？

郑桂桂出身于河南省鹤壁市浚县一个偏僻农村的普通家庭。刚出生的郑桂桂右手先天残疾，没有手指。家人十分痛心，这是一个被上天诅咒充满不幸的孩子。

虽然没有右手指，但郑桂桂和正常孩子一样开心地活着。郑桂桂的乐观开朗也将这个家的阴霾驱散了不少。

谁也没有想到这个残疾的女孩在钢琴上有着惊人的天赋。郑桂桂第一次接触钢琴就被其美妙的琴音彻底征服了，并且立誓一定要学好钢琴。很多人并不看好郑桂桂，家人最初也劝郑桂桂放弃这个理想。同学与朋友甚至还拿这个事情来耻笑和打击郑桂桂，但郑桂桂明白，无论面对多大的困难，只要是自己选择的路，就要坚持走。别人练习1个小时自己就练习3个小时，每天郑桂桂都把时间排得满满的，风雨无阻地练琴。有时候下雨天，路不好走，郑桂桂到钢琴房的时候一身泥泞，老师看着郑桂桂坚毅的小脸，感动不已。郑桂桂从家到钢琴房骑车要40分钟，因为只有一只手，所以稍有不慎就会摔倒，郑桂桂已经记不得自己有多少次摔倒在地上，在郑桂桂眼中，这是理想路上必然的一个小插曲。

就这样日复一日地练琴，郑桂桂获得了惊人成就。19岁时，郑桂桂已然可以弹奏7首世界名曲，并以一首《童年的回忆》征服了亿万观众。

2010年11月，郑桂桂登上了河南电视台的《你最有才》栏目，成为最闪耀的一位选手。评委黄安看到郑桂桂后，感动地说："你站在我们面前，我们已经可以忽略你右手的残疾，因为你的灵魂太强大了。"2010年12月，郑桂桂又登上了中央三套《我要上春晚》栏目的舞台，以精彩的表演再次震撼了所有嘉宾，感动了无数观众。

这就是郑桂桂，一个平凡的农村女孩，天生右手残疾却做出了很多人认为不可能做到的事情。

从郑桂桂的事情可以看出，通往成功的大门并非先天优势，而是一颗不屈的心，有着永不放弃的意志和坚信自己的信念。郑桂桂用成功证明了自己可以做到，让家人引以为豪，让朋友、同学刮目相看，曾经的耻笑和打击都化成了尊重，强者值得尊重，郑桂桂显然是强者。

尊重应该谁给？面对质疑，面对逆境，我们通常会沮丧、会停滞、会消极，但郑桂桂告诉我们，逆境、质疑，正是上天赋予的幸福，因为它们可以让你更加强大。成功是没有捷径可言的，强者也绝非一蹴而就的，只要自己不放弃，坚持，就会得到尊重！

写给家长的话

你有自尊，你就赢得了尊重！

07 慈善的最高境界

（一）

央视著名记者王志今日要到长沙一个偏远农村做采访，因为听说村子中有一个叫黎川的小姑娘考上了音乐学院。黎川自幼家境贫寒，喜欢音乐，但艰苦的条件没有让黎川放弃对音乐的追求，最后考上了音乐学院，这让王志觉得不可思议。

王志到黎川家后，不由得眉头一皱，黎川的家已经可以用"家徒四壁"四个字来形容了，王志的心情非常沉重。

"你可以唱首歌来听吗？"王志采访时提出要求。

黎川大大方方地拿起平时练习的道具（短短的一截伞柄）当起了麦克风，声音清脆动听，让王志的心情有了稍微地好转，阴暗的房子也因为歌声而充满暖意。

王志问这首歌叫什么名字，黎川笑着回答说："我给它取名叫《永恒的信念》，每当我遇到困难的时候就会唱这首歌告诉自己永不放弃。"

王志觉得这首歌非常好听。

王志发现黎川家里的稻谷被包装了起来，他不解地询问原因。

黎川父亲的回答让王志的心又沉重了起来，这是家里仅剩的稻谷，为了给黎川凑足学费，家里已经把能卖的都卖了。

王志看着黎川，《永恒的信念》似乎还在耳边回响。王志说："这些谷子我买了，今天很荣幸听到这么好听的音乐，这些谷子就当作门票吧。"

（二）

杭州图书馆突然向所有人开放，这让广大阅读爱好者听到了福音。图书馆的安逸环境和丰富藏书是最吸引阅读爱好者的地方。

常年开放让图书馆人流涌动，很多阅读者都能找到自己喜欢的书籍。甚至连一些乞丐和拾荒者也时常来图书馆翻阅，夏季可以遮挡烈日，冬季能驱散风寒。

有人无法接受和拾荒者、乞丐在一个屋檐下看书，于是去找馆长，希望可以将这些"身份不匹配"的人驱逐出图书馆。

馆长褚树青却冷言地回答道："我无法拒绝他们来图书馆，对知识书籍的求知欲是人人平等的，无论贫穷还是富有，都有学习知识的权利，如果您觉得不舒服，大可以离开。"

（三）

雅维·李是荷兰一家保险公司的CEO。他在偶然的机会下看到河北偏远地区的孩子学习十分艰苦。看着孩子们那热爱学习的面孔，雅维·李十分不忍，于是就通过政府联系上了那所小学，提出要捐笔钱出来，让孩子们可以得到更好的教育环境。

雅维·李以个人身份捐出10万元人民币。

电视台对雅维·李做了采访，并且希望他可以和那所学校的几个孩子一起做个节目，好让社会的各界人士关注和帮助这些贫苦的孩子。但雅维·李拒绝了。雅维·李说："捐款是小事，没有必要敲锣打鼓让所有人都知道，如果真正想帮助那些孩子，就募捐些物资，让他们能够更好地学习，但不要让孩子们暴露在社会之下，孩子虽然少，但是有尊严！"

很多人关于善都有自己的诠释，小善善于行，大善善于心！

写给家长的话 ——————

慈善的最高境界是保护受助者的尊严。

08 托尔斯泰和一枚硬币

列夫·托尔斯泰是著名的俄国作家，出身于一个贵族家庭。富有的家庭并没有让托尔斯泰有什么大架子，反而很随和，喜欢和平民交流，经常能看到托尔斯泰穿着朴素的衣服和平民一起聊天，相互开着玩笑。

有一天，托尔斯泰刚外出回来，路过火车站。此时，火车的长笛已经拉响，托尔斯泰慢悠悠地散着步。突然，一位女士在车窗上对着托尔斯泰喊着："老头，那个老头，我的手包放在候车室了，快点帮我拿来。"

托尔斯泰二话没说直接跑到候车室，然后飞速地把手包取了过来。在将手包送到女士手中的时候，女士满意道："谢天谢地，真是感谢你！"说完还给了托尔斯泰一枚硬币作为奖励。

托尔斯泰满意地收下一枚硬币并没有说什么。的确，一身朴素的着装，衣服上还沾着些许灰尘的托尔斯泰太像一个车站搬运工了。

不巧的是女士身边的旅客认出了刚刚做完"搬运工"的托尔斯泰，对着女士惊呼道："太太啊，你知道你刚刚做了什么吗？"

女士不明白地问道："怎么了？"

"天啊，你竟然让伟大的托尔斯泰先生给你拿包，还奖赏了他一枚硬币！"那名旅客高声喊着。

女士彻底惊恐了，不敢置信地看着托尔斯泰道："看我都做了什么事呀，真是对不起，我不知道是您，看在上帝的分上，您原谅我吧。把那枚硬币还给我，我真的不知道是您！"

托尔斯泰笑了笑说："太太，您不必惊慌，您又没有做错什么。"托尔斯泰知道对方对自己有所误解，又解释说，"每个人都应该明白有所付出才会有所收获，我给您递了手包所以挣了一枚硬币，这是光荣的事情。"

火车的长笛再次拉响，托尔斯泰微笑着看着火车缓缓离开。

写给家长的话

鲜花因阳光而美丽，生命因尊重而绚烂！

09 修剪灌木的老人

在美国纽约曼哈顿的著名企业巨象集团总部大楼下的花园里，一位老人身穿白色园丁长袍，在修剪着高矮不一的灌木丛。修剪后的灌木丛齐胸高，碧玉充盈，漂亮极了。

这时，一位女士带着儿子来到公园的长椅子上，女士脸上有些怒意，孩子一脸无辜地看着母亲。

突然，女士从包里扯出一团卫生纸，扔到灌木丛上，原本绿色的风景线出现了极为不协调的一幕。

老人诧异地看了女士一眼，女人毫不在乎地盯着老人。老人摇摇头，将那团卫生纸捡起来扔到旁边的垃圾桶里。谁知没多久，那女士又扯出一团卫生纸扔在灌木丛上，孩子不解地问："妈妈，你这是？"女士示意孩子不要说话，老人又将卫生纸扔进了垃圾桶。女士似乎没有停止的意思，又扯出一团卫生纸，一如既往地扔到灌木丛上，老人什么也不说，也没有丝毫火气，只是捡起来扔到垃圾桶内。没多大一会儿，女士已经扔了六团卫生纸了，老人都将卫生纸捡起来扔到垃圾桶中。

女士这才对孩子说："儿子，看到没有，如果你现在不好好学习，将来就像这个老人一样，做着低贱的工作。"

没错，儿子学习不上心让女士十分头疼，正愁不知道要怎么开导儿子学习时，看到老人在修剪灌木丛，因此想到用这个办法来让儿子明白学习的重要性。

儿子略有所懂地点点头。

老人听到后眉头凑到了一起，上前说道："这里是巨象集团的私人花园，不是本公司的员工不得入内。"

女士不在乎地答："对，我知道，我就是这家公司的员工。"说完还拿出了工作证件给老人看。

老人看到后，又说："既然是公司的员工，那么应该爱惜公司的环境。"

女士傲然地回答："我们公司请你来就是为了保洁公司的环境，如果我们自己动手，你岂不是要失业？"

老人好像明白了什么，接着道："那好吧，能借我一下你的手机吗？"

女士极不情愿地将手机递给老人，还不忘叮嘱："小心点，挺贵的！"

老人按了一串号码，简单地说了几句就将手机还给了女士，女士检查了下手机。这时，公司门口一辆车停了下来，一个男人下车后朝着花园跑来，女士认识那个人，正是公司人事部的经理。

女士脸上堆满笑容准备打招呼，谁知人事部经理看都没看女士一眼，直接跑到老者身前恭恭敬敬地站好。

老人看着那个女士，对着身边的人事部经理道："我想这位女士已经不适合咱们公司的环境了，你安排吧。"说完老人走到孩子身前，摸了摸小孩的头，语气深长地说："孩子，你还小，要学的东西很多，但我希望你明白，在这个世界上，做人第一个要学的，就是要学会如何尊重他人。"老人说完，转身回去又拿起大剪刀开始修剪灌木丛。

女士被这一幕惊呆了，怎么也没有想到会发生这样的事情，直到现在还有点儿不明所以，问道："经理，你怎么对那个老园工这么恭敬？"

经理看着女士答道："什么老园工，那是咱们公司的总裁，詹姆斯先生！"

"天啊，竟然……是总裁！"女士惊呆了，再回想老人说自己不适合公司环境的那句话，一下子瘫在了椅子上。

写给家长的话

一个不知道尊重他人的人，将难以在社会上立足。

10 稀有的蒙古兔

当我听到丈夫要失业时，整个人都惊呆了。我无法形容当时的恐慌，因为丈夫是家里唯一的经济支柱。

记得当时是我和艾比结婚的第10个年头，我们有3个不足5岁的孩子，还有1个孩子即将出世。尽管艾比向我保证他会尽快找到工作，但是我始终无法平息内心的恐慌。出于对丈夫的信任我并没有表现出来，艾比是个非常开朗的人，总是安慰我说："无论如何生活也得继续，不是吗？我们有手有脚还很健康，丢掉工作而已，早晚会找到更好的工作。"另外，艾比是个有本事的人，他不仅出身名牌大学而且有着优异的工作背景，这也是我相信丈夫的最大原因。

几个月过去了，艾比还是没有找到工作，家里的存款越来越少，我看着几个孩子，一时间不知道怎么办才好。如果我没有怀孕还可以回学校去教书，如今家里没有任何的生活来源，不得不节衣缩食了。

有一天，我带着孩子们去逛超市，主要想看看超市现在有什么打折、特价的产品，我看到有个年轻的售货员正在把一些不新鲜的水果、蔬菜还有一些将要过期的产品装到一个纸壳箱中。我看着那些食物，足够我们家吃好几个星期了。

我上前问："这些东西你们打算怎么处理？"

那个售货员说："打折处理呗，实在卖不掉就只能扔掉了。"我正愁不知道以什么方式能稍微体面地要到这些吃的，正好看到箱子里面的胡萝卜、西红柿，急忙脱口说："我家有1只稀有的蒙古兔！"我担心孩子听到又小声接着说，"我想给它买点儿吃的。"

售货员看我带着3个孩子，爽快地说："既然是给兔子吃，那就不收钱啦，兔子可爱吗？"

我点着头表示感激，售货员一边和我聊天一边帮我把箱子搬上车，一共5个箱子。通过聊天我知道了年轻的售货员叫吉姆，出身于并不富裕的家庭，在这儿打工也是为了赚取大学的学费。

从此以后，吉姆每过一段时间就会送来几箱食物，有蔬菜，也有果子酱等一些调料，按理应该扔掉但也可以吃的东西，但从未开口提过蒙古兔，我们一家也对此深表感激。甚至有的时候箱子里还多出了生活用品，品种越来越多。

终于，我的第4个孩子出生了，我欢喜的同时也感到忧愁，艾比还是没有找到工作，家里日后的开支怎么办？将如何生存？或许上帝听到了我们日日的祷告。一天，艾比十分激动地回到家，和我说："我找到工作了。"一家人终于可以摆脱那种担惊受怕的日子了。

吉姆有一段时间没来了，我领着4个孩子去了那家超市，才知道吉姆辞职了，我心中祝福着吉姆。

10年后的某一天，我终于再次看到了吉姆！吉姆也看到了我，我激动地过去握住了吉姆的手。我不知道该怎么表达心中的那份感激，吉姆在我最困难的时候帮助了我，并始终相信我，不仅帮助了我的生活，也维护了我的尊严。我无法想象在那段最困苦的日子里没有吉姆我们一家会是什么样子。

吉姆如今是超市的经理，对于吉姆的升迁我一点儿也不意外，吉姆是个优秀的人，同时吉姆也高兴地说："我时常想念你们一家子，对啦，那只蒙古兔现在还好吗？"

我微笑着说："嗯，前段时间蒙古兔已经离开了我们。"

写给家长的话

所有的真爱基于一份尊重。

苏霍姆林斯基："教育的核心，就其本质来说，就在于使儿童始终体验到自己的尊严感。"

爱因斯坦："我的政治理想是民主。让每一个人都作为个人而受到尊敬。"

阿克顿："民主的实质，就是'像尊重自己的权利一样尊重他人的权利'。"

尊重是人言行的最高准则，无一例外。

后　记

邢来田

我是从教育战线上退下来的一个老兵，自从跨出大学的门槛踏上工作岗位直到退休，大部分时间依然是在大学校园里度过的，一直从事着教育工作，并时时关注着祖国教育事业的发展和发达国家的教育动态。目睹中国教育之现状，我深感忧虑，常常夜不能寐……

我们生活在一个中华民族正在复兴的伟大时代，也是一个国际间竞争空前激烈的时代！鸦片战争以来，祖国一百多年的屈辱近代史告诉我们：落后就要挨打！弱国无外交！直到今天还是如此，如果我们是世界上一流的强国，我国驻南斯拉夫大使馆就断然不会遭到美国的公然轰炸！如果我们是世界一流强国，日本军国主义者就断然不敢如此猖狂——竟然多次祭奠靖国神社公然为战犯招魂、否认侵华罪行、肆意伤害和践踏我国人民的感情！如果我们是世界上一流的强国，一些为一己之私的国家也绝不敢侵占我海疆，在我们家门口吵吵嚷嚷、闹闹腾腾……我们必须自强自立，实现伟大复兴的中国梦！

自改革开放以来，我们的祖国迅速崛起，取得了令世人瞩目的成就。但我们必须清醒地认识到：我们仍然是一个发展中的国家，经济、科技、教育等很多方面还有很大的发展空间，在歌舞升平的今天，还不能高枕无忧，必须居安思危！不可忘记鸦片战争以来的百年屈辱历史，不可忘记现在的世界仍不太平！面对竞争激烈、复杂多变、危机四伏的世界，我们决不能掉以轻心!

邓小平曾说："未来世界的竞争，是人口素质的竞争。"……要想国家昌盛、民族复兴，必须提高国民素质、培养大批优秀人才！而要提高国民素质，必须从教育抓起!

世界上的发达国家，无不把教育放在重要地位，它们对教育进行了大量投入。譬如，二战后的日本，当时满目疮痍、遍地瓦砾、惨不忍睹，后来之所以能够迅速崛起并一跃成为今天的世界经济大国、军事强国，就是因为日本深深懂得"教育是只母鸡"，对教育高度重视，科教兴国!

家庭是社会的细胞，家庭教育是教育的基础，教育必须从家庭抓起、从孩子抓起、从孩子的父母抓起！梁启超曾经说过："少年强，则国强。"孩子是国家的未来、民族的希望，能否把孩子教育好，不但关系着孩子个人的前途和命运，也关系着家庭的兴衰和民族的未来。培养中华民族的优秀子孙，是每个父母义不容辞的历史使命和神圣天职!

家庭教育是一个艰巨而复杂的系统工程。要想教育好子女，的确不是一件容易的事，但不是一件不可企及的事。只要能掌握它的规律，找到教育孩子的方法，因材施教，科学育人，每个发育正常的孩子都可以成为优秀的人才！关键在于你怎样做父母、怎样进行教育！孩子的命运既掌握在孩子自己手中，也掌握在父母手中!

人们常说："人生如戏。"在人生大舞台上，可以说每个人都是"演员"，因为每个人随时随地都在表演给别人看；同时，每个人都是"观众"，因为每个人都时时在看别人表演。但我们不能满足于只当"演员"和"观众"，还应当在自己力所能及的范围内当好"导演"！当你这样想并且这样做的时候，就会顿然感悟到人生舞台上趣味盎然、其乐无穷!

我们是家庭中的主要成员、是孩子的父母，我们应当想办法在家庭这个小舞台上导演出精彩的"小戏"来！如果在你的"导演"下，家庭和睦了，儿女成才了，你就会有一种成就感和幸福感，不仅为家庭做出了贡献，也为社会做出了贡献。每个做父母的人，都应当把自己的"角色"扮演好，把家庭这台戏"导演"好,让家庭中的每个"演员"都演得出彩!

我有两个女儿,在她们成长的过程中,我与所有做父亲的一样,爱她们,期望她们成为对国家有用的人才;也同样遇到过各种难题和困惑、付出过艰辛的汗水,有成功的经验,也有失败的教训。但不论遇到什么困难,在任何情况下我始终都充满信心:我一定要当好她们的"导演",根据她们各自的条件"因材施教",让她们演好自己的"角色"!值得欣慰的是,我的付出没有白费,两个女儿在我的"导演"下基本上都达到了预期目标。

当她们先后读博之后,有许多亲友熟人向我"取经",听了我的介绍,都感到颇受启发,认为我是一个成功的父亲,并敦促我把自己从事教育多年的经验和培养女儿的方法写成书,这对那些苦于教子无方的父母一定会有所帮助,这便引发了我编写此书的动机。

天下父母都渴望儿女健康成长、早日成才,但有很多做父母的,或因指导思想错误,或因教育方法不当,结果往往事与愿违,甚至出于爱子之心摧残、扼杀了孩子,酿成了许多家庭悲剧,"地狱之路有时是好的意图铺起来的"(西方谚语)。

据调查,每年都有一些学生因学习成绩不好、升学无望或承受不了生活中遇到的挫折和压力而自杀,甚至杀害自己亲生父母的惨剧也时有发生……

面对这令人痛心的社会现实,每个有责任心、有使命感的父母和教育工作者,都不能不为之忧虑!为此,更坚定了我编写此书的决心,想在有生之年为教育事业发挥点余热、做点有意义的事情。

本书的出版要特别感谢北京师范大学教授(博导)唐伟先生的作序推荐。在编写这本书的过程中,石国梁老师参加了故事的选编和导语、综述、教育格言、寄语等编写工作;济南市市中区教育局教育科研办公室主任徐建君、主任明亮、王茹老师及辖区内孙燕、高招娣、郝涛、王娟、赵静静、田达等老师参加了对本书的评阅和修改工作;雪松、祝宝龙、胡先、石男、邢

后记

艳秋等老师直接编写了该书中的十篇故事；杜泉玉先生对该书的编写给予了多方面的指导和帮助；还有邵石丽、邢来全、郑翔等许多朋友曾给予过我热情的支持和帮助，在此一并表示衷心的感谢！